厦门大学法学学术文库

厦门大学法学院资助

本书为中央高校基本科研业务费专项资金资助课题《意见裁判主义研究》(编号：20720151192)成果

意见裁判主义释法

Law Hermeneutics from Opinion-judging Doctrine

陆而启 著

法律出版社
LAW PRESS · CHINA

总 序

学术的提升需要传承积淀、厚置根基，深厚的历史底蕴是一个学科发展的重要因素。从1926年起，厦门大学有了法学学科，厦门大学的校园里开始有了法律人的足迹。作为厦门大学的学子，厦门大学法律人始终秉承“自强不息，止于至善”的校训精神，坚持“学术建院、民主建院”的治院方针，发扬“严谨治学、求实创新”的传统学风，经过几代人的努力，春华秋实，厦门大学法学院在人才培养、科学研究、社会服务和文化传承与创新等各个方面均取得了令人瞩目的成就。

今天的厦门大学法学院，已汇集了一批优秀的中青年骨干教师，并形成了一支结构合理、实力雄厚、后劲充足的学术梯队，拥有法学博士后科研流动站、法学一级学科博士学位授予权和硕士学位授予权、法律专业硕士(JM)学位点，形成了从本科到博士后的完整的法律专业人才培养格局，为国家的法制建设、法学昌盛和社会进步，做出了积极的贡献。2012年，教育部学位与研究生教育发展中心进行了第三轮法学学科评估，在全国650余所法律院校中，厦门大学法学学科办学实力排名第十。

学院坚持“加强优势学科、培育特色学科、支持基础学科”的发展思路，努力优化学科结构布局和资源配置，提升学科的核心竞争力。近五年来,学院建设了应用型、复合型卓越法律人才教育培养基地,涉外卓越法律人才教育培养基地,国家知识产权培训(福建)基地三个国家级基地,以及教育部“法学教育实践基地”、福建省高校人文社会科学研究基地“国际经济法研究中心”等省部级基地。学院积极引导开展跨学科研究,组建了优势学术团队,建立了“中国崛起与国际法发展”研究团队、“社会治理与软法”研究团队、“国际税法与比较税制”研究团队、“公证法律与自动化”研究团队、“经济犯罪”研究团队、“法律认知神经科学”研究团队,以及福建省高等学校人文社科创新平台:“厦门大学财税金融法治研究中心”“立法研究中心”,促进了学科研究交叉,推动了学院学科平台创新。厦门大学国际法学科属于国家重点学科。2012 年,厦门大学法学学科同时入选“福建省特色重点学科”和“福建省省级重点学科”。

厦门大学法学院现正朝着建设国内知名、国际上有较大影响的高水平研究型法学院的宏伟目标努力奋进。成绩属于昨天,未来仍需开拓。厦门大学法学院的使命与价值,在于培养人才、传承文明、创新知识、探求真理、服务社会、引领未来。只有不断推动法学学科发展,实现新的跨越,我们才能真正担当起法学教育的使命。

2016 年 10 月,厦门大学法学院迎来 90 周岁的生日。值此之际,我们本着“回眸历史轨迹,继承优良传统,展示办学成就,凝聚发展动力,再谱辉煌篇章”的宗旨,隆重举行系列庆祝活动,并以此为契机,出版系列专著作为 90 周年院庆的献礼,再续南强华章。

“闻道有先后,术业有专攻”,本系列专著都是厦门大学法学院专任教师的研究成果,他们各有专攻,有着良好的法学教育背景,我们希望这套专著能够从一个侧面展示厦门大学法律人的风采。

宋方青

2016 年 4 月 20 日

序

2018年11月10日,我应承办方湖南科技大学的邀请参加了北京大学宪法与行政法研究中心、北京大学教育法研究中心主办,湖南科技大学法学与公共管理学院、湖南科技大学法律服务中心承办,澳门大学宪法与基本法研究中心和湖南通程律师事务所协办的“监察法实施热点问题高峰论坛”,在论坛上又见到了我指导的博士研究生陆而启。他告诉我他的一本新书即将出版,书名叫作《意见裁判主义释法》,请我作序。在这个收获和收藏的季节,听说学生而启又一个智力成果的出版我非常高兴,并欣然为之作序。

在跟随我攻读博士研究生期间,我非常了解而启的研究特点,他所撰写的文章很大气,常常着眼于刑事诉讼之中的一些根本性的理论命题,而并不寻求解决具体问题的对策,但是也不排除他可能从微观视角来切入。这本书是他多年来研究成果的结晶,其中反映了他的一些研究方法和研究思路。

说实话,“意见裁判主义”的这个说法本身就比较新鲜,这是我国的刑事诉讼法和证据法的法律条文和理论中所没有的新说法。虽然他在两年前已经出版了一本《意见裁判主义导论》的书,介绍了他提出这个概念的初始动因,并且对其内涵和意义做了初步论证,可见对于他自己而言,这已经并不是一个新的说法。从该书之中也可以看出,他对这个概念的提出有一个长久的深思熟虑的过程,很显然不是一种鲁莽的冒险。当然,这个概念本身并不是空穴来风,书中专门对相关的法律条文之中的“意见”概念进行了归纳、分析和整理。同时,这个概念确是建立在现有法学理论之上。司法活动不是裁判方的独角戏,所谓的诉讼的三方构造虽然更突出司法裁判者的居于其间、踞于其上的地位和作用,甚至也要求司法裁决者在参与诉讼之初利益无涉和在诉讼进程之中中立无偏,平等对待控辩双方,但是,就诉讼构造而言,控辩审三种职能缺一不可,甚至公开审判也使诉讼处于整个公众的审视之下。所谓的诉讼参与原则、民众参与原则等落实在证据法之中就是要使各方的意见能够得到听取并能够有效影响诉讼决策。因此,所谓的意见裁判主义的观念还有一定的诉讼民主的因素。在本书之中,作者就运用意见裁判主义的观点剖析了当下探讨的一个热点理论问题——刑事诉讼的印证理论,有化繁为简之功,并且将印证证明与诉讼模式关联起来考察,既是对刑事诉讼法传统理论的展开,又是对有点误入歧途的所谓理论创新的拨乱反正。大体可见,作者的论述其实走的仍然是传统的路子,并不是为创新而创新。

从本书的写作背景来看,作者看到了自 2014 年党的十八届四中全会以来,我国刑事诉讼法律正在发生的巨大变化,其中全面推进以审判为中心的刑事诉讼制度改革和积极开展刑事案件速裁程序、认罪认罚从宽处理制度试点工作齐头并进。这些改革措施的很多成果都逐步转化为刑事诉讼的配套制度甚至上升为法律,该书意图揭示当下改革的制度逻辑和探寻其理论基础。作者曾经在检察实务部门从事公诉工作,因此对我国刑事诉讼的实务运作有真切的感受,其后从司法实务部门调入高校从事法学教育和研究,能够把曾经在实践之中遇到的问题逐步进行一种理论上的提炼和升华。总体而言,该书是作者受到整体的时代变迁和个体的职业转型双重冲击的产物。

一方面,我们可以看到作者紧跟时代潮流,以广受关注的非法证据排除规则尤其是其中的口供排除规则为切入点,辐射到我国《刑事诉讼法》的三次修改,公检法三机关适用《刑事诉讼法》的相关配套规定、规则和解释,“两个证据规定”(《关于办理死刑案件审查判断证据若干问题的规定》《关于办理刑事案件排除非法证据若干问题的规定》),《关于办理刑事案件严格排除非法证据若干问题的规定》,人民法院办理刑事案件“三项规程”[《人民法院办理刑事案件庭前会议规程(试行)》、《人民法院办理刑事案件排除非法证据规程(试行)》和《人民法院办理刑事案件第一审普通程序法庭调查规程(试行)》]以及《人民检察院公诉人出庭举证质证工作指引》,意图对相关法条的内涵、变迁、发展、运行进行理论阐释。

另一方面,我们还可以看到作者贴近司法实际,作者认同“纸面上的法”所取得的进步与发展,但是由于“实践中的法”对复杂多变的规则适用本身打了折扣,由此他主张我们要发现实践的优点,而不是做纸上谈兵的制度设计。例如,作者看到了口供排除规则的理论基础,既有理念侧重点的时代变迁,也有价值目标的多元整合,但是作者更倾向于将其任意性的理论内核与外在的证据可靠性关联起来,而主要不是与意志自愿性的人权保障因素关联起来,因此,他坚持了非法口供以虚伪排除说为理论根据。当然,这里可能存在的问题就是“非法口供”和“虚伪口供”本身还是要建立在一定的证据基础上来进行判断,也就是非法口供和虚伪口供本身都不能自己证明自己,当然,在缺乏所谓的二级证据以及更多的次级证据的时候,要求法官根据常识、常理和常情进行判断在所难免。

我们还可以发现这本书的写作特点是从问题出发。比较突出的一个表现就是作者自称发现了我国《刑事诉讼法》的一个漏洞,就是对何时以及如何在庭审之中宣读审判前供述没有作出任何规范。这当然不是一个杜撰的问题,至于为什么出现这样的问题,以及到底如何解决这样的问题,相信读者自会从书中找到答案。

本书还有另外一个突出特点就是采用法律解释学的方法。虽然曾经有学者呼吁我们要从注释法学走向理论法学的原野,然而,学术研究还是要有问题意识,并且立足实践,作者的解释法律同样也是从问题出发的思考。例如,作者看到将“不得作为定案根据”的非法证据从程序之中排除出去的个案报道,认为这个说法很难理解,他作一个形象的比喻,认为,将非法证据排除于程序之外只不过是让同类证据脱下了“非法”外套或者换了一个“合法”马甲而已。作者对不能作为定案根据的非法证据问题,到底如何理解,在实践之中可能如何操作,提出了对“非法”和“证据”分别治理的设想。这种设想与非法证据排除“防止虚伪”的理论基础和制度功能具有内在一致性，并没有放任和鼓励“非法”取证行为，对“非法”行为的追责比不了了之的“排除”更为严格。

而启论文写作思路大开大合，既有对制度的细节把握，又有对一些刑事诉讼思想渊源的整体贯通，并且其写作往往有自己的独特风格，整个研究思路甚至还有一个开宗立派的理论野心。但是，我想说的是，正是因为作者的观点新颖，所以这些观点不太为人所熟知。或许进入作者所构思的理论世界并不是很困难，甚至还是有趣的，所以我乐意向大家推荐。

陈卫东

2019 年 1 月 16 日

目录

导言 万变与不变

其实我一直没有什么严格的研究规划，但是，近年来的研究竟然不自觉地集中到刑事诉讼证据制度上来。在2016年厦门大学法学院90周年庆的时候，应学院征集，我野人献芹般地申报了一部《意见裁判主义导论》的书稿得以出版，今次算是对意见裁判主义问题的回首和再一次延伸。或许因为一些被人们口耳相传的影响性案件，最终问题出在了事实认定上；又或许是立法的不断修改，要求自己不断跟进学习，这些被改革激流推着前行的自己的一些点滴思考也汇成了涓涓细流。因为本书更多的不再是抽象地去提出概念、提炼其特征与内涵等，而更侧重于以初步成型的意见裁判主义概念的一些思想方法来评论有关刑事诉讼证据的法律法规，出于围绕评论法律的主题考虑，舍弃了对有关案例进行评论的部分，所以最终定名为《意见裁判主义释法》，又因为解释法律常常发生在个案之中，这样将来要完成一本《意见裁判主义论案》的书可能是顺理成章的。或许可以说法律法规的出台和完善为意见裁判主义的运用提供了越来越多的机会，而案例就是意见裁判主义运用的实践战场。

随着年龄的增长，回望步入高校多年来思考的部分结晶,不复当年的热情与冲动,也不再为偶有神来之笔而激动不已。自己一度觉得有很多的新观点,但是因为酝酿太久而难以出炉,又或者对自己的表达不甚满意,当然也常常不被别人满意,就此搁置下来。

但是,我其实还是很佩服法律法规的建设者们,他们孜孜不倦地反复出台一些规定,以至于那些司法实务工作者们包括学者们甚至都没有时间来得及仔细学习了解,新的规定又出来了。因此,这里呈现的一些文章虽然有历史的痕迹,不过,我还是更新了相关的法条内容,尽管这一番折腾可能并不能符合"最新版"的要求,眼见随着 2018 年 3 月《中华人民共和国监察法》(以下简称《监察法》)的出台,《中华人民共和国刑事诉讼法》(以下简称《刑事诉讼法》)的修改又迫在眉睫(万变)。在完成初稿后,2018 年 10 月 26 日第十三届全国人民代表大会常务委员会第六次会议即审议通过全国人民代表大会常务委员会《关于修改〈中华人民共和国刑事诉讼法〉的决定》,随之而动的必然是公检法各家又要出台相应的配套规定。话说回来,我感觉自己在其中论述的一些道理还是那个理(不变),这也是笔者以"易经原理"来透视我国的刑事证据规则尤其是其中的口供排除规则的初衷,虽然我怀疑这样的分析会沦为拉大旗扯虎皮一样的笑谈。说实话,对易经的思想我也不是太懂,然而我只是想找到一些应对法条变化甚至观念变化的一些办法。

一如既往地,我有时会反复阅读自己写的文字,这一点并不像我曾经看到的,有些学术大家的表白,就是从来不看自己所写的东西了。因为,我还是希望能从自己所写的东西中挑出一些精华,尽管多数的时候可能不会令自己满意,但是有很多想法竟然在后来的文字中再次得以展开,也就是说,我的"初心"甚至一直"未改",反而在一种坚持之中找到了乐趣。所以,本书之中所写的观点,好像是前后呼应,自成体系的。当然,在反复阅读之中,会发现一些错别字,又或者觉得语言别扭,其实还有更精准的表达,让人觉得很无奈。

本书共八章,第一章虽然套用了一个理论的外壳,其实主要是回应 2014 年中共十八届四中全会提出的全面推进以审判为中心的刑事诉讼制度改革、首次提出的"完善刑事诉讼中认罪认罚从宽制度",以及 2014 年 6 月 27 日和 2016 年 9 月 3 日全国人大常委会相继授权最高人民法院、最高人民检察院在部分地区开展的刑事案件速裁程序试点工作和刑事案件认罪认罚从宽制度试点工作等。因为这些在刑事诉讼领域内所作的改革探索和试点工作都对证据和证明制度起到一定的冲击作用。目前有学者批评所谓的“印证证明模式”的概念和用词，然而笔者以为用了证明模式、证明标准或者证明方法等这样的词语并不一定就导致了混淆和混乱。实践一直在发展着，反倒是一些五花八门的精致辨析，有时既没有使别人清楚，又可能弄迷糊了自己。无论是批驳者还是支持者，最终可能总是要指责“印证”忽视了正当程序或者辩护的作用，然而，笔者以为这就像是用圆形来攻击三角形一样，各有其理。因此，笔者坚持了印证和质证在不同程序目的、程序阶段或者案件类型下可以选择适用或者相互结合。说印证仅仅是一种证据分析方法或者审查判断证据的手段，既不是证据材料本身，也不是证明标准，更不是证明主体，这或许是对的。但是，印证包括质证将证据材料阐释为案件事实的构成要素，连接着真相和主体，促进着举证证明者和事实裁决者的沟通、互动、交流，当然具有一种源自客观的主观意见属性，这种意见可以套用到笔者所提出的意见裁判主义概念之中。

如果说第二章对印证规范的解析是印证模式的展开，那么第三章探讨的刑事证人出庭则是质证模式的当然前提。在第二章侧重于分析 2010 年 5 月 30 日由最高人民法院、最高人民检察院、公安部、国家安全部和司法部联合发布的《关于办理死刑案件审判判断证据若干问题的规定》（“两个证据规定”之一，以下简称《办理死刑案件证据规定》），以及 2012 年最高人民法院《关于适用〈中华人民共和国刑事诉讼法〉的解释》之中的“印证”条款的功能和特点，从中可以发现需要印证的对象，主要针对容易因为出庭而出现反复的人证（证人、被害人、被告人）的证据形式以及间接证据。印证的目的主要是解决庭审中翻证、翻供以及作证资格缺陷和利害关系人的证言效力。针对印证的条件错综复杂、效力僵化，以及因为其语言模糊而可能导致滥用裁量权的这种印证规定的限度问题，笔者提出，第一，需要把以量取胜和以质取胜相结合；第二，需要把靠证据说话与意见之争相结合。这样看来，其他学者对印证规则进行苦心孤诣地研究所得出的观点与笔者早先分析而给出的结论是大体一致的。

第三章首先分析了 2012 年《刑事诉讼法》和最高人民法院《关于适用

〈中华人民共和国刑事诉讼法〉的解释》(以下简称《刑诉解释》)之中“质证”条款，虽然要求证人出庭的威逼(强制出庭制度等)利诱(证人保护和作证补偿等)机制逐渐完善起来，但是法条所蕴含的对证人出庭的态度反而从原则走向了例外。出于对呼吁证人出庭的怀疑，笔者认为，从浅层心理现象上看，侦检机构、被告人、辩护人、被害人、法官和警察等都没有做好证人出庭——直接言词审理的准备，其中被告人、被害人在提供实体事实真相上和警察在提供程序事实真相上都可能是一种“兼职”的证人。在我国，书面证言确认、“大司法机关”、证人全程伪证责任等制度因素促生法官不情愿证人出庭的心理，而警察出庭作证制度首先面对的是缺乏“怀疑权力”的制度文化传统，在取证活动受到质疑时，要求警察出庭来“自证其罪”，则警察当然不乐意。从深层法律意识来看，英美法系的判例法传统、陪审团和法官审判主体多元分权的结构、证人分类制度、证人宣誓制度等虽然可能不断变化但仍不失为证人出庭作证制度的支柱。由此，在我国，传闻证据规则和直接言词原则要求证人出庭所承载的程序正义仍为异物。进而言之，目前关于证人出庭已经确立起来的具体配套规则还是有难以克服的缺陷。因此，我们要认真对待实践而不致做脱离实际的制度设计。

其实，这两章的相关内容已经更新到了 2017 年 6 月 20 日由最高人民法院、最高人民检察院、公安部、国家安全部、司法部联合发布的《关于办理刑事案件严格排除非法证据若干问题的规定》(以下简称《严格排除非法证据规定》)和 2017 年 12 月 11 日由最高人民法院印发的《人民法院办理刑事案件庭前会议规程(试行)》(以下简称《庭前会议规程》)、《人民法院办理刑事案件排除非法证据规程(试行)》(以下简称《排除非法证据规程》)和《人民法院办理刑事案件第一审普通程序法庭调查规程(试行)》(以下简称《第一审普通程序法庭调查规程》)(此三项以下简称“三项规程”)乃至 2018 年 7 月 3 日由最高人民检察院印发的《人民检察院公诉人出庭举证质证工作指引》。从某种意义上，法条更新并不能代表观点新潮，反而意味着这些文章只是一种应景之作。当然，笔者还是意图抓住一些本质的东西，不管印证和质证都会围绕的证据的证明力和证据能力做文章，并且其间的意见交流和信息传输又必然是通过一定的程序机制来进行的。

本书的第四、五、六、七章主要是对口供排除规则和审判前供述在庭审之中的运用方面的问题进行了论述。可以说从2010年5月30日由最高人民法院、最高人民检察院、公安部、国家安全部和司法部联合发布的《关于办理刑事案件排除非法证据若干问题的规定》（“两个证据规定”之二，以下简称《排除非法证据规定》）的条文来看，14/15的非法证据排除规则条款都可能与口供有关，因此口供排除规则才是问题的重心。然而，为了解决“纸面上的法”未能有效转化为“实践中的法”的问题，非法证据排除在规则出台方面上了瘾，成了规则的自我繁殖。正是为了应对复杂多变的非法证据排除规则尤其是口供排除规则，笔者在考察了口供排除规则的形式流变以及对非法口供及其排除规则进行类型分析的基础上，提出抓住口供排除规则理论的任意性内核问题，并且初步论证了非法口供的虚伪排除说的理论根据和现实基础。接着又从构造的角度分析了口供排除规则沦为“纸上谈兵”的原因。一方面，因为没有庭前法官和庭审法官的分离和法官和陪审团的分权，一元化的法庭可能会造成非法获取的口供从大门排除又从窗户跳进，而“口供排除”和“宣读口供”的两阶段在质证上存在叠床架屋，更有为普遍地采纳审判前供述这一传闻证据“背书”的反其道而行之的趋势。另一方面，控辩不平等导致庭审最终落入长于法律辩论而轻视事实调查的旧习，而法官也陷入到底是积极调查还是消极听审的内在职责冲突之中。因此，我们设想以案例指导跳脱立法中心主义的虚无缥缈，以配套程序摆脱实质判断标准的人言人殊。其中还结合《严格排除非法证据规定》和最高人民法院“三项规程”的内容，介绍了庭前程序对证据合法性问题的解决，侦查、审查起诉阶段对非法证据的过滤机制，审查逮捕、审查起诉阶段以及审判阶段排除非法证据的基本程序，探讨了控辩双方在庭审阶段排除程序中权利配置（举证责任和证明标准）的失衡，排除程序的法官职权启动，法官对非法证据的庭外调查权，检察机关在非法证据排除程序中的多维角色等，当然笔者最属意的非法证据排除规则应该是从立法中心转向司法中心。

也正是从上述的“口供排除”和“宣读口供”双阶质证中引发出一个新问题，《刑事诉讼法》并无宣读审判前讯问笔录的规定，这可以说《刑事诉讼法》本身存在立法漏洞吗？当然，就算这是个漏洞，其实也早就被司法解释填补了，这样鼓励和支持“宣读审判前供述”算是越权解释吗？这引起了笔者的深入思考。为了解释这个谜题,笔者解析了“宣读审判前供述”的基本原理主要是作为禁止朗读原则的例外以及反对强迫自证其罪(以及沉默权规则)的限制措施,因此,宣读审判前供述主要侧重于其自白排除的弹劾证据功能,但是其必然带有自证其罪的实质证据功能。笔者还对《刑事诉讼法》存在这个立法漏洞的原因从刑事诉讼纵向构造和横向构造两个层面进行了解释,分别探讨了宣读审判前供述的程序保障措施,对审判前讯问笔录的证明力审查和证据能力审查,以及比较考察了被告人作为庭审证据来源的立法模式,直面回应了到底要不要宣读审判前供述,以及侦审到底如何联系的问题。当然,笔者个人认为从求全和求真的角度而言,宣读审判前供述笔录是一种以公开审判的方式来弥补直接审理原则的偏差,当然也能满足质证的需要。

在前述细致入微的“论法”之后,本书第八章意图通过一个事例来解释法律,由此也可见在个案之中解释法律,才可能了解到法条之中的微言大义,也才可能通过澄清误解而传递法律的精髓。第八章即是从媒体上的一则可能存在“逻辑倒错”的报道出发,指出“不得作为定案根据”的非法证据排除是一种结果控制,而不是过程控制。虽然新近出台的一些有关非法证据排除的相关规定也反复提及对待排除的和已排除的证据“不得宣读、质证”,然而这其中相关的内在机理并不对位。更主要的是,在我国非法证据常常被用来论证案件的不真实性。所谓的非法证据“不得宣读、质证”,可能反而遮蔽了发现案件真相的信息线索。因此,将非法证据排除于程序之外只不过是让同类证据脱下了“非法”外套或者换了一个“合法”马甲而已。相反,只有将“非法证据”的材料随案移送并且反复重申,在判决书中充分论证非法证据的不可采特征可以起到吓阻警察不法的作用,并进一步通过将非法证据的证据能力问题转化为证明力规则的减等适用(乃至因为证据不真实而作出无罪判决)才可能让被告人真正得到实惠。该章讨论了非法证据的本质以及程序正义与实体正义的关系,在回顾非法证据排除规则的理论基础的基础上重申非法证据排除的防止虚伪的功能,结合个案讨论了我国非法证据排除在心证阻隔方面效果不彰的组织结构和程序功能因素。最后指出,我们的制度设计可能并不是要嫁接一个无根的制度,反而是要让法官把好最后一道关,全面审查随案移送待排除或已排除的非法证据材料,对“非法”和“证据”进行分别治理。

最高人民法院审判委员会专职委员胡云腾在2018年10月10日《人民法院报》第5版上发表了《从拨乱反正到良法善治　改革开放四十年刑事审判理念变迁》一文，文章将不同时期的刑事审判理念归纳为5个阶段，1978～1981年：拨乱反正；1982～1996年：从重从快；1997～2005年：转型调整；2006～2012年：宽严相济；2013～2018年：良法善治。如果这个界分还算恰当的话，笔者自2007年年初到高校从事教学科研活动也融入了我国刑事司法活动的背景因素。1996年修改的《刑事诉讼法》和1997年修改的《中华人民共和国刑法》（以下简称《刑法》）的贯彻实施为宽严相济刑事政策的确立奠定了良好的基础；又恰恰是因为这种宽严相济刑事政策的导入和量刑规范化改革的大力推进等，以及偶尔出现的如杜培武杀妻案（1998年4月22日案发，2000年7月11日再审宣判无罪）、佘祥林杀妻案（2005年4月13日宣告无罪）、赵作海杀人案（2010年5月8日判决宣告无罪）、呼格吉勒图强奸杀人案（2005年10月23日赵志红被抓获，2014年12月15日再审判决无罪）、聂树斌强奸杀人案（1994年8月5日案发，2005年1月18日王书金被抓获，2016年12月2日再审改判无罪）等案件平反昭雪历程艰难，对其中的程序违法和实体错误的反思，都加速了对刑事诉讼法律法规进行修改的要求。此后，我们或许进入了一个法律跃进的时代。随着党的十八大以来，在习近平新时代中国特色社会主义思想指引下，在全面依法治国的大背景下，我国的刑事司法体制改革从零敲碎打走向了顶层设计，既有试点探索又有整体推进。党的十九大报告指出，深化司法体制综合配套改革，全面落实司法责任制，努力让人民群众在每一个司法案件中感受到公平正义。因此有人称司法体制改革“四梁八柱”有了，此后要侧重于“内部精装”。

具体到个人而言，笔者对刑事诉讼法律运行一直持有一种保守的态度，主张主要通过个案而不是大规模地出台法律法规等文件方式来推动刑事诉讼法治建设。2008年前后笔者结合以前自身司法实务经验撰写了《叶公好龙：刑事证人出庭的一个寓言》一文，至今已经过去十余年了。说实话，其后多年的思考虽并未刻意追求，但是大体上都刻划着在面临工作转换背景下这个一时冲动之作的原初烙印。总体上笔者对我国刑事司法环境的态度晕染上同情之理解的底色。与多数人透过冤案来抨击有罪推定、刑讯逼供等程序不公的观点不同,笔者看到的更多是冤案的事实不清、证据不足。由此本书虽然反复论证了非法证据排除规则这个程序性制裁机制的重要内容,但是,笔者在探讨其理论基础上有一种复古的倾向,更愿意接受虚伪排除说的观点。当然,如果说笔者曾经持有反对立法修改和反对司法解释这个“两反”态度的话,其实笔者的初衷是期望法治能取得实实在在的进步,因此笔者对非法证据排除承载的人权保障价值也乐见其成。好在本书的确没有提出什么立法和修法类的完善建议,作为力有不逮的意外收获,这个倒是让我觉得是欣喜的事儿。

第一章　证明的两个模式

“模式”一词天然地含有一种标准化的变形因素，而司法证明的印证模式或者质证模式并无优劣之分。不同模式所包含的不同理论目标设定需要因势利导、因案制宜而不断相互调适。当然刑事诉讼的职权主义和当事人主义的不同诉讼模式分别以侧重于印证模式和质证模式为其特征。我国刑事诉讼程序对质证和印证的同等强调表现了在庭审之中质证和印证可以相互衔接、结合和补充（本书第二章和第三章将详细论述）。在当前以审判为中心的诉讼制度改革背景下，印证模式与质证模式可能有针对不同的程序阶段如侦查和审判的相互衔接，又可能因为不同的案件性质如认罪或者不认罪而各有侧重。

第一节　引言：何为真相

“一起审判的基本目标是发现真相。”①可以说，发

① Tehan v. U. S. ,383 U. S. 406, p. 416 (1966). 转引自[美]拉里·劳丹：《错案的哲学：刑事诉讼认识论》，李昌盛译，北京大学出版社2015年版，第2页。

现真相也是“以审判为中心的诉讼制度改革”的一个关键问题，虽然我们常常宣称从认识论到价值论的转向而更强调程序正义，其实真相才是平息纠纷的基石。这虽然不能得出我们为寻求真相而不择手段或者为了真相哪怕天崩地裂的结论，但是，所谓的真相不存在的怀疑论或者真相不能发现的不可知论很显然是站不住脚的。发现真相的途径有千千万万，到底哪一种是可期待的呢？尽管程序正义论甚嚣尘上，但是真相显然不是由程序自身生成，也不是由证据证明出来的，“裁判”和“证据”都不会生成事实，是我们窥探事实的“棱镜”，而这种棱镜本身可能折射出一种幻象或者说是“拼盘”，①由“证据之镜”的原理可知刑事错案发生的不可避免性，也即，真凶脱逃和无辜受罚都可能存在。不管怎么说，事实认定总是有穿越到过去或者还原到本真的意图，因为事实一直在那里。然而，事实并不会自动呈现。“雁过留声”，主流的证据理论认为，在这个世界上存在过的任何东西都会留下痕迹。当前客观存在的现象，如果适当加以编排、分类和整理，就可以清楚地说明早期的事件。② 然而，对过去事实的发现并不仅仅由证据单独决定，还有证据的收集、提取、固定、呈现、解释和审查判断之主体因素的影响。

一、真理聚合论

法律思维常常被认为是一种理性思维的精妙体现，“法律是没有激情的理性”，③“法律即理性”，④十七八世纪的古典自然法法学家，包括启蒙思想家孟德斯鸠认为法律是理性的体现，资产阶级的自由要受法律的约束，“理性能够设计出普遍有效的法律制度的全部细节”，⑤阿尔伯特·爱因斯

① 张保生：《刑事错案及其纠错制度的证据分析》，载《中国法学》2013年第1期。

② See H. Richard Uviller, “Evidence of Character to Prove Conduct: Illusion, Illogic, and Injustice in the Courtroom”, *University of Pennsylvania Law Review*, Vol. 130:845, 1981 – 1982, p. 847.

③ 亚里士多德语。在电影《律政俏佳人》(*Legally Blonde*)金发女郎艾丽·伍兹作为哈佛法学院的优秀毕业生在毕业典礼致辞中引用了该语，并且表达了反对意见。

④ [古罗马]西塞罗：《论共和国 论法律》，王焕生译，中国政法大学出版社1997年版，第192页。

⑤ [美]E.博登海默：《法理学：法律哲学与法律方法》，邓正来译，中国政法大学出版社1999年版，第63页。

坦(Albert Einstein)曾说:"只要数学命题涉及现实就是不确定的,只要它是确定的就不涉及现实。"①书本上的法拟制的确定性必然要落实为行动中的法的可变性。诚如阿图尔·考夫曼(Arthur Kaufmann,1923~2001年)所认为的,"理性的"方法分析如果不熟悉所有的非理性要素,就只是表面上理性的。② 其实也就是说,法律获取程序不完全是理性的,甚至于如何掌握法律中的非理性和不确定的因素反而成为一种真正的理性,对非理性因素也要坦率地理性分析。因此,又或许可以说法律获取的逻辑有理性与非理性之分别和兼用。考夫曼持有一种"方法论综合主义"命题,它不是抽象的非此即彼、相互排斥的对立,不是要么选尖头要么选纽扣(spitz oder knopf),而是过多与过少之间的一种关联构造(beziehungsgefüge),它使一种中点(mitte)成为可能:亚里士多德意义上的中点。③ 这里意味着多种方法的运用并不是得出一个多元的结论,而是聚合为一种折中的决定。也就是说,从不确定之中寻求确定的解决方案,或者说,在有限把握的基础上必须给出一个合理解决方案。这也就承认了,"一种认识可以是真的,无需它在每个角度看来对于现实都是充分的,也无需清晰无疑地去把握其对象"。④ 考夫曼"真理聚合论"的思想基础在于这样的考虑:在每种认识中,主体要素来自不同的渊源,相反,客体要素来自同一个实然者。因而对比来说,主体要素是相互弱化或者自我废止的,而客体要素将所有人引向实然者的统一点上,并确保它得到证立。聚合不是主体想法的简单堆积或者一种"通说",而是将来源于不同主体并彼此独立的关于同一个实然者的不同认识带入一致(Ineinssetzung)。在此意义上可以说,聚合不只是获得具体知识的手段,而同样也是一种真理的标准。与这样来理解的真理论相协调的只有一种实用的可误主义(pragmatischer fallibilismus),它在可误之想法的聚合点上假设

---

① 转引自[德]阿图尔·考夫曼:《法律获取的程序:一种理性分析》,雷磊译,中国政法大学出版社2015年版,第35页。

② 参见[德]阿图尔·考夫曼:《法律获取的程序:一种理性分析》,雷磊译,中国政法大学出版社2015年版,前言第7页。

③ 参见[德]阿图尔·考夫曼:《法律获取的程序:一种理性分析》,雷磊译,中国政法大学出版社2015年版,第20页。

④ [德]阿图尔·考夫曼:《法律获取的程序:一种理性分析》,雷磊译,中国政法大学出版社2015年版,第37页。

了一种实际知识(sachliches wissen),而波普的绝对可误主义最终只能是一场空。[①] 说到底,其实,演绎就是将案件涵摄于制定法规范之下。演绎方法的不足敷用,正是由于对"案件"的认识千差万别,天底下有的是一样的法律,但是哪里有一模一样的案件呢?所以,所谓的涵摄往往只是对已获得的结果的确认,更多的如同课堂上老师的实践练习,而不是对生活案件来进行司法裁判。考夫曼认为除数字概念以外的其他情形中每部制定法都有漏洞,其实说的是法律规定之中的案件或者事实因素,进而言之,考夫曼看到的是对生活事实如何从法律上进行解释,这种解释有多种可能,因此解释就不是确定的、必然的,而是合理的,由此表面上是事实发生了歧义,其实恰恰又是事实存在的统一具有不同的法律上的意义,可以说,法律获取是"事实与规范的同化"。

二、开放的事实

其实,研究证据法,更主要的不单是事实存在经过法律的解释再反观其存在与否,而在于事实整体或者法律意义上的事实如何通过具体的证据架构出来的。当然,证据本身也有法律制约:一是关于何为证据的法律,即出于对事实的证明逻辑考虑的法律,如关联性规则、品格证据规则、传闻证据规则、意见证据规则等或者出于对真相以外的价值的保护的法律,如非法证据排除规则、作证豁免权规则等。当然,某些规则可能同时反映了两个方面的法律要求。例如,传闻证据排除或许出于真实性考量,又或许是出于对对质权的保障。典型之例证如,非法证据排除的理论基础就有所谓的虚伪排除说、自白任意性、人权保障说、遏制不法说、司法廉洁说等,其中所谓的"虚伪"排除本身就是一种真实性考量,而其他的观点则分别体现了人权和司法体制的公正诉求。又如,关联性规则也可能既牵涉偏见因素,又牵涉重复和效率因素。二是关于如何运用证据的法律,如收集证据的规范,证据开示的规则,排除非法证据的动议,庭审质证规则,证明对象、证明责任和证明标准,乃至于司法认知和推定等规则。前述规则总体上可以分为静态的

---

① 参见[德]阿图尔·考夫曼:《法律获取的程序:一种理性分析》,雷磊译,中国政法大学出版社2015年版,第46~47页。

证据规则和动态的证明规则两部分。当然，整个证据法必然是动静结合的。就法律角度而言，同样存在考夫曼所说的解释不确定性问题。每一个程序规则的运用也相当于作了一次微型的司法裁决。当然，这里的事实的开放结构可能会使我们陷入不确定的漩涡。

然而，事实开放的前提可能有时恰恰是事实本身的确定存在，法律规范本身也统一可得。由此，正是因为对证据和事实乃至法律进行了不同的意义诠释而导致了事实的开放。当然，事实的开放还有一些特别的原因。需要注意的是，真相并不是自然的科学真相，而只能根据对证据资料的占有程度来确立，在事实真伪不明时通过证明责任的分配来进行。例如，在刑事诉讼中，如果控诉方举证不能达到证明标准，则只能依从无罪推定原则而认为被告人是无罪的，也就是说，这种真相是一种拟制的真相；再则，即使明知某人是有罪的，甚至也获取了可以进行有罪认定的证据材料，但是，因为取证手段侵犯了公民的宪法权利或者一些重要的诉讼权利而需要适用非法证据排除规则，却可能会导致证据不足而无罪，也正如本杰明·卡多佐大法官的观察报告所言，由于警察铸下错误而让罪犯得以逍遥法外，他甚至推测，狭隘的治安官由于过度热情或者言行失检地行使其权力却授予一个犯下最卑鄙无耻罪行之罪犯的豁免。① 因此，所谓的事实的不确定可以归结为不同的诉讼参与者对事实所持有的意见不同，而在这种不同的意见交流之中或许会形成在持有相同语法规则（这里主要指的是法律规则）条件下的共识。

那么真相到底为何？真理符合论认为真理为事实与理智的相符，哈贝马斯认为符合论的矛盾之处在于其中加入的“现实”本身还要通过命题来表达，而命题与现实之间的符合关系也只能通过命题来确定。问题在言语逻辑内转化成了命题之间的关系，这种真理共识论是在形式正确的意义上成立的共识。如果以此来看，笔者所谓的意见裁判主义好像完全脱离了现实基础而落入了这种形式正确的共识之中。然而，正如考夫曼所说，在以命题出现的“现实”之前省略了“据我所知”，由此“每个命题

---

① See People v. Defore, 242 N. Y. 13, 21, 150 N. E. 585(1926), pp. 587 – 588.

都只是复现了提出命题者的观念形象”,[①]由此将一个命题的形成与那个命题的内容区别开来,所以那种形式正确的共识无法确定某事物的真值,也不能创造真理,因而考夫曼所提出的真理聚合论,形成了聚焦于同一个实然者的不同主体的不同认识之间的取舍、结合。意见裁判主义不否认既存的实体事实,再往前推进一步,也不否认可得的各种证据材料。但是,我们允许不同的诉讼参与者对事实和证据进行符合各自立场的合理解释,而最终凝聚一个各方都满意的解决方案。这个解决方案其中对事实的解释被设证为真实,当然这种真实是可误的。由此意见裁判主义注重意见而从未脱离现实。这也就是说,诉讼中的事实认定往往更是需要实锤的证据来认定,然而,有时即使有实锤的证据,对事实的评判和认定也可能是人们对所谓证据的见仁见智的表述,因此,司法实践之中基于证据的事实认定并不是铁板钉钉一样确定。同样,也可能没有实锤的证据,但是,这种“无证据”本身也是证据,需要我们在庭审之中给出一个明确的答案。

不同参与者的解释方案和内容的确可能显示出了一种多样化、多元性的诉求。但是,其实从一种二分法来看,这种解释出来的真相——非有即无。由于刑事诉讼是解决犯罪嫌疑人、被告人是否有罪,以及应当受到何种惩罚的活动,对事实就存在一个有罪与无罪的对立主张,由此刑事诉讼之中就可能存在质证活动,这是从对向来考察证据,“通过交叉询问,证人的有意编造和无意的误述都可以得到有效的暴露,从而使事实真相大白”。[②] 另外,基于孤证不足为凭(testis unus testis nullus),[③]各方为了确保己方意见的真实、可信,必须要提出多个能够相互印证的证据,这是从同向的角度来考察的。

当下的庭审改革必然会对事实证明模式造成冲击。学者龙宗智将司法

① [德]阿图尔·考夫曼:《法律获取的程序:一种理性分析》,雷磊译,中国政法大学出版社2015年版,第45页。

② 李培锋、潘驰:《英国证据法史》,法律出版社2014年版,第67页。

③ 在中世纪时期,罗马法上确立的至少需要两个证人去证明的证据规则演变成一条教会法规则。参见李培锋、潘驰:《英国证据法史》,法律出版社2014年版,第61页。

智慧之结晶的我国刑事证明方法的“印证”模式提炼出来，①其实印证曾经只是司法实践之中的模糊经验，其之所以可能被提炼为一种理论，当然要经过学者的极化变形和特征添附，而成问题的是总有学者以这种理论来取代现实进而以此作为批评和自我批评的对象，②从而找错了靶心。而随着对庭审实质化的呼吁，一种以交叉询问为基本形式的“质证”模式逐渐成为一种主流的理论模式。模式本无对错之分。真正值得探讨的是，在当前我国以审判为中心的诉讼制度改革背景下，针对不同的程序阶段如侦查和审判、不同的案件类型如认罪或者不认罪，印证模式与对质模式到底如何契合情境地选择、取舍，或者能否以及如何相互结合。

---

① 参见龙宗智：《印证与自由心证——我国刑事诉讼证明模式》，载《法学研究》2004 年第 2 期。

② 学者朱桐辉总结了前一阶段刑事诉讼法学前沿问题研究的一个重要方面，即继周洪波在 2015 年第 6 期《法学研究》中发表《中国刑事印证理论批判》后，近来学者们对“印证”的持续争鸣。他归纳认为，左卫民指出，近年来频曝错案表明，根植于侦查中心主义与书面审理上的该模式正面临挑战；在新背景下，亟须建立正当程序和精细操化的新模式（《印证证明模式反思与重塑：基于中国刑事错案的反思》，载《中国法学》2016 年第 1 期）。杨波也指出，依印证裁判会强化真相的查明、忽视程序的正当；同时，这一形式审查会导致事实认定机械化，严重挤压自由心证；随着以审判为中心的落实，应强化控方的严格证明、保障辩护权、改造合议庭构成、强化文书公开及说理（《审判中心下印证证明模式之反思》，载《法律科学》2017 年第 3 期）。龙宗智则在 2017 年第 2 期《法学研究》发表《刑事印证证明新探》予以了全面回应。而刘品新也在分析大量案例基础上指出，印证在电子证据采信上仍有空间，但须规则再造，需要构建客观化采信机制，创设电子证据的孤证绝对否定、不同节点印证、属性痕迹补强、区间权衡等规则；还可基于概率的乘积规则设计其印证公式，实现对其的概率化采信（《印证与概率：电子证据的客观化采信》，载《环球法律评论》2017 年第 4 期）。参见朱桐辉：《法学研究热点之一：刑事诉讼法学前沿问题研究》，载《昆明理工大学学报》（社会科学版）2017 年第 5 期。其实争鸣还一直在持续，参见杨继文：《印证证明的理性构建——从刑事错案治理论争出发》，载《法制与社会发展》2016 年第 6 期；牟绿叶：《论非法证据排除规则和印证证明模式的冲突及弥合路径》，载《中外法学》2017 年第 4 期；向燕：《“印证”证明与事实认定——以印证规则与程序机制的互动结构为视角》，载《政法论坛》2017 年第 6 期；胡铭、邱士辉：《司法证明中的印证规则与事实认知》，载《浙江学刊》2018 年第 3 期；王星译：《“印证理论”的表象与实质——以事实认定为视角》，载《环球法律评论》2018 年第 5 期。然而，笔者认为上述文章不是以“印证”作为幌子来抒发对现实程序的批评，就是落入了自说自话的“字意辨析”的巢窠，并且提出自认为的理性制度设计，而否定或者忽视了司法的实践再造功能。

第二节 印证与质证的内涵分析

基于一种实践经验的总结,法学术语的定义不仅仅要逻辑自洽,更要与现实有一定的匹配关系,从而区别于仅仅满足逻辑需要的信仰表达或者不能提供确定知识的意见。印证需要从佐证、旁证、补强等概念之中抽象出来,而质证也需要从对质、质疑、质询、诘问、交叉询问等概念之中凝练出来。

一、同向与对向的方式差异

学者龙宗智这样界定,印证就是不同证据“所含信息”的“相互照应”及“共同性”;印证的证明模式,其关键是获得“相互支持”的其他证据;单一的证据不足以证明,必须获得更多具有“内含信息同一性”的证据来对其进行支持,突出表现为对“相同”或“相似”信息的证据数量的重视。[①] 学者周洪波对该种“印证”细致区分了宽窄两种情形:宽的情形即为证据的相互照应或相互支持,是指不同的证据具有相同的证明指向,而无论它们所含信息是否相同;窄的情形即为证据所含信息具有共同性或同一性,继而构成相同的证明指向。[②] 与此相对立的情形是孤证不立。龙宗智将之归入自由心证体系之下,更指出其突出特点,我国的印证模式注重“外部性”,即要求证据之外还要有证据;西方的自由心证注重“内省性”,即注重个别证据给裁判者的印象和影响。学者周洪波将印证局限于彼此的直接对应性或同一性,也即刑事证明中的印证有两种,既可以发生在证据与证明对象(待证事实)之间,也可以发生在证据与证据之间。而在“印证”之外,与前者相对的是以间接证据来证明待证事实的推证(推论),与后者相对的是各自都对某一待证事实具有一定的证明指向性,彼此之间具有辅助证明或辅佐证明作用之佐证。[③] 笔者认为,做这种精细区分从而挑出印

---

① 参见龙宗智:《印证与自由心证——我国刑事诉讼证明模式》,载《法学研究》2004 年第 2 期。

② 参见周洪波:《中国刑事印证理论批判》,载《法学研究》2015 年第 6 期。

③ 参见周洪波:《中国刑事印证理论批判》,载《法学研究》2015 年第 6 期。

证的毛病并不是论证上的明智之举，真正重要的是，一个对实践进行提炼的学术术语是可能由作者给出特别的又能为众人所理解的界定。因此，笔者认为，印证作为一种证明方法是指对待证事实（主要就是案件事实，以及各个犯罪构成要件事实，或者其他争议事实）有多个不同来源的证据，和（或者）不同种类的证据提供一种同一性、佐证性等支持性、肯定性的证明。

又从学者何家弘等论述之中可知，质证是指在法庭审理中，在法官的主持下，针对双方当事人证据材料的客观性、关联性和合法性的，由一方针对对方的证据材料的客观性、关联性和合法性进行质问（发表意见），举证方进行说明论证。质证是诉讼各方反驳和攻击对方证据的重要手段，也是帮助和影响法官认证的重要途径。形式上，质证是证据的审查评判的一种方式，但是只能是从对立的角度对对方的证据进行质疑和质问。尽管学者何家弘等认为，质证不包括对本方证据的审查和从中立角度对证据的审查，也就是说，就主体而言，控辩双方才是审判中实际有权对证据提出质疑和进行质问的主要人员。① 但是，法官并不是与质证隔绝开来的，法官的主要任务是“听证”，主要职责是保障质证程序的公正和有序。

一言以蔽之，印证是一种同向的支持性的证明方式，而质证则是侧重于对对方举出的证据进行质疑和质问；印证更侧重于客观证据的相互支持，而质证更侧重于对立双方主体的质疑辩驳，从一种极端视角来看，印证追求客观证据的全面呈现——有一种物化趋势，②而质证提倡对立诉讼主体的立

① 参见何家弘、刘品新：《证据法学》（第5版），法律出版社2013年版，第232页以下。

② 这里借用了卢卡奇的物化理论，他认为，“人自身的活动，他自己的劳动变成了客观的、不以自己的意志为转移的某种东西，变成了依靠背离人的自律力而控制了人的某种东西”。参见[匈]卢卡奇（Georg Lukacs）：《历史与阶级意识——关于马克思主义辩证法的研究》，杜章智等译，商务印书馆1992年版，第147页。“物化”也就是人与人之间的关系变成了物与物之间的关系，获得一种“魔幻的客观性”“幽灵般的对象性”，物的世界通过似乎不依赖于人的客观规律统治着人。物化是一个双重异化，工人与自己的劳动产品相分离，更主要是与自己劳动的本质相分离。卢卡奇认为，在物化的过程中，劳动者被整合到机械化之中，失去了实践的主体性，变成了一个专门化的纯粹数字符号。一切都遵循着数字化的原则，即“建立在被计算和能被计算的基础上的合理化原则”。参见[匈]卢卡奇：《历史和阶级意识——马克思主义辩证法研究》，张西平译，重庆出版社1989年版，第98页；陈慧平：《人·时间·辩证法：中国道路的哲学基础探原》，广西师范大学出版社2015年版，第162~163页；周立斌：《卢卡奇的物化理论及其演变》，中国社会科学出版社2012年版，序言第2~3页。

场对抗——有一种人格化趋势。①

二、证明力与证据能力的内容评价

进一步来看,印证必然要针对于案件事实,离开案件事实谈论证据就是无的放矢,值得关注的主要是多个证据之间的关系。严格而言,孤证几乎是不存在的。印证既可能表现为对案件事实的同一印证、局部印证的各证据之间的平行、叠加、组合关系,也可能存在针对个别证据争议的补强印证、可靠保证等证据之间的补强、辅助、协同关系。补强印证集中于证明力问题,而可靠性保证比较复杂,其中既关涉作证人的自愿性、作证的资格以及证据来源和取证规范。此外有学者指出,评价任何证言性主张的可信性,需要考虑三个属性:诚实(veracity)、客观(objectivity)和观察灵敏度(observational sensitivity)。② 当然也存在单个证据的判断和对案件整体事实的判断问题。虽然印证在一定程度上包含了作证资格、取证程序等证据能力问题,但是,印证的本质更侧重于一种证据之间的证明力相互支持。

质证也是从证据能力和证明力两个方面进行:在证据能力方面,主要是对证据的关联性、合法性、客观性提出质疑;在证明力方面,包括对证据(来源或者内容)的可靠性和充分性(证据与待证事实之间关联形式和性质)进行质疑。质证的核心程序就是在法庭上的交叉询问。一般而言,在法庭上

---

① 笔者认为,由于多元主体参与到刑事诉讼之中,一个定罪量刑的决策事件可能转化为被告人个体的良好品格和不良品格的对比,或者不同主体之间的相互的人格比拼。这种人格化的体现,一是基于一种人格尊严的要求,“把人当人看”,在程序法上更突出控辩对等的普遍原则以及强调人人平等的具体制度,二是基于一种职业伦理的要求,“不要论断人”(圣经·马太福音第7章第1节),在组织法上要求司法从业人员爱人如己,推己及人。从刑事审判史来看,由于审前程序的对起诉证据的保证,在神判之中被指控人与指控人的人格互拼转变成了陪审团与当事人的人格互拼,或者说原被告的“争论”给了陪审团察言观色的机会。又由于担心律师成为被指控者的防护盾牌,庭审让被指控者被迫表达自己的见解而直面陪审团,使神判制度下人身考验转化为法官和陪审团对其言行的检验。陪审团员不仅评判他们所理解的真相(就事实的正确性来说),还要评判对被指控者惩罚的适当性——被理解为社会共同体的一员以及作为社会地位与行为举止的一个综合体的被指控者的人格。See Antony Duff, Lindsay Farmer, Sandra Marshall and Victor Tadros, *The Trial on Trial* 3: *Towards a Normative Theory of the Criminal Trial*, Oxford, Hart Publishing, 2007, p. 36.

② 参见[美]特伦斯·安德森等:《证据分析》(第2版),张保生等译,中国人民大学出版社2012年版,第87~88页。

证人在接受本方的直接询问以后，才由对方进行交叉询问。直接询问特点是支持性或者说明性的询问。与直接询问相对，交叉询问是由一方当事人或律师在法庭上对另一方证人（包括一般证人、专家证人、侦查人员，以及证据）进行盘诘性（攻击性或反驳性）询问。交叉询问通过攻击对方证据的弱点和缺陷来质疑和质问对方的证据，以便降低甚至消除该证据在事实审判者心目中的可信度，包括使法官对证人失去信用和让证言失去可信度。①

因此，无论是印证还是质证，证据的判断主要依靠法官根据具体情况作出，但是，两者都要从证据能力和证明力着手。就证据构造而言，印证提供的是一种在卷证据之间的支持性证明方法，而质证提供的是一种结合情境制造的弹劾性的证明方法，说得极端些，从直接询问与交叉询问的形影不离，可以推知印证和质证相伴而生。

第三节 印证与质证的诉讼模式解析

当然，上述质证和印证的两种不同证明方向转换为诉讼参与人的活动，典型的即为对抗式模式和审问式程序。就证明方式而言，印证更偏爱书面化、间接性的证据审查判断方式，甚至使正式庭审成为走过场；而质证一般采用当庭质证、直接质证和公开质证的原则。当庭质证一方面是诉讼当事人有效行使质证权的要求，通过证据和说理影响法官对证据和案件事实的认定；另一方面是保证法官对证据进行审查的“亲历性”，实现公正审判的要求。质证主要采用直接质证的方式，为保障质证质效，一切证据都必须经过当事人在法庭上的直接质疑和质问，才能作为定案的根据。为确定陈述人的意思表示的真实性、准确性和完整性，言词证据更是以证人、鉴定人出庭的直接质证为基本原则；只有在确实无法或确无必要进行直接质证的情况下，才能采用间接质证的方式。质证活动应当在开庭审判时公开进行，公开质证是公开审判的组成环节。可以说，发现真相的方法不止一种，印证和质证即可能与不同的诉讼模式相匹配。

---

① 参见何家弘、刘品新：《证据法学》（第5版），法律出版社2013年版，第232页以下。

一、程序对真相的约束

对抗式和审问式在证据收集和事实发现上是由不同主体承担着程序之主导者。英国学者杰奎琳·霍奇森(Jacqueline Hodgson)认为,对抗式模式假定,对抗的当事人——控诉方与辩护方——之间存在一种宽泛的平等:由每一方收集证据支持自己的案件,并在中立的法官面前进行辩论。程序是言词的、公开的,并且由双方进行辩论。而审问式程序可以追溯到13世纪,是国家地位更为制度化和中央集权化的产物,并不依赖于当事人之间的平等。在最初的"纯粹的"形式中,调查是由国家的代理人实施的,其侦查、起诉、适用强制措施并决定该案件是否应当交付审判。[①] 因此他认为,国家代理人并非案件中的一方当事人。辩护人并不参与审前阶段的任何环节。程序是书面的、秘密的,并且不进行辩论。两种程序在侧重点上的差异意味着,审问式模式中有一个更为冗长的侦查,而对抗式中则有一个更加冗长的审判。两种程序的特点均被归结为关注真相(审问式模式,具有广泛的审前侦查的权力)和证明(对抗式模式,有赖于当事人双方所提供的证据)。[②] 从这种归纳可以看出,权力对真相的控制关系。[③] 不过,不管是由谁控制着真相的发现,真相总是可能有一定的客观基础存在,而并不是凭空猜测,同时,真相发现者可能还是有共通的经验基础。

对此,杰克逊(Jackson)认为,尽管这两种模式依赖不同的法律证明方法,但二者均奉行认识论的传统,试图使用经典的科学证明方法寻找到"真相":结论是通过使用可能被称为广义的经验主义方法进行观察和体验而获得的。[④] 这一方法首先假定:

---

① See Delmas-Marty, "La mise en état des affaires pénales: Rapport de la Commission justice pénale et droits de l' homme", Paris, La Documentation Francaise, 1991, pp. 19 - 20. 转引自[英]杰奎琳·霍奇森:《法国刑事司法:侦查与起诉的比较研究》,张小玲、汪海燕译,中国政法大学出版社2012年版,第36页。

② 参见[英]杰奎琳·霍奇森:《法国刑事司法:侦查与起诉的比较研究》,张小玲、汪海燕译,中国政法大学出版社2012年版,第37页。

③ 参见陆而启:《权力与真相:以审判模式的演进为主线》,载《中国石油大学学报》(社会科学版)2010年第6期。

④ 参见[英]杰奎琳·霍奇森:《法国刑事司法:侦查与起诉的比较研究》,张小玲、汪海燕译,中国政法大学出版社2012年版,第37页。

有一个事实的世界,作为现实的一部分,其外在于并独立于观察者而存在,科学家的工作是通过将现实与自己的推测和假设进行比较,尽可能地发现事实,这被称为真理符合论。其次,认为尽管很多结论只能是一种可能性的陈述,但如果假以时日,全面的真相原则上是可以被揭示的,即普遍的认知能力原则。最后,因为对现实的认识能够以我们的感官体验获知的经验证据作为基础,而感官体验并不涉及价值,因此科学可以以价值无涉的方式实施。①

这里用到了“假定”和“纯粹”的词语,正印证了前述笔者所谓的模式具有的极化变形因素,虽然可能从实践之中找到制度的踪影,甚至也可以发现特定社会的某种价值目标对程序设计的影响。当然,我们并不能对程序形成对证明方式的制约视而不见,一种规范论不仅仅具有发现真相的功能,甚至还熔铸了发现真相之外的其他价值,由此我们所获得的“真相”只能是一种经过价值选择所改造过的真相。

二、真相对程序的选择

就制度史而言,在欧洲,庭审活动重印证转向重质证是随着纠问式向对抗式转变、一些共识性原则的确立而发生的。戴尔玛斯 – 玛尔蒂委员会(Delmas-Marty Commission)的观点认为,“没有双方辩论就没有正义,并且这一程序越早发起,客观性的可能性越大”。在罗和戴维斯诉英国案(Rowe and Davis v. UK)(2000,第 60 段)中,欧洲人权法院称:“刑事诉讼,包括与程序相关的诉讼要素应当是对抗性的,并且控辩双方应当平等武装,这是获得公正审判权的基本内容。”②瑞士学者萨拉 · J. 萨默斯(Sarah J. Summers)指出欧洲刑事诉讼传统的起源可以追溯到 19 世纪的发展,尽管刑事诉讼的诸多原则都出现在 19 世纪之前,但是 19 世纪是欧

---

① J. D. Jackson,“Two Methods of Proof in Criminal Proceduce”, *Modern Law Review* 51, 1988, p. 552. 转引自[英]杰奎琳 · 霍奇森:《法国刑事司法:侦查与起诉的比较研究》,张小玲、汪海燕译,中国政法大学出版社 2012 年版,第 36 页,注释第 134。

② 上述戴尔玛斯 – 玛尔蒂委员会和欧洲人权法院的观点,参见[英]杰奎琳 · 霍奇森:《法国刑事司法:侦查与起诉的比较研究》,张小玲、汪海燕译,中国政法大学出版社 2012 年版,第 39 页,注释第 139。

洲刑事诉讼发展史上极为重要的阶段,主要有法学家受大革命的激发对原有的刑事诉讼制度(宗教裁判所程序)的改革颠覆以及不同法域的相互比较借鉴,使刑事诉讼程序原则以一种在现代语境中可识别的方式而被明确表达和证明正当。由德国学者在19世纪创制的"直接原则"要求将所有证据直接提交到法官或者事实认定者面前。口头原则又与直接原则的紧密联系以确保这些观念:这些原则意味着听取被告人之供述,对所有与指控相关的有罪与无罪的证据进行质证。质证应当直接在庭审法官面前以下述方式进行:要使法官能够亲历被告人与证人的当庭作证,而不是通过宣读证言笔录,由他人代为转述他们的主张。① 格拉泽(J. Glaser)认为,虽然两个原则是相互联系的,每个原则都负责程序的一个主要方面。直接原则主要关注对听证的规范,而言词原则则主要针对对于证据的辩论与质疑。② 可以说,瓦嘎雅(J. Vargha)所称的"控辩式三角结构"表达了当时的共识,即法官应当中立地裁判,控诉与辩护者都应当有机会让法庭确信其立场。③

由于限制侦查权的主张而产生了这样的理解:刑事诉讼分为决定性的公开审判阶段与非决定性的秘密侦查阶段,④由此突出了庭审法官享有最终的决定权力。换句话说,控方秘密地将某些证据提交给法院,可能形成在被告人不了解指控证据或者没有质疑机会情形下的单方印证而影响程序的正当性。米特枚(Mittermaier)由此提出了一个规则:只有在公开的法庭上当着当事人与裁判者的面举证的证据才具有合法性。⑤ 当然,直接言词原

① 参见[瑞士]萨拉·J. 萨默斯:《公正审判:欧洲刑事诉讼传统与欧洲人权法院》,朱奎彬、谢进杰译,中国政法大学出版社2012年版,第61~62页。

② 参见J. Glaser, *Handbuch des Strafprozesses*, Leipzig, Duncker & Hurnblot, 1883 & 1885, i, p. 247。转引自[瑞士]萨拉·J. 萨默斯:《公正审判:欧洲刑事诉讼传统与欧洲人权法院》,朱奎彬、谢进杰译,中国政法大学出版社2012年版,第62页。

③ 参见J. Vargha, *Die Verteidigung in Strafsachen*, Vienna, Manz'sche k k Hof-Verlag und Univ Buchhandlung, 1879, p. 288。转引自[瑞士]萨拉·J. 萨默斯:《公正审判:欧洲刑事诉讼传统与欧洲人权法院》,朱奎彬、谢进杰译,中国政法大学出版社2012年版,第34~35页。

④ 参见[瑞士]萨拉·J. 萨默斯:《公正审判:欧洲刑事诉讼传统与欧洲人权法院》,朱奎彬、谢进杰译,中国政法大学出版社2012年版,第72页。

⑤ 参见[瑞士]萨拉·J. 萨默斯:《公正审判:欧洲刑事诉讼传统与欧洲人权法院》,朱奎彬、谢进杰译,中国政法大学出版社2012年版,第72页。

则要求质证与认证必须在当事人与法官都在场的情况下进行。言词原则有两个问题,一是言词原则可能有法官询问(inquest)或者控辩质询(contest)的两种不同的方式;二是交叉询问是一把“双刃剑”,可能有助于发现真相,也有可能被滥用而遮蔽真相。因此,法官又不能对交叉询问放任不管。其中可能也蕴含了一种要求赋予案件结果的决定者自行提问的权力,虽然回归到一种职权纠问的色彩。

就当代刑事诉讼而言,学者何家弘等认为,在英美法系国家中受当事人主义诉讼模式的影响,法庭调查的基本方式是以当事人为主的法庭调查询问,包括“直接询问”和“交叉询问”。在大陆法系国家,受职权主义诉讼模式的影响,法庭调查的是以法官为主的询问和审查,但是在司法实践中,交叉询问还是存在的,只是法官在指导和限制当事人进行交叉询问的问题上具有很大的自由裁量权。我国目前采用的质证方式是法官查证与当事人质证相结合的方式,其实也在一定程度上包含了交叉询问。① 陈瑞华认为,在侦查中心主义和案卷笔录中心主义的双重影响下,我国的刑事诉讼制度存在明显的纠问化特征,为了抵消程序纠问化带来的消极后果,逐渐生发了新法定证据主义的证据法理念,即希望依赖于印证证明以及其他一些证据证明力限制规则来避免司法的随意化。②

其实,不论何种证据法,不论何种事实认定模式,都必然逐步体现出限制公权力滥用以及保障人权的制度设置,这也同时说明真相不是可有可无的,以及真相可能被人为塑造。刑事诉讼既担心当事人的自利因素,或者通过对抗求证或者通过利益无涉的第三者查证,然而,享有最终裁判权力的法官也可能存在伦理、素质问题而并不能赢得公众的信任,因此,以真相来平息纠纷,而寻求一种切合实际的、能为大众接受的、具体的证明方法非常重要。

---

① 参见何家弘、刘品新:《证据法学》,法律出版社2004年版,第250页。

② 参见陈瑞华:《以限制证据证明力为核心的新法定证据主义》,载《法学研究》2012年第6期。

第四节 印证与质证的分类适用

就逻辑而言,无阶段则无中心,当下我国刑事诉讼制度改革的“以审判为中心”必然蕴含了诉讼阶段的前提。我国公安机关、人民检察院、人民法院既互相配合、互相制约,又分工负责、各管一段形成了侦查、审查起诉和审判平行相继的流水作业型诉讼活动。由于侦、诉、审的阶段衔接总得有个中心,在我国,司法实践的旧有惯性是以侦查为中心,突出表现为侦、诉、审的证据接力甚至使审判站到了权力一边,累积为庭审之中的“审辩冲突”,[①] 侦查结论在很大程度上就决定了判决的结果。

一、审前与审判等不同诉讼阶段的衔接

德国学者贝恩德·许乃曼(Bernd Schünemann)教授进行了一个以法官和检察官作为审判者以“具备/不具备询问证人机会”与“知道/不知道侦查案卷”(2×2)四种情境组合为条件的实证研究。[②] 在该研究中他发现,无论是否具备询问证人的机会,知道侦查案卷信息的所有刑事法官都作出了有罪判决,而处在审判长位置上的检察官更多的是判决无罪,也就是说检察官在评价侦查结果时反而会采取批判性更强的立场。当法官不预读侦查案卷,不现场询问证人,仅知道审判程序中出现的信息,大部分法官还是判决被告人有罪;仅仅凭审判程序和询问证人,法官和检察官多数都会作出无罪判决。可见,对法官而言,侦查案卷信息的庭外输入,强化了法官对有罪观念的片面印证,既要切断侦查信息的输入,还需要通过询问证人获得更全面甚至是对立的信息,才可能让法官意识到被告罪责存有怀疑。

“不知道案卷信息但有询问证人机会”是唯一导致多数刑事法官作出

---

① 参见孙长永、王彪:《刑事诉讼中的“审辩交易”现象研究》,载《现代法学》2013 年第 1 期;王彪:《刑事诉讼中的“辩审冲突”现象研究》,载《中国刑事法杂志》2015 年第 6 期。

② 参见[德]贝恩德·许乃曼等:《案卷信息导致的法官偏见:关于与英美模式比较下德国刑事诉讼程序优缺点的实证研究》,刘昶译,载何挺等编译:《外国刑事司法实证研究》,北京大学出版社 2014 年版,第 74~102 页。

无罪判决的实验条件。并且该研究得出结论认为,法官无前知识又能积极主持审判程序的刑事诉讼格局是实现“客观中立”的信息加工的最佳方案。① 值得注意的是,以案卷为纽带的侦审衔接的确可能带来了“一致性”的求同思维,当然,单单依靠事实裁决者来询问证人其实也很难激发法官的求异思维;反而是在这四种情境中检察官担当事实裁决者时都更多地作出了无罪判决,这可能恰恰是其对侦查结果“查遗补漏”的职业经验而形成的“求异”前见或者“对抗”习惯更多地影响了检察官对案件的裁判。或许可以说,书面审为印证证明提供了沃土,由法官询问主导的口头审(并且要限制口头审理以外的材料)有一定的对质证明成分;只有更侧重控辩双方对证据材料的呈现和展示起到更大作用的时候才有对质证明的土壤。

上述实证研究中的“侦查卷宗”和“询问证人”当然要围绕刑事审判的任务——确定有罪和无罪进行,如果把“被告人”算入“证人”之列的话,那么,上述两类庭审信息来源可以大体上简化为审判前供述和庭审供述之间的关系。在我国,口供中心主义(往往口头询问转化为书面笔录)和侦查中心主义(全案卷证随案移送)相互结合,使刑事庭审活动很大程度简化为一种间接性的笔录确认程序而保持着高定罪率。

在证据法上,总体上承认真实和自愿的自白具有证据资格。大陆法系的直接审理原则在形式上要求法官亲历,禁止法官接力、审判分离;实质上要求材料原始,禁止侦审接力、庭前预断。而证据直接呈现的突出其例是除了弹劾(质证)和恢复记忆(印证)等情形外,禁止朗读审判前供述;在英美法系的自白法则见诸立法和判例的主要是排除规则。由于沉默权制度的存在,英美法系正式庭审程序被告人常常都不认罪,但是,在审前“拘留讯问”时放弃沉默权或者在此外或者例外场合做了自主、自愿的供述,后来又不认罪的案件通常还是会在审判法庭上出示审判前供述。在英美法系,检控方准备运用的特定自白证据或者其他证据是控辩双方激烈交锋的体现,被告人选择作为辩方证人的话,就要面对控方以其先前的自白证据来弹劾他

---

① 参见[德]贝恩德·许乃曼等:《案卷信息导致的法官偏见:关于与英美模式比较下德国刑事诉讼程序优缺点的实证研究》,刘昶译,载何挺等编译:《外国刑事司法实证研究》,北京大学出版社2014年版,第96页。

(对质)。

一般而言,正式庭审更青睐对抗式的模式,庭审活动的职权探知和当事人推进都有排除审判前供述笔录在法庭上出示的要求。为了避免侦查阶段所完成的印证证明活动对法庭审理的影响,法官的裁判信息一般而言要来自正式的审判程序,当然由于侦查获取的信息很难在法庭上杜绝,所以不论哪个国家的证明方式都存在印证和质证的接力、补充。

当下我国刑事诉讼法以审判为中心的改革取向必然对证据法的发展起到一定的冲击作用,突出的变化是意图让卷宗笔录确认程序逐步转变为以交叉询问为主体的口头审理程序,而这种"从分段式审理到集中式审理"的提倡已经与传统的集中式审理在案件事实认定思维模式上有巨大的差别,更加突出法律职业精英对程序技术的操控。因此,一方面,要法律职业群体自身的素质能够适应庭审中心的要求;另一方面,为防止专业垄断所引发的技术支配和权力滥用反而要通过重构法庭组织而引入普通民众的自然化认识。当然成问题的是,普通程序证人不出庭的情形在刑事诉讼法修改之后并没有发生大的改变。

二、认罪和不认罪等不同案件类型

在英美法系因为有认罪答辩环节和辩诉交易制度,从而使认罪自白的案件往往走了正规的陪审团审判程序以外的渠道得以解决,所以自白的价值已经体现出当事人自主决策的定罪功能。比较而言,目前我国所初步确立或者逐步探索的简易程序、认罪认罚从宽制度或者刑事速裁程序突出被告人认罪、认罚而形成的非对抗式诉讼,以及恢复性司法或者刑事和解突出被害人谅解、和解而塑造的非正式司法模式,被告人意见或者被害人意见都对最终的处理结果有某种程度的决定性影响。2012 年修改的《刑事诉讼法》在新增第五编"特别程序"中增加"第二章 当事人和解的公诉案件诉讼程序"从第 277 条至第 279 条分别规定了刑事和解的适用范围、适用条件,对和解自愿性、合法性的审查和主持制作和解协议书以及刑事和解从宽处理的效果等。2018 年 10 月新修改的《刑事诉讼法》明确了刑事案件认罪认罚可以依法从宽处理的原则(第 15 条),完善了刑事案件认罪认罚从宽的程序规定,增加了速裁程序(第三编第二章增加一节"第四节 速裁程序"),

加强了对当事人的权利保障。

这种以被告人认罪为前提的程序多元化实践探索抽离了诉讼的对抗精神，由此证据法也从传统的注重对证据资格的审查转为法院对被告人认诺的明知性和明智性的审查，①诉讼主体多方合意下裁判的可接受性在追求效率的过程中也大有超越"对抗求证"的传统意味。尤其是适用速裁程序的刑事案件更大的特点是真相②先于裁决而不是通过裁决来决定真相。因此，"集中合并审理"③一般都可以当庭裁判，并且控诉方和审判方也以一种集约化组织方式行使职权，在所谓的"简程序而不减权利"④的口号下，以提供法律咨询意见为主的值班律师⑤对程序的参与就不会十分充分，并且值班律师更多是在庭审程序之外⑥参与而不是参与到庭审程序之中。

---

① 2018 年《刑事诉讼法》第 190 条新增的第 2 款规定："被告人认罪认罚的，审判长应当告知被告人享有的诉讼权利和认罪认罚的法律规定，审查认罪认罚的自愿性和认罪认罚具结书内容的真实性、合法性。"

② 2014 年 6 月 27 日通过的全国人民代表大会常务委员会《关于授权最高人民法院、最高人民检察院在部分地区开展刑事案件速裁程序试点工作的决定》也明确了速裁程序的适用条件之一为"事实清楚，证据充分"。2018 年《刑事诉讼法》第 222 条第 1 款规定："基层人民法院管辖的可能判处三年有期徒刑以下刑罚的案件，案件事实清楚，证据确实、充分，被告人认罪认罚并同意适用速裁程序的，可以适用速裁程序，由审判员一人独任审判。"可见，其适用的事实条件较试点更进了一步，"案件事实清楚，证据确实、充分"。

③ 陈芳：《上海：探索"集中审理"为核心的办案模式》，载《中国审判》2015 年第 17 期；任鸿葛：《类案并审提高审判质效——开发区法庭创新举措缓解案多人少矛盾》，载《吴江日报》2016 年 6 月 4 日，第 A02 版。

④ 蔡长春：《刑事速裁程序试点两年办案质效双升 宽严相济"简"程序不"减"权利》，载《法制日报》2016 年 9 月 5 日，第 3 版政法 · 司法版；张笑等：《简程序不减权利 成都新都：远程视频出庭助力"轻刑快办"》，载《检察日报》2016 年 4 月 6 日，第 2 版；窦玉梅：《刑事速裁："简"程序不"减"权利》，载《人民法院报》2015 年 3 月 15 日，第 5 版：读会。

⑤ 2018 年《刑事诉讼法》新增的第 36 条规定："法律援助机构可以在人民法院、看守所等场所派驻值班律师。犯罪嫌疑人、被告人没有委托辩护人，法律援助机构没有指派律师为其提供辩护的，由值班律师为犯罪嫌疑人、被告人提供法律咨询、程序选择建议、申请变更强制措施、对案件处理提出意见等法律帮助。人民法院、人民检察院、看守所应当告知犯罪嫌疑人、被告人有权约见值班律师，并为犯罪嫌疑人、被告人约见值班律师提供便利。"尽管在 2018 年《刑事诉讼法》第 173 条第 3 款中规定："人民检察院依照前两款规定听取值班律师意见的，应当提前为值班律师了解案件有关情况提供必要的便利。"具体是什么便利并不十分清楚。

⑥ 可以说，值班律师参与刑事诉讼的一个重头戏就是见证签署认罪认罚具结书，而这是在审查起诉阶段就已经进行了的。2018 年《刑事诉讼法》第 174 条第 1 款规定："犯罪嫌疑人自愿认罪，同意量刑建议和程序适用的，应当在辩护人或者值班律师在场的情况下签署认罪认罚具结书。"

第五节 结语:以谁主导

综上所述,印证模式和质证模式之间的差异体现在:[①]第一,程序结构关系不同。印证可能体现在侦查、审查起诉和审判阶段等的三个诉讼阶段,尤其是与审前程序更相契合,印证要求侦查人员、检察人员、审判人员在还原案件事实真相过程中广泛搜求具有同质性、统一性、协同性的不同种类证据,并且可能随着诉讼程序的展开而递进推进,即通过不断补齐案件事实缺损要件并且加固事实证明的薄弱环节形成证据锁链,最大限度地还原案件事实。质证主要体现在法庭审理阶段,通过被告人等当事人对庭审活动的有效参与,并且在控辩双方分别对相互对立的不同主张通过质疑和反驳等对抗的方式进行证明,亲历庭审的法官根据庭审双方的对抗质证的结果而形成的对证据合法性、客观性、关联性以及整个案件事实的确信程度而作出符合法律要求(如排除合理怀疑)的判断。

第二,主导诉讼的主体不同。印证模式主要体现了对公权力的信任,更侧重于书面信息在不同程序之间的传递,和官方的单方面对证据的审查判断,通过书面证据的相互印证而剔除矛盾并得出结论;质证模式主要通过控辩双方及其律师在正式庭审空间的言词对抗,通过证人、鉴定人出庭等方式提出各方的证据或者对各方的证据进一步提供支持,并且在此基础上接受对方的质询进而影响法官对案件事实的认定和判断。

第三,证明方法和方向不同。印证模式更强调不同来源或者不同种类的证据的关联性、整体性,也就是从证据证明力的相互支持方面,即单个证据能否证明或在多大程度上证明案件事实,并通过将证明力大小不等的单个证据串联起来还原案件事实真相;质证模式当然也以案件事实为证明对象,但是达成这种证明结果之前,在庭审活动中,更强调各方削弱对方证据的证明力甚至主要从证据可容许性包括来源的合法性和内容的合法性、真

---

① 感谢厦门市翔安区人民检察院检察员周灵敏对结语部分两种模式差异及其与中国当下改革的联系提出思路和意见。

实性打消掉证据资格。

印证或者质证本质上的求同或者求异思维在各国的诉讼制度之中是可以并存的。侦查案卷移送、书面审理可能加重了庭审中的印证证明成分,口头辩论、交叉询问则可能加重庭审中的质证证明成分。从某种意义上说,基于庭审中心主义的要求,法庭审判更倾向于采质证模式,而作为其标准配置的"交叉询问"更突出了多人参与的特点。然而,首先,在我国,辩护律师对刑事诉讼和刑事审判活动的参与度一直不高,[①]这种惯性可能会削弱改革的动力和效果;而2017年10月11日最高人民法院和司法部联合发布《关于开展刑事案件律师辩护全覆盖试点工作的办法》在八省试点,该办法既要求在采用各种审理方式和程序的案件之中提供律师参与辩护的机会(第2条);也要求依法保障辩护律师执业权利,为辩护律师履行职责提供便利,强调保障律师知情权、阅卷权、调查取证权、申请出庭作证权,尊重律师辩护意见(第13~18条)。这使质证模式有了一定的制度依凭。其次,由于对认罪案件的审判,证人、鉴定人、侦查人员出庭作证更可能被法官认为"无必要",并进一步影响到所有的刑事案件。[②] 即使对证人证言、鉴定意见有异议以及证据收集合法性有争议的情形也难以通过和形成有效对质来揭露证据内容的虚假以及还原侦查活动的合法性。最后,由于恢复了全案卷证移送制度,除了法官可以轻易接触之外,被告人审判前的有罪供述即使是

---

① 2014年11月29日,由上海博和律师事务所主办的"第五届博和法律论坛",以"改革·机遇·使命——司法改革与刑事辩护"为主题,会上,上海市司法局副局长王协用指出,上海律师参与刑事案件的总量在逐年增加,由2012年参与刑事诉讼辩护并代理1.4万件,上升到2013年的1.7万件,同比增长17%。以2013年全市法院系统共受理一审刑事案件2.82万件来计算,律师参与率只有60%。参见周柏伊:《博和论坛:没有刑辩律师高度参与刑事司法改革,是不可想象的》,载上海市法学会:http://www.sls.org.cn/Pages/Detail.aspx? id=6546,最后访问日期:2016年7月22日。然而2012年3月11日中华全国律师协会会长于宁在全国政协十一届五次会议第四次全体会议上代表全国政协社会和法制委员会作大会发言时表示:有调研表明,近年来中国律师参与刑事诉讼的比例过低,全国刑事案件律师参与的比例不足30%,有的省甚至仅为12%。

② 新《刑事诉讼法》实施一年多以来,巨野法院2013年已审结的411件刑事案件,有证人证言的案件287件,审判阶段证人出庭的案件为3件,占全部案件的0.7%。参见田源、杨继伟:《新刑诉法实施后证人出庭率低的原因分析》,载中国法院网:http://www.chinacourt.org/article/detail/2014/04/id/1285118.shtml,最后访问日期:2016年7月22日。自成都法院启动庭审实质化改革试点工作以来,全市法院刑事案件证人出庭率上升达到68.3%。参见陈睿等:《证人出庭率升至68.3%》,载《四川法制报》2015年10月15日,第A02版:要闻。

非自愿性供述也可能被公诉人随时宣读,作为反驳被告人翻供或者被告人及其辩护人的无罪、罪轻辩护的利器。

当然,交叉询问本身就是以直接询问作为前提的,甚至质证模式是印证模式的一个延伸,因为质证除了存在承认的正面印证情形之外,常常更多是一种反面印证或者印证不能,当然质证材料本身还需要以证据来证明,可以说印证规律在质证体系内部也在一定程度上得到遵循。或许庭审活动之中不论是控辩双方或者法官在发现真相上的动机和能力都令人怀疑,因此,强调随机组成的人民陪审员参与庭审以对案件事实的认定提出参考意见或许值得期待。

从司法经验上讲,一方面,在我国刑事普通程序之中真正不认罪的案件也只是少数,因为多数庭审未必也无需采用对抗式,则质证模式更无从谈起,而印证模式也仍然可能是主导的证明方式;另一方面,更注重合作的认罪认罚从宽程序、刑事速裁程序或者刑事和解也可能因为效率目标的追求而加重印证证明的方式。但是,强调质证证明方式的正式的对抗式审判为进行事实认定的证据规则适用以及被告人权利保障设定了标杆。在不符合各种刑事简易程序所要求的条件或者在程序运行之中原先符合适用的条件发生了变化,尤其是不认罪或者对定罪事实存在争议的情形下而转化为普通程序,这使得对抗式庭审的可能成为刑事案件得以公正解决的最终屏障。

第二章　智识互转：印证规范解析

2010年最高人民法院、最高人民检察院、公安部、国家安全部和司法部联合发布了《办理死刑案件证据规定》有11处使用"印证"的表述，这使停留在经验层面的审查判断证据的方法和证明标准有了明文规范。2012年《刑事诉讼法》修改后，其中的"印证"规范被吸收到《刑诉解释》之中。最高人民法院在2017年12月11日印发了"三项规程"，自2018年1月1日起在全国试行。这些印证规范在其中的《第一审普通程序法庭调查规程》中又得到了重申。面对规范创新我们必须要有一定理论跟进的分析。回过头来看，《办理死刑案件证据规定》第一次把一些审查判断证据的经验凝结为法规文本，并且在很大程度上是后续的法规文本的范本，后续的文本常常只是做一些字词上的修改。因而，本书的分析主要是针对《办理死刑案件证据规定》中印证规则的明文规定，显然是依托文本的，但是又表现出明显的脱离文本的意味。一方面，因为这里的司法解释文本虽然被冠以"死刑"字眼，但是规范条文中并没有多少死刑案件自身的特色而基本上可以通用于所有的案件。进而言之，因为死刑案件法律程序更为严格，其他普通案件照此办理当然更符合法律规定自不在言。然而,另一方面,所谓的印证规则更主要是源于司法工作者实践的一种无言之知,成文的规范往往更多的是一种僵化的教条,所以其余的案件照死刑案件的规定来办理,反而可能会是一种对错误的坚持和放大。

下文首先分析印证、案卷笔录确认程序和口供中心主义三个关键词在司法实践中的表现及其相互关联,概要介绍我国刑事证明所谓的印证模式具有内容同一性和形式外部性、证明程度排他性和取证手段灵活性等特点。然后简要分析了《办理死刑案件证据规定》《刑诉解释》之中的"印证"条款的功能,主要用于审查证据、采信证据和对全案事实进行认定。这些规定体现了如下特点,需要印证的对象,主要针对证人证言、被害人陈述、被告人供述和辩解等容易因为出庭而出现反复的证据形式以及间接证据。印证的目的主要是解决庭审中翻证、翻供以及作证资格缺陷和利害关系人的证言效力。印证的条件错综复杂,而印证的效力有一种法定证据制度的痕迹,同时又因为其语言模糊而可能存在滥用裁量权的嫌疑。针对这种印证规定的限度,第一,需要把以量取胜和以质取胜相结合;第二,需要把靠证据说话与意见之争相结合。

第一节　引言:三个关键词的展开

我国学者一度对刑事司法中被冠以隐蔽性和不正当性之"潜规则"的研究风生水起,①其实这种对规范以法社会学路径为基础的研究,有强烈的实践面向,意图为回归法治和正当程序之正途的鼓呼添加筹码,但更多的还是一种对现象的主观臆测,并不具有太深的理论意义。一句话,所谓的潜规

① 主要研究有,房保国主编:《刑事证据潜规则研究》,知识产权出版社2011年版;陈瑞华:《程序性制裁理论》(第2版),中国法制出版社2010年版,第49~65页;黄维智:《刑事司法中的潜规则与显规则》,中国检察出版社2007年版。美国哈佛大学学者德肖维茨1982年就概括了美国的"刑事司法游戏规则",在其后的著作中还是多次提及,参见[美]艾伦·德肖维茨:《致年轻律师的信》,单波译,法律出版社2009年版,第79~80页;[美]亚伦·德肖维茨:《合理的怀疑——从辛普森案批判美国司法体系》,高忠义、侯荷婷译,法律出版社2010年版,第46页。可见,潜规则是一个老生常谈和经久不衰的话题。

则研究恰恰是对提倡显规则或者正当规则的有益补强或者消极反抗，或者为呼吁设定一种对违反正当规则的后果机制的必要铺垫。例如，法官接受吃请是一种潜规则，我们指出这种潜规则正好补强了法官回避制度的正当性或者法官廉政建设的必要性。当然，如果仅仅是打擦边球，还不能认为是对正式制度的破坏，这种跟正当规则无关的所谓潜规则可能也只是一种人与人交往沟通的“非正常”渠道，可能属于也仅仅属于明星三陪、师生三角等的生活作风问题。在这种背景下，笔者提出法学研究中要有“关键词”意识，所谓的关键词主要是指我们在司法实践中司空见惯的现象，或者法学研究中屡次出现的语词，我们可以信手拈来并且可能成为一种司法实践的信条或者法学研究中的默会知识。当然，“关键词”或者因为犹抱琵琶的羞涩或者欲说还休的犹豫，或者因为想当然而缺乏正当性追问（并不一定就不正当）可能是说不清道不明的知识，也不排除可能会导致其在实践中剑走偏锋地化特殊为常态、化腐朽为神奇，而成为一种司法实务人员绕不开的信念，这种信念亟待理论支撑或者矫枉过正。所以，这种关键词意识也就是一种问题意识。对关键词的研究，其突出特点同样是面向“实践中的法”，更主要的不是正式规则在实践中的走样异化，而是正式规则在实践中的具体样态。下面对可能影响印证规范的形成和落实的“印证证明模式”（龙宗智教授对这一经验问题首先作出理论概括）、“案件笔录确认程序”①以及“口供中心主义”三个关键词做一概述。

一、印证证明模式

“印证”这个词更突出地表现为一种口头标准。例如，公诉人在法庭上言之凿凿、不容置疑地声称被告人的犯罪事实有“……等证据相互印证，足以认定”，这常常对被告人有一种压服的铁板钉钉式的话语权威。进而言之，印证又是一种萦绕在办案人员心头的一种模糊态度，为了保证取得的同类证据的前后一致，办案人员对取证笔录前后比照，或者以某一份相对全面

---

① 参见陈瑞华：《案卷笔录中心主义——对中国刑事审判方式的重新考察》，载《法学研究》2006年第4期；陈瑞华：《侦查案卷裁判主义——对中国刑事第二审程序的重新考察》，载《政法论坛》2007年第5期。

的笔录作为范本而复制出同类证据，或者为了形成不同种类的证据相互佐证，先入为主的办案人员会发生指供和诱供的现象，因为有笔录“范本”的存在，甚至随着时间推移，几年以后的侦查笔录中当事人的话语还仍然能前后一致。还有一个问题，就是侦查人员对一些犯罪手法进行归纳概括所用的语词，为了体现前后一致的“印证”，而在各种法律文书之间想当然地传递，同时也成了后续办案人员偷工减料或者照搬照抄的当然理由。我国学者龙宗智对我国刑事诉讼证明标准的印证模式应然要求和实然样态首先做了理论概括，其特点主要体现为：

1. 在应然层面，系争内容由不同来源的证据提供同一性印证。无论是大陆法系所采用的“内心确信”还是英美法系所采用的“排除合理怀疑”，这里的“信”和“疑”都是一种法官的自由心证。而所谓自由心证，在法官作出有罪或无罪的判决时，一方面，法官在对一个个孤立证据、所有证据的证明力及证明程度或者相互矛盾的证据如何取舍方面有意志自由；另一方面，要求达到内心确信的程度，当然这仅仅是一种“相对的真实”或者“盖然确定性”（moral certainty）。[①] 由此可见，只要事实判断者能够相信某一证据或某些证据提供的事实信息，就能据此定案。因此，孤证也可定案，但是口供补强规则被认为是自由心证的例外。而在我国，刑事司法广泛采用一种高标准、难度大的“相互印证”的证明模式，由于我国刑事诉讼中证据的证明力未受法定限制，个别证据的证明力判断以及证据的综合判断主要依靠法官根据案件的具体情况作出，因此，这种“印证证明模式”仍然属于自由心证体系。[②] 这种印证模式以“孤证不能定案”“一对一的案件难以定案”“对印证的形式依赖”，[③]甚至间接证据不能定案[④]等被普遍认可的司法原则为典型，证明的关键是获得相互支持（同一性甚至是唯一性）的其他证据（外部性而非内省性）。其同一性，主要指对案件的关键事实和主要情节有直接

---

① 郑旭：《论盖然确定性》，载卞建林主编：《诉讼法学研究》（第16卷），中国检察出版社2010年版，第1～22页。

② 参见龙宗智：《印证与自由心证——我国刑事诉讼证明模式》，载《法学研究》2004年第2期；龙宗智：《证据法的理念、制度与方法》，法律出版社2008年版，第199～200页。

③ 谢小剑：《我国刑事诉讼相互印证的证明模式》，载《现代法学》2004年第6期。

④ 参见阮堂辉：《“证据锁链”的困境及其出路破解——论间接证据在我国刑事诉讼中的独立定案功能》，载《中国刑事法杂志》2006年第4期。

支持的不同证据。其外部性,主要指这些证据或者表现为不同来源的证据形式,如“人赃俱获”“人证、物证俱在”;或者同一证据形式有未受影响的不同的来源渠道,如“一人供听、二人供信、三人供定”。

2. 在实然层面,证明程度排他性要求可能会促成采用灵活性取证手段。我国1996年《刑事诉讼法》第162条(2012年《刑事诉讼法》第195条即2018年《刑事诉讼法》第200条)规定的“案件事实清楚,证据确实、充分”抽象性定罪标准必然要具体化为一种“高标准、低要求”的“印证模式”。其“高标准”在于,也许你能从某个或某些证据中建立自己的确信(某一证据在事实裁判者心中留下了印象和影响而达到“内省性”),但只要这些证据缺乏“外部性”,即相互印证程度不高,你就不敢或者不愿下判。[①] 因为一方面注重客观事实(一般人凭借一般经验事实所认可)而非司法人员的内心主观认知;另一方面追求全案得出结论唯一的排他性。由此引发的在证明标准上对绝对确定性的过分追求。其“低要求”在于,龙宗智指出,高度盖然性的证明标准实际上是与强调保护刑事诉讼当事人的程序公正理论相适应的,而客观真实的证明标准则是追求犯罪控制效率的必罚主义的代名词,为实现印证目的,容易导致采用一些灵活的、违反法律的取证手段,我国刑事司法中的违法行为在一定程度上是由“印证”证明制度“逼”出来的。[②] 可见,对于一些间接证据、实物证据或者证人证言等证据的最佳印证资源就是犯罪嫌疑人、被告人的口供,这在我国反贪案件的侦查以及一些命案的侦查中表现尤为突出,往往以逼取犯罪嫌疑人的口供作为案件告破、立案以及采取后续的拘留、逮捕强制措施的关键依据。这里印证模式表现出“一高一低”的悖论要求,其实体现了在司法实践中,相较于对证据能力的关注,司法工作人员对证明力的关注占据着压倒性的优势地位,也折射出司法实践人员对真相的追求超乎于程序正义甚至人权保障的追求。从极端的角度而言,只要没有出现“真凶归案”和“亡者归来”等“冤案”得以偶然发现的

---

① 参见龙宗智:《证据法的理念、制度与方法》,法律出版社2008年版,第199~200页。

② 参见龙宗智:《证据法的理念、制度与方法》,法律出版社2008年版,第202页。

情况,[①]司法人员会以“铁案”(事实搞对了,或者自认为事实搞对了)来“一白遮百丑”。值得关注的是,2018年《刑事诉讼法》第55条第2款对“证据确实、充分”做了一个既注重实体(定罪量刑的事实都有证据证明),又注重程序(据以定案的证据均经法定程序查证属实),主客观相统一(综合全案证据,对所认定事实已排除合理怀疑)的解释。

二、案件笔录确认程序

我国的刑事庭审程序在很大程度上就是一个案件笔录确认程序。根据对司法权力结构的科层理想型和协作理想型分类,协作制程序更偏好口头交流和当庭证供,因为官员的临时性和外行性而无需机构记忆的延续,外行官僚无法根据冷冰冰的卷宗来作出决策,此外,协作型系统中还缺乏一个专门负责制作、保管和检索文件的小官僚阶层。[②] 而科层理想型的审理方式因为其官员职能上的专业分工和等级制而采用分段的递进式程序、分层的上级全面常规审查模式、文件累积式的渐进式审判和排他性的官方程序。我国庭审活动偏重书面证据更甚于口头证据,这与科层制司法权力组织靠书面卷宗作为程序衔接机制来整合分段、分层、递进和渐进的程序,作为决策和复核的根据来累积证据信息、保存复审对象以及作为事实和经验抽象的方法来运用三段论逻辑法条而更倚重卷宗管理的操作习惯相一致。[③] 更为突出的是,在我国流水作业型诉讼程序下,公检法作为整体司法机关“三道工序”接续性地、排他性地“取证”基本上保证在审判阶段之前所有的取

① 博卡等学者(Adolf Beck, William Habron & Oscar Slater)调查了62名美国人和3个英国案例,20世纪早期被告被不当定罪。29个(占45%)案件中被告犯有谋杀罪,还有23个(占35%)被告犯有抢劫罪和盗窃罪。通过以下方式确定被告无罪:(1)发现被谋杀的被害人仍活着。(2)真正的凶手被抓。(3)发现“证明”被告无罪的其他新证据。一共有13个案件(占20%)被最终证明无罪。参见[英]吉斯力·H. 古德琼斯(Gisli H. Gudjonsson):《审讯和供述心理学手册》,乐国安、李安等译,中国轻工业出版社2008年版,第145页。这与在佘祥林冤案发现时笔者观察中国所概括的冤案发现的两个途径极其相似。一个不太准确的结论,就是冤案的发现途径并非中外有别。

② 参见[美]米尔伊安·R. 达玛什卡:《司法和国家权力的多种面孔:比较视野中的法律程序》,郑戈译,中国政法大学出版社2004年版,第92页。

③ 参见[美]米尔伊安·R. 达玛什卡:《司法和国家权力的多种面孔:比较视野中的法律程序》,郑戈译,中国政法大学出版社2004年版,第76~77页。

证活动基本结束，加之，没有威逼（惩罚机制）利诱（损失补偿）的制度机制以及存在传统文化中的心理抵触因素导致证人出庭率低，反倒是靠出具书面证言，会更少发生情绪抵触，也能高效地解决问题，“法庭有迷信证言笔录的心理或者以证人出庭为确认笔录的方法”。因此，在案证据的相互印证成为审查判断证据和处理案件的法宝。

三、口供中心主义

不同国家和不同时期对于口供作为证据的态度与特定时期的程序制度和诉讼文化紧密相关。1215 年英诺森三世禁止神裁，欧陆与英国分道扬镳，欧陆国家走上纠问式诉讼和专家审判的道路，英国则走上了对抗式的陪审团外行审判的道路。① 大陆法系从教会法院向俗世法院传播的纠问式诉讼以口供作为法定证据制度下的首要印证资源而普遍采用刑讯逼供，自证有罪很快便被当作完美无瑕的有罪保证。② 与之不同，在英国因为担心被告人为求生存而说谎，以至于出卖灵魂，拒绝被告人提供宣誓证词，一度有人主张被告拥有保持沉默的权利，并且拒绝通过暴力探知真相。③ 欧洲大陆从中世纪纠问式下毫无限制经历法国大革命后赋予刑事被告人道待遇而有所限制；相反，在英国，对自白能否作为证据，则从最初出于避免被告撒谎而未赋予其自行作证地位的严格限制发展到现代在被告获得充分防御权利基础上有所放松。换句话说，在法定证据制度下，口供作为最容易获得的也是最佳的印证资源常常会造成刑讯逼供。而在现代自由心证下，口供反倒要通过其他证据来印证才能作为有罪认定的根据。据此可见，印证制度到底是以口供为起点或者终点反映出对被告人程序地位的不同态度。

遍览我国《刑事诉讼法》，可以找到宣读未到庭的证人证言、被害人陈述和鉴定结论的规定，就是找不到宣读审判前口供的相关规定。这并不是

---

① 参见陆而启：《权力与真相：以审判模式的演进为主线》，载《中国石油大学学报》（社会科学版）2010 年第 6 期。

② 参见［英］萨德卡特·卡德里：《审判的历史——从苏格拉底到辛普森》，吴懿婷译，台北，商周出版社 2007 年版，第 61 页。

③ 参见［英］萨德卡特·卡德里：《审判的历史——从苏格拉底到辛普森》，吴懿婷译，台北，商周出版社 2007 年版，第 92 ~ 93 页。

宣告了审判前供述的“零价值”，而是基于强势的职权特征，审判时被制度化要求在场的被告，作为公诉人的“控方证人”要接受讯问有如实供述的义务，加之“抗拒从严”的法律后果机制，使得被告人的供述延续了侦查审讯的磁场效应，[①]能保证口供审判前和审判中的前后一致而集中体现了印证法则。当然，如果出现被告人翻供的意外情况，检察官首先通过政策攻心或者随时宣读“审判前供述笔录”来瓦解其心理防线；法官则一边对被告人的辩解置若罔闻，一边又迫不及待地加入到检察官的心理攻势活动之中；当然，在2017年推出审判阶段刑事案件律师辩护全覆盖试点之前，辩护律师对刑事诉讼参与率一直就比较低。[②] 即使参与，尤其是通过指定而参与的律师也很难有愿意为被告人挺身而出得罪司法机关的，这样使得审判沦为一种确认审前笔录的程序。由于印证体现出一种相互性，诉讼程序关注焦点如果主要集中于审判前口供和审判中的供述是否一致，明显带有“以供逼供”的自证其罪的以口供为中心的纠问色彩，如果把这种“印证”再上升为规范，刑讯逼供有可能借助与法定证据制度的联姻而“借尸还魂”。

总体而言，我国刑事诉讼中印证以口供为中心突出在卷的审判前笔录之间的前后一致，并常常要求庭审中动态的直接言词最终与审判前转化为“白纸黑字”的静态的笔录一致。

---

① 参见[日]浜田寿美男：《自白的心理学》，片成男译，中国轻工业出版社2006年版，第155～160页。

② 2017年10月11日报道称，最高人民法院、司法部联合出台的《关于开展刑事案件律师辩护全覆盖试点工作的办法》规定，律师刑事辩护全覆盖工作在北京、上海、浙江、安徽、河南、广东、四川、陕西8个省(直辖市)试点，试点省(直辖市)可以在全省(直辖市)或者选择部分地区开展试点工作。试点期限为一年。该办法所指的刑事案件律师辩护全覆盖主要是刑事案件审判阶段的律师辩护全覆盖，具体而言包括以下内容：被告人具有《刑事诉讼法》第34条、第267条规定应当通知辩护情形，没有委托辩护人的，人民法院应当通知法律援助机构指派律师为其提供辩护；除此之外，其他适用普通程序审理的一审案件、二审案件、按照审判监督程序审理的案件，被告人没有委托辩护人的，人民法院也应当通知法律援助机构指派律师为其提供辩护。同时，适用简易程序、速裁程序审理的案件，被告人没有辩护人的，人民法院应当通知法律援助机构派驻的值班律师为其提供法律帮助；在法律援助机构指派的律师或者被告人委托的律师为被告人提供辩护前，被告人及其近亲属可以提出法律帮助请求，人民法院应当通知法律援助机构派驻的值班律师为其提供法律帮助。参见蒋安杰、刘子阳：《刑事案件律师辩护全覆盖试点是创新之举》，载《法制日报》2017年10月12日，第1、3版。

第二节　印证规范的内容和特点

就如同“心证”所具有的扫除心中疑团而达到醒悟境地的禅定意味一样，“印”其实不是一种表象的互为证明，而是用终极根据来鉴别（如用“三法印”来鉴别说法的对错）。司法实践中的“印证”更多的是一种办案人员内心所持的信念，而把这种“印证”信念固定为规范其实带有一种从现象中总结提取规律的“转识成智”[①]的意味，把从属于识的具有特殊性和局限性的内在心识与外在对象上升为普遍性的绝对真理，把有分别的具体认识转化为超分别的直觉体悟。正如冯契所指：“人的认识活动是从无意识到有意识，从无知到知和由知识到智慧的辩证发展过程。人本属于自然界，无所谓天人、主客、能所的区别，从无知到知，就有了这些区别和对立；而由知识到智慧，就要求达到天人合一的境界，即‘天地与我并生，万物与我为一’的境界，这仿佛是向出发点的回归。”[②]因此，从表象来看，印证规范的形成是一种把个别经验上升为普遍规范的“转识成智”的规范成文化过程。然而，究其实，印证规范与这种对真理的整体把握的转识成智过程又有本质的差异，甚至完全是一个相反“转智成识”的过程。从规范形成的层面上看，印证规范恰恰忽视了人的主体理性和主观能动性而把具体的经验或者个别经验凝固为规范而最终只停留在“识”的层面，忽视了无法言明的证明标准既是事实认定的出发点也是其归宿的循环递升，是经验之识与先验之智的辩证统一，这也是通过严格法律规范来意图排斥人的作用的法治理想的通病。

① 唯识学的成佛途径就是克服因为不离自我的世间之“识”所带有的有局限的“所知障”和有染污的“烦恼障”在认识上去假得真和在实践上舍染归净的转识成智：转舍世俗的心识，成就超越的智慧。实现转识成智必须具有大乘之“本性住种性”和“习所成种性”两种种性，方能渐次悟入唯识。参见魏德东：《论佛教唯识学的转识成智》，载《世界宗教研究》1998 年第 4 期。

② 冯契：《认识世界和认识自己》，华东师范大学出版社 1996 年版，第 418 ~ 419 页。转引自魏德东：《论佛教唯识学的转识成智》，载《世界宗教研究》1998 年第 4 期。

一、印证规范的内容

在《办理死刑案件证据规定》中有多处“印证”条款的规定。1998 年《刑诉解释》印证规定不见其踪。而正是基于该规定的实行，随着 2012 年《刑事诉讼法》的修改，2012 年《刑诉解释》明确含有“印证”一词有 10 处 7 条（第 74、78、80、83、105、106、109 条）。这些印证规范主要体现了以下具体内容。

（一）印证作为“证据的分类审查”的内容

审查判断证据就是对收集的证据进行分析、研究和鉴别，找出它们与案件事实之间的客观联系，分析证据的证据能力和证明力，从而对案件事实作出正确的认定。[①] 对单个证据的审查，概括地讲，可以分为证据能力的审查和证明力审查，前者更侧重于证据的实体来源和收集程序；而后者除了考察其与案件事实的关联性之外，更侧重于通过“别处”的其他证据来印证其真实性，来确定其证明力。《办理死刑案件证据规定》主要有三个具体项：

（1）证人证言之间以及与其他证据之间能否相互印证，有无矛盾（第 11 条第 5 项）；对被害人陈述的审查与认定适用前述关于证人证言的有关规定（第 17 条）。

（2）被告人的供述和辩解与同案犯的供述和辩解以及其他证据能否相互印证，有无矛盾（第 18 条第 1 款第 7 项）。

（3）勘验、检查笔录中记载的情况与被告人供述、被害人陈述、鉴定意见等其他证据能否印证，有无矛盾（第 25 条第 4 项）。

这里的印证主要是指其作为一种法庭审查程序的主要内容，更多地还是一种程序机制。这里存在对补强证据规则的理解问题，学者赵信会将补强证据规则作为证据能力规则，认为“在缺乏补强证据的情况下，主要证据即不具有证据资格，补强证据需要证明的对象就是证明主要证据的真实性，补强证据对案件的证明程度也不以能够证明案件事实为目标，只要能够证明主要证据的真实性、客观性，其任务即告完成。在证据调查的顺序上，正是因为补强证据决定主要证据的资格，为此必须首先对补强证据

---

① 参见樊崇义主编：《证据法学》（第 3 版），法律出版社 2003 年版，第 319 页。

进行调查”。[①] 按照补强规则是证明力规则的理解，如果补强证据是对案件主要事实的证明，则主要证据的价值无从体现；如果采实质说的观点，以补强证据证明主要证据的真实性，则必须注意的是，真实性和关联性均是影响证据证明能力的因素，而不是属于证据证明力的范畴。如果在补强程度上采绝对说，即要求补强证据能够独立证明案件事实，则主证据的价值实际上是被否认无疑；如果采相对说，即补强证据与主证据结合在一起可以证明案件事实即可，则如何在主证据和其他补强证据之间进行证明力的衡量与分配又是一个难以解决的问题，并直接影响对自由心证进行约束的目的。[②] 其实，这正说明了下面将要进一步论证的证明力和证据能力互为前提而两类规则相互关联和转化的观点。此外，《办理死刑案件证据规定》的如下规定虽然没有用印证的字眼，但是其实质也是一种审查判断证据的印证规范：

(1)鉴定意见与其他证据之间是否有矛盾，鉴定意见与检验笔录及相关照片是否有矛盾(第23条第9项)。

(2)对视听资料，应当结合案件其他证据，审查其真实性和关联性(第27条第3款)。

(3)对电子证据，应当结合案件其他证据，审查其真实性和关联性(第29条第3款)。

(二)印证作为证据采信的条件

无论在欧陆还是英美，法官的自由心证之前提是证据具备证据能力(或称“证据资格”)，即只有确定具有证据能力的证据才能进入法官自由心证的范围，不具备证据能力的如传闻证据应当排除在心证之外。[③] 一般而言，根据证据的有无印证而可采或者不可采，这是上面所述的证据审查的一种后果机制。这些向外部寻求证明的规定，可以看作是以印证作为一种排除矛盾或者证据缺陷、利益因素的特殊手段。《办理死刑案件证据规定》中

---

① 赵信会：《英美证据评价制度的定位》，载《法律科学》(西北政法大学学报)2010年第2期。

② 参见赵信会：《英美证据评价制度的定位》，载《法律科学》(西北政法大学学报)2010年第2期。

③ 参见林钰雄：《严格证明与刑事证据》，法律出版社2008年版，第89页。

有六项具体规定，分述如下：

（1）证人在法庭上的证言与其庭前证言相互矛盾，如果证人当庭能够对其翻证作出合理解释，并有相关证据印证的，应当采信庭审证言（第15条第2款）。

（2）对未出庭作证证人的书面证言，应当听取出庭检察人员、被告人及其辩护人的意见，并结合其他证据综合判断。未出庭作证证人的书面证言出现矛盾，不能排除矛盾且无证据印证的，不能作为定案的根据（第15条第3款）。

可见，我国的传闻证据排除侧重于保障其真实价值，而非对质和交叉询问等程序意义上的价值，甚至有学者针对我国“案卷笔录中心主义”的积习难改，提出了一种庭审阶段证人不出庭陈述情形下的“法官庭外询问证人程序”。基于对法官中立地位的信任，结合2012年《刑事诉讼法》第191条（2018年《刑事诉讼法》第196条）规定的合议庭庭外对证据的调查核实权从勘验、检查、查封、扣押、鉴定和查询、冻结等手段增加到不涉及人身权的“询问庭外证人”手段。根据我国台湾地区“刑事诉讼法”第159条之一的规定，“被告以外之人于审判外向法官所为之陈述，得为证据”，简言之，这确立了“法官优位”原则——允许庭审之外程序或其他审判程序中法官询问证人所形成的笔录作为证据。① 法官在庭外直接向证人调查所获得的书面证言具有“可信性的情况保障”因而具有更高的证明力。当然，有关对被害人陈述认定的规定同对证人证言的认定。上述两款为2012年《刑诉解释》第78条关于庭前证言和当庭证言存在矛盾时的采信规则以及书面证言的裁量排除规则的规定所吸收，其中第2款规定：“证人当庭作出的证言与其庭前证言矛盾，证人能够作出合理解释，并有相关证据印证的，应当采信其庭审证言；不能作出合理解释，而其庭前证言有相关证据印证的，可以采信其庭前证言。”其中第3款规定：“经人民法院通知，证人没有正当理由拒绝出庭或者出庭后拒绝作证，法庭对其证言的真实性无法确认的，该证人证言不得作为定案的根据。”

2017年《第一审普通程序法庭调查规程》第48条重申了上述内容：“证

① 参见龙宗智：《证据法的理念、制度与方法》，法律出版社2008年版，第157页。

人没有出庭作证，其庭前证言真实性无法确认的，不得作为定案的根据。证人当庭作出的证言与其庭前证言矛盾，证人能够作出合理解释，并与相关证据印证的，应当采信其庭审证言；不能作出合理解释，而其庭前证言与相关证据印证的，可以采信其庭前证言。”

《第一审普通程序法庭调查规程》第 49 条还规定：“经人民法院通知，鉴定人拒不出庭作证的，鉴定意见不得作为定案的根据。有专门知识的人当庭对鉴定意见提出质疑，鉴定人能够作出合理解释，并与相关证据印证的，应当采信鉴定意见；不能作出合理解释，无法确认鉴定意见可靠性的，有关鉴定意见不能作为定案的根据。”这已经从原先主要侧重于鉴定资质、程序、检材来源、关联性等方面扩展到通过印证来考察其可靠性，这主要也是由于 2012 年《刑事诉讼法》修改不仅仅是对《办理死刑案件证据规定》中的“鉴定意见”概念的吸收，并且第 192 条（2018 年《刑事诉讼法》第 197 条）第 2 款新增加了关于公诉人、当事人和辩护人、诉讼代理人可以申请法庭通知有专门知识的人出庭，就鉴定人作出的鉴定意见提出意见的规定，其目的是加强对鉴定意见的质证、保证公正审判。

（3）被告人庭前供述一致，庭审中翻供，但被告人不能合理说明翻供理由或者其辩解与全案证据相矛盾，而庭前供述与其他证据能够相互印证的，可以采信被告人庭前供述（第 22 条第 2 款）。

（4）被告人庭前供述和辩解出现反复，但庭审中供认的，且庭审中的供述与其他证据能够印证的，可以采信庭审中的供述（第 22 条第 3 款前半部）。

（5）被告人庭前供述和辩解出现反复，庭审中不供认，且无其他证据与庭前供述印证的，不能采信庭前供述（第 22 条第 3 款后半部）。

上述三项内容被 2012 年《刑诉解释》第 83 条关于庭前供述和当庭供述存在矛盾时的采信规则的规定所修改吸收，其中去掉了“被告人庭前供述一致”的表述，也就意味着不管庭前供述是一致还是反复，庭审翻供或者不供认都是一种主观因素，而有无印证的客观因素才对是否采纳庭前供述起着决定作用。2017 年《第一审普通程序法庭调查规程》第 50 条重申了相关规定：“被告人的当庭供述与庭前供述、自书材料存在矛盾，被告人能够作出合理解释，并与相关证据印证的，应当采信其当庭供述；不能作出合理解释,而其庭前供述、自书材料与相关证据印证的,可以采信其庭前供述、自书材料。法庭应当结合讯问录音录像对讯问笔录进行全面审查。讯问笔录记载的内容与讯问录音录像存在实质性差异的,以讯问录音录像为准。”将此前“庭前供述”的呈现和保存方式拓展到了“自书材料”和“讯问录音录像”。

(6)对于有下列情形的证据应当慎重使用,有其他证据印证的,可以采信:①生理上、精神上有缺陷的被害人、证人和被告人,在对案件事实的认知和表达上存在一定困难,但尚未丧失正确认知、正确表达能力而作的陈述、证言和供述;②与被告人有亲属关系或者其他密切关系的证人所作的对该被告人有利的证言,或者与被告人有利害冲突的证人所作的对该被告人不利的证言(第37条)。

2012年《刑诉解释》第109条对这两种特殊言词证据规范也进行了吸收,证据本身或者因为证人的认知和表达缺陷或者作证所包含的利益因素而存在一定的主观性,通过印证来增强其说服力。由此可见,不管是庭前供述还是庭审供述,虽然可能存在庭前供述本身是否一致以及庭前和庭审两阶段供述是否一致的问题,但是到底何者可采往往是由“其他证据”的印证所决定。

(三)印证作为案件处理的根据,甚至是一个定罪标准

证据之间之所以可能“印证”更多的是要求其内容的一致性。如果从案件处理来看,印证要求综合审查所有在案信息以及各种反对和质疑意见甚至各种主观臆测。然而,这样印证几乎就是一个没有限度的过高标准的要求,在实践中办案机关往往过多侧重于研究先前的证据,并有意无意地向最初的设想靠拢。不过,现实中对印证更多地关注主要集中在某些关键情节上。

《办理死刑案件证据规定》中有两项要求:

(1)据以定案的间接证据之间相互印证,不存在无法排除的矛盾和无法解释的疑问(第33条第1款第2项);

(2)根据被告人的供述、指认提取到了隐蔽性很强的物证、书证,且与其他证明犯罪事实发生的证据互相印证,并排除串供、逼供、诱供等可能性的,可以认定有罪(第34条)。

2018年《刑事诉讼法》第55条规定:

对一切案件的判处都要重证据,重调查研究,不轻信口供。只有被告人供述,没有其他证据的,不能认定被告人有罪和处以刑罚;没有被告人供述,证据确实、充分的,可以认定被告人有罪和处以刑罚。

证据确实、充分,应当符合以下条件:(一)定罪量刑的事实都有证据证明;(二)据以定案的证据均经法定程序查证属实;(三)综合全案证据,对所认定事实已排除合理怀疑。

该条是关于重证据、不轻信口供和刑事案件证明标准的规定。其中有关口供补强规则,在2012年《刑诉解释》第106条中进一步得到明确,即"根据被告人的供述、指认提取到了隐蔽性很强的物证、书证,且被告人的供述与其他证明犯罪事实发生的证据相互印证,并排除串供、逼供、诱供等可能性的,可以认定被告人有罪"。这里将补强、印证和排除非法取证情形全部综合起来更体现了对以口供作为定罪根据的慎重。当然2018年《刑事诉讼法》中的"综合全案证据"可能含沙射影了印证的意思,又可能内涵了充分性的要求。而《刑诉解释》第105条关于依靠间接证据定案的规则则明确提出了一个要求"印证"的证明标准:首先再次明确了"查证属实"程序正当前提、实体要件完备前提,然而对证明标准从"排除合理怀疑"进一步拔高到证据之间"相互印证"没有矛盾和案件事实认定"结论唯一",更是确认了"逻辑和经验"两项推理规则。

二、印证规范的特点

上述《办理死刑案件证据规定》中的多处"印证"条款大体有以下特点:需要印证的对象——主要针对证人证言、被害人陈述、被告人供述和辩解等容易因为出庭而出现反复的证据形式以及间接证据;印证的目的——主要是解决庭审中翻证、翻供以及作证资格缺陷和利害关系人的证言效力问题;印证的条件错综复杂,而印证的效力有一种法定证据制度的痕迹,同时又因为其语言模糊而可能存在滥用裁量权的嫌疑,最后印证证明程序侧重于书面资料审查并且对翻供、翻证等矛盾允许主观解释和客观印证多手段结合来解决。

第一,需要印证的对象,主要针对证人证言、被害人陈述、被告人供述和辩解等容易因为出庭而出现反复的证据形式以及间接证据。就证据的法定种类而言,需要印证“证人证言、被告人供述和辩解”,很显然是针对于固定在卷的笔录容易出现反复或者人为控制的情形,体现了“以卷宗为主,以庭审为辅”的我国刑事司法的特质。“印证证明模式”追求证据间的“一致性”和“充足性”,法官必须结合各种书证、物证,甚至庭前证言等进行综合判断,在确信各种证据相互印证的前提下才能得出判断,而证人当庭陈述虽然具有“直接性”和“言词性”但是并不一定比实物证据甚至是庭前证言(在英美法系作为传闻证据的一种)具有更高的证明力。如果出现了证人当庭证言与控方的庭前证言不一致的情况,一个由庞大证明体系支撑的庭前证言较证人当庭证言更可能被采纳,这也与我国法庭审判更注重对庭前证据的确定或否认功能,而非对事实的再生、塑造功能相契合。这在一定程度上因为,我国侦查、起诉阶段的取证机制和审判阶段的查证机制如出一辙,基本能保证真实的侦查、起诉的取证效果与审判查证效果上具有相当性。如果进一步结合间接证据需要印证的规定来看,这也从一定程度上反映了我国刑事司法事实认定的综合性要求和“整体论”模式。①

第二,印证的目的主要是解决庭审中翻证、翻供以及作证资格缺陷和利害关系人的证言效力。在《办理死刑案件证据规定》出台之前,“印证”虽然不是法律明确规定的,但是在实践中几乎是一个针对所有案件的事实认定标准。在《办理死刑案件证据规定》之中,以印证方式来解决具体证据的可采性问题相对于案件的处理反倒具有了压倒性的重要地位。相互印证的司法证明方式,要求警方必须尽可能地收集较多的证据,而且必须收集直接证据。相较于目击证人证言,口供更能直接、全面地反映案件事实的这一特性决定了,在我国的司法实践中,口供处于印证证明的中心地位。也就是说,实践中这种模式特别“突出被告人口供作为印证机制的中心”。② 因此,检察官和法官与辩护律师对待“人证”调查会有不同态度,尤其是,“口供”的易变性既可能是辩护律师翻本的本钱,也可能是使自身身陷囹圄的诱饵;还

---

① 关于证据评价的原子模式与整体模式,参见[美]米尔吉安·R.达马斯卡:《证据评价的原子模式与整体模式:比较法的考察》,吴宏耀译,载[美]米尔吉安·R.达马斯卡:《比较法视野中的证据制度》,吴宏耀、魏晓娜等译,中国人民公安大学出版社2006年版,第68~84页。

② 参见谢小剑:《我国刑事诉讼相互印证的证明模式》,载《现代法学》2004年第6期。

可能使检察官的指控举棋不定和法官的裁判犹豫不决。

第三,印证的条件错综复杂。印证有对单个证据效力进行确定的情形,也有对证据综合审查并确定有罪的情形。而口供(主要是审判前供述)则既存在对单个证据效力的审查,也是最终确定案件事实的核心内容,成为印证规范的重头戏。再回头看《办理死刑案件证据规定》第22条:

对被告人供述和辩解的审查,应当结合控辩双方提供的所有证据以及被告人本人的全部供述和辩解进行。

被告人庭前供述一致,庭审中翻供,但被告人不能合理说明翻供理由或者其辩解与全案证据相矛盾,而庭前供述与其他证据能够相互印证的,可以采信被告人庭前供述。

被告人庭前供述和辩解出现反复,但庭审中供认的,且庭审中的供述与其他证据能够印证的,可以采信庭审中的供述;被告人庭前供述和辩解出现反复,庭审中不供认,且无其他证据与庭前供述印证的,不能采信庭前供述。

仅从该规定条款中的"但""或""而""且"等语词对并列要素的规定来看,印证对案件处理或者证据采信要受制于庭前供述的稳定性、所提供信息内容的独特性(如第34条)等,各个要素孰轻孰重如何判定复杂困难,而多个要素的并列往往属于特例,在列举之外的情形如何处置又让人举棋不定。例如,庭前供述反复,庭审翻供,但是有其他证据与庭前供述(当然指认罪部分内容)印证的,是否采纳庭前供述?总体而言,这种法条只能是一种书斋中的想象,法官根本不会考虑适用这种把特例当成一般的法条。

第四,印证的效力有一种法定证据制度的痕迹,同时又因为其语言模糊而可能存在滥用裁量权的嫌疑。人类历史上取代神示证据制度而产生的法定证据制度,对限制法官个人专断起到了一定的作用,但是它的证据规则体现了一种形而上学的不科学性。这个时期的刑事审判有这样一些基本的原则:

(1)两个目击犯罪现场的证人证言证明被告人罪行才可定案;

(2)法院根据被告人自愿供述的罪行定案;

(3)法官不得直接依据情况证据定案。

基于目击证人的不易得,被告人的自白作为最有价值和最完善的证据

(证据之王)左右着案件判决和被告人自己的命运。《办理死刑案件证据规定》中有许多关于“采信”“定案”甚至“认定有罪”的说法,这些说法理应含义有别,意图给我们一个确切的判断和运用证据的形式方法。当然,确定的表述如“定案”也仍然可能传达了模糊的意思,“定案”说明了证据的价值但是并不能确切得出有罪或者无罪的结论,也即定案,既可能是定有罪,也可能是定无罪。例如,矛盾不能排除也可以作为无罪“定案”的根据。更为主要的是,《办理死刑案件证据规定》中诸如此类的“定案”规定,在指导法官运用具体证据认定案件事实的同时,也可能“逆流而上”塑造了侦查起诉机关对证据的收集和判断活动。虽然有突出地为抑制“刑讯逼供”这一突出问题的《排除非法证据规定》同步出台,但是这种“印证规范”所要求的“前后一致”成为一种首尾一贯的定案压力,更迫使侦诉机关有“顶风作案”的可能。

第五,印证证明重书面材料的审查,对翻供、翻证等矛盾允许主观解释和客观印证多手段结合来解决。虽然“印证”可能还有不同来源的证据或者不同种类的证据的“当庭”同时呈现,但是印证更多的是一种“在卷”证据之间的印证,由于在卷证据更多是在审判之前收集和“固定”为证据的,由此,强调印证必然会使审前程序中的“证据”(尤其是传闻证据)无障碍地进入到审判程序之中。考察 2012 年《刑诉解释》的相关规定可知,印证重职权审查而并不一定需要证人出庭。《刑诉解释》第 74 条关于审查证人证言的一般原则和重点内容的规定,其中有要求审查证言之间以及证言与其他证据的印证。第 80 条关于审查被告人供述和辩解的一般原则和重点内容的规定,也要求审查被告人的供述和辩解与同案被告人的供述和辩解以及其他证据能否相互印证。这些审查并不以证人出庭为必要。在不存异议的前提之下,印证基本上就是“传闻证据”的书面印证。

2012 年《刑诉解释》第四章“证据”第三节“证人证言、被害人陈述的审查与认定”第 74 ~ 78 条是审查和认定证人证言的规定,第 79 条是审查和认定被害人陈述的参照规定。从法条中的文字来看,第 74 ~ 77 条用的是“证人证言”,只有第 78 条用的是“证人当庭作出的证言”。证人出庭更多的是审查庭前证人证言的最后手段,“出庭作证是在审判阶段对证人证言进行甄别的重要方式”,①迫不得已才会使用。最高人民法院研究室对《刑诉解释》第78条第1款“证人当庭作出的证言,经控辩双方质证、法庭查证属实的,应当作为定案的根据”解释为:“应当”用语的使用体现的正是对于证人出庭作证的鼓励,而“法庭查证属实”也不局限于对证言的真实性的查证,还需要对证言合法性和关联性的查证,并且分析指出了《刑诉解释》第78条第2款所蕴含的意思:②

(1)从刑事诉讼法鼓励证人出庭的立法精神出发,宜鼓励司法实践中根据庭审证言认定案件事实,因此,该条款的基本立场是以庭审证言为基础,允许证人当庭对其当庭作出的证言与庭前证言矛盾的情形作出合理解释。

(2)从“翻证”的实践来看,庭审证言未必真实,而庭前证言也未必不真实。这里专门规定只有在“证人当庭能够作出合理解释,并有相关证据印证”的,才采信其庭审证言。因此,在证人当庭改变庭前证言后,应当结合全案证据,对其当庭证言进行审查,进行有针对性的询问,判断其庭审证言的可信度。

(3)在证人当庭作出的证言与其庭前证言矛盾的情况下,如果证人不能作出合理解释,而其庭前证言有相关证据印证的,可以采信其庭前证言。

如果结合第3款:“经人民法院通知,证人没有正当理由拒绝出庭或者出庭后拒绝作证,法庭对其证言的真实性无法确认的,该证人证言不得作为定案的根据。”由于在实践中证人为避免麻烦和报复而不愿出庭或者不愿作证的情况比比皆是,为了不对犯罪的追诉与惩处造成严重影响,其笔录证言并不一律排除,而其真实性无法通过对证人的察言观色得出结论,只能通过印证的替代方式来解决。然而,笔者认为《刑诉解释》并没有鼓励证人出庭之意,只是意图通过“印证”来解决“异议”以至于出庭后导致的“翻供”与“翻证”的矛盾,以主观解释和客观印证多手段结合来解决矛盾。

当庭“翻供”或者“翻证”或者证据主观性加深了印证的要求。由于言

---

① 全国人民代表大会常务委员会法制工作委员会编:《中华人民共和国刑事诉讼法释义》(最新修正版),法律出版社2012年版,第405页。

② 参见南英主编:《〈最高人民法院关于适用《中华人民共和国刑事诉讼法》的解释〉理解与适用》(刑事诉讼法司法解释解读专辑第92辑),人民法院出版社2013年版,第16~17页。

词证据的不确定和反复性，面对当庭“翻供”或者“翻证”，我们不能窥探人的内心，只能通过一种“相关”或者“其他”证据的“印证”之外部支持来排除矛盾确定到底采信何种证据。从某种意义上翻供翻证本身就属于制造矛盾，由此，质证既可能是设立和加深矛盾，也可能通过沟通达成共识而化解矛盾，从而质证也可能是一种印证方式。但是，印证多是凭借裁决者的职权进行审查判断。因此，印证很大程度是法官通过独自阅卷比对而得出的一种内心确信，并不一定要告知各方当事人，只是当前对裁判公开和说理的细致要求才构成了对法官心证的一种后续约束。由于言词证据常常被称为主观证据，因此印证以更强调客观真实的实物类证据作为印证资源。

第三节　印证规范的限度及其补救

这种“转智成识”的规范又以一种教条的信仰要求司法者排除主观的经验能动，以法律标准来检验证据，并在证据符合法律标准时“自动售货机式”地形成裁决结论，这种让司法依据法定的标准来判断证据的证明力和案件事实的活动，相应地要求司法活动僵化为“转智成识”。在司法层面，印证规范通过证据之间相互印证的分量来明确单个证据是否可采和整个案件事实能否定案，带有鲜明的法定证据制度的痕迹，从而把法官的思维逻辑和理性信念还原为依据法律规定的“形式真实”标准被动、机械地进行证据的证明力计算和案件事实认定，甚至会促成法官为满足形式真实而不择手段。然而，印证规范所要求的依据证据内容相互之间一致或者矛盾的数学运算完全抢过了证据形成过程和庭审中证据信息控制机制的风头。因此，为了改变这种印证规范的落实，在司法实践中“形式化”为倚重于被告人口供之上的案卷笔录确认程序，要依靠合法的审判前取证程序和公正的庭审抗辩程序来保证所谓的印证规则而不至于回归法定证据制度，翻版刑讯逼供。这又需要司法实践活动对法官理性和当事人主体性的尊重，注意合理能动的证明力判断与刚性的取证程序、公平的对质辩论程序相统一，真正回归为转识成智。换句话说，就是以具备证据能力和经过质证程序的证据裁判主义为前提，承认以裁决主体意志自由和心证程度到达内心确信为核心内容的自由心证主义作为证据法基本原则。例如，我国台湾地区“刑事诉讼法”第155条规定：“证据之证明力，由法院本于确信自由判断。但不得违背经验法则及伦理法则。无证据能力、未经合法调查之证据，不得作为判断之依据。”这种对证据证明力作出灵活判断的要求，在《办理死刑案件证据规定》之中也有所体现：

(1)根据证据认定案件事实的过程符合逻辑和经验规则，由证据得出的结论为唯一结论(第5条第2款第5项)；

(2)证人的猜测性、评论性、推断性的证言，不能作为证据使用，但根据一般生活经验判断符合事实的除外(第12条第3款)；

(3)被告人的辩解内容是否符合案情和常理，有无矛盾(第18条第1款第6项)；

(4)运用间接证据进行的推理符合逻辑和经验判断(第33条第1款第5项)。

把经验判断纳入证据规则其实是给印证规则安装了一个获得生命的呼吸器官，但是这样零散的渺渺数条规定，既不能破除形而上学的教条僵化，又可能导致法官恣意妄为。因此，另辟蹊径地从证据能力属性或者证据信息输入的控制方面着手更能保证对事实认定的可接受性。

一、以量取胜与以质取胜相结合

总体而言，规定的“印证”大体上有两个根据：一是旧证据，突出体现在对在卷证据的确认之中；二是新证据，突出体现在对新证据的调查活动之中。这两个印证根据其实还停留在“以量取胜”的阶段。然而，不管是对证据可采性的判断还是对案件整体事实的认定都必须建立在被告人、证人主观真诚基础上而以质取胜。因为没有宣誓作证制度，而内心真诚必须要转化为一种外在的形式，以被告人、证人对其笔录盖印作保证。被告人签字画押，更多的说法是“盖印”——也就是用右手拇指第一节在每一页上修改的地方、一些重要的数字、情节或者自己的姓名、自己对笔录表态的字迹(大体上是“以上笔录我看过，和我说的相符/一致”)，以及各页相连的骑缝处摁下指印。这个程序确实至关重要，往往是寻求另一种认可。记录在案都无所谓，还需要最终承认或者确认。《办理死刑案件证据规定》有多处条文体现：

(1)没有经证人核对确认并签名(盖章)、捺指印的书面证言，不能作为定案的根据；

(2)讯问笔录没有经被告人核对确认并签名(盖章)、捺指印的，不能作为定案的根据；

(3)鉴定文书缺少签名、盖章的，不能作为定案的根据。

“中国历史上对于被告之自白，有一最大之特征，即由于重视亲供或首实，而演为刑讯之法令制度化。此亦可称为自白法则，而亦有其多种之演变。”[①]有的被告人后来一再强调，自己被刑讯逼供，遇到这种情况，被告人一般都很难缠，不好对付，易导致案件判决难产。对此，法官(或者检察官)通常有两种反应：一是你有什么证据，这也是同步出台的《排除非法证据规定》中所要求的初步证明；二是你当时为什么在笔录上签字画押，为什么承认。签字画押总是有种“自作自受”的味道，这本身是一个程序性，或者更确切地讲是一个手续性的活动，却起到了确定事实的作用。当然，对于询问笔录的形成的程序性保障，如配有对侦查机关获取证人证言的全程同步录音、录像等视听资料的支撑，有律师及其他中立见证人在场情况下制作的笔录，对刚发生案件的发生情况做现场调查时制作的当场印象的证言笔录，以及有实施监督职能的检察官在场的情况下由警察或侦查部门制作的笔录等更具有证明力。[②] 这在《办理死刑案件证据规定》之中对各种证据形式的程序性审查多有提及。

不过法官的这种事实确定还是有一定相对性的。通常为了防止纠缠、上诉，在基层法院对这种被告人判决所判刑期，一般都比“正常”的要短或者量刑要轻，这种判决是以一种相对性的事实为依据，至少法官在判决时，心里并不是十分的实在。

二、靠证据说话与意见之争相结合

此外，必须注意的是，在法官向消极听审的角色转变以及当事人的取证

---

① 李学灯：《证据法比较研究》，台北，五南图书出版股份有限公司1992年版，第191页。

② 参见龙宗智：《证据法的理念、制度与方法》，法律出版社2008年版，第160页。

手段匮乏和举证能力不佳等情形下,在我国刑事司法中的事实认定和非法证据排除等程序性裁判靠证据说话往往让位于意见之争。如果依约翰·穆勒(John Stuart Mill)在《论自由》之中就思想和言论自由的说法,第一,真理往往掌握在少数人手中(以苏格拉底之死为例);第二,被压制的错误意见之中也可能含有部分真理而允许相反意见的冲突激荡;第三,真理越辩越明。[①] 通过讨论,在真理与错误的冲突之中,或者以错误换真理或者对真理产生更清楚的认识和更生动的形象。"不是单靠经验。还必须讨论,以指明怎样解释经验。"[②]蒙田(Michel de Montaigne,1533~1592年)在4个世纪前写道:"除了言辞,没有别的东西能使我们成其为人,也没有其他方法使我们彼此联结制约。"[③]纠纷可以因言而终,正如其可因言而起,言辞是律师和法官们的职业工具。[④] 刑事司法中的事实认定可能还要辩论、说理和质证的配合。其实,我国《刑事诉讼法》中有多处条文就规定了"意见之争"的内容。这种意见来自多方主体,有通过回避制度来消除偏见、阻隔成见,有以陪审制和合议制来消化不同意见和形成多数意见保证判断的合理性,有以程序公开和程序自治来实现吸收公众不满或者屏蔽公众意见的双重功能。当然,最主要还是这两个方面的内容:一是控辩双方的对质辩论,既可以提供裁决的事实根据,也可以通过辩论形成辩论规范制约法官裁决规范;[⑤]二是法官的判决说理,既可以促进法官对自己的心证形成反复的反省和思量,也可以作为当事人申请上诉的理由(当然我国刑事诉讼上诉可以不附理由),或者作为上级法官的审级救济审查的对象,尤其是相互矛盾的意见不同的法官会有不同的取舍,即使没有违背经验法则和论理法则,也容许事实审下的上级法官有重新裁量的机会。[⑥]《办理死刑案件证据规定》中

---

① 参见[英]约翰·坎尼编:《最有价值的阅读:西方视野中的经典》,徐进夫等译,天津教育出版社2006年版,第232页。

② [英]约翰·密尔:《论自由》,许宝骙译,商务印书馆1959年版,第51页。

③ [美]威廉·L.德威尔:《美国的陪审团》,王凯译,华夏出版社2009年版,第22页。

④ 参见[美]威廉·L.德威尔:《美国的陪审团》,王凯译,华夏出版社2009年版,第22页。

⑤ 参见[日]棚濑孝雄:《纠纷的解决与审判制度》,王亚新译,中国政法大学出版社2004年版,第128页。

⑥ 参见王兆鹏:《刑事救济程序之新思维》,台北,元照出版有限公司2010年版,第7~12页。

也设有庭前意见的条款:

(1)对未出庭作证证人的书面证言,应当听取出庭检察人员、被告人及其辩护人的意见,并结合其他证据综合判断(第15条第3款前半段);

(2)人民检察院、辩护人补充的和法庭庭外调查核实取得的证据,法庭可以庭外征求出庭检察人员、辩护人的意见。双方意见不一致,有一方要求人民法院开庭进行调查的,人民法院应当开庭(第38条第2款)。

第四节　结语:两种证据规则的反思

在当下的司法改革中,学者普遍认为我们的司法制度改革只是在机制的圈内打转而正面临着是否和能否突破司法体制的瓶颈。其实,笔者认为,我国司法改革不管是哪个层面上的问题最终都可以集中于组织法和程序法两个层面。[①] 一个突出的例证,就是英美证据法是"陪审制之子"还是"对抗制之子",前者属于组织问题,后者属于程序问题。《办理死刑案件证据规定》所确立的印证规范,在本质上是一种证明力规范,在组织法上突出地体现为一种立法至上,[②]以立法制约司法的作用;在程序法上突出地体现印证规范依托于一种以侦查为中心、以口供为中心的案卷确认程序,印证规范在实际运行中最大的讽刺就是,事实裁决者对证明力规范的"避轻就重"只注重表面上的前后一致和相互吻合而导致僵化教条的思维,同时对证据能力规范"避实就虚"而采取过于灵活的取证手段,意图限制事实裁决者的权力,却适得其反地放纵了事实裁决者的恣意。因此,我们并不排除自由评价证据的主流色彩,也应该看到证明力规则更多地是以证据能力规范为前提或者转化为证据能力规范,证明力规范是自由证明的例外和补充。进而言

---

① 笔者萌生以此两种规范作为司法制度的分析工具的想法,最初源于林钰雄:《检察官论》,台北,新学林出版股份有限公司1999年版,第4、71页;参见陈卫东、陆而启:《检察官的角色——从组织法和诉讼法角度分析》,载《法学论坛》2005年第4期;陆而启:《法官角色论:从社会、组织和诉讼场域的审视》,法律出版社2009年版,第71页。

② 需要说明的是,《办理死刑案件证据规定》虽然只是一个五部门联合出台的司法解释,在我国这种司法解释明显地具有抽象性、规范性的立法意味。

之，不管是证明力规范还是证据能力规范都建立在程序主体的真诚独立和程序过程的理性公正基础之上。

一、两类规范划分的相对化

就极化的角度而言，陈瑞华指出，有关证据问题的研究分化为两个不同的方向：一是有关“发现事实真相”的“证据学”；二是有关“限制和规范发现事实真相的活动”的“证据法学”。刑事证据法体系由两种证据规则组成：一是有关证据法律资格的规则；二是有关司法证明的规则。[①] 其实，证据制度大略包含静态的证据和动态的证明，而这种静态和动态之间主要是以证据规则的设定和运行来衔接的。当然，如果就证据属性角度而言，“证据学”关注证据证明力，侧重于真相价值的追求，而“证据法学”关注证据的证据能力，更侧重于程序正义和人权保障，前者体现出一定的亲——日常性，后者体现出一定的亲——规范性。陈瑞华采用“花开两朵独表一枝”的态度，抛开主要体现为侦查手段和认识论色彩的“证据学”，单独讨论主要体现为审判规范和程序正义特色的“证据法学”，其实所谓“证据学”的查证手段，如果不能最终运用为法庭证据，往往会使所有的侦查努力前功尽弃。因此，可以说这两者都可能表现为证据规则。证据规则大略有证据能力规则和证明力规则两种。证明力规则和证据能力规则两者又是关联的，从证据能力而言，事实认定不是不择手段、不分好歹，而要“去粗取精、去伪存真”，集中体现了筛选把关证据信息的排除特征。就证明力而言，事实认定不是随心所欲，而要接受排除规则的限制和法官指示的控制，体现出对证据价值评价的控制色彩。然而，不管是“证据学”还是“证据法学”都跟真相有关，虽然对真相的发现并不一定必须依据证据规则，但是证据规则并不是与发现真相功能格格不入，关于证据的“可靠性”就是一种发现真相的问题。当然，这种证据证明力的内容披上了表现为证据能力的排除规则的外衣。陈瑞华也承认，传闻证据规则具有防止不可靠证据功能，甚至非法证据排除规则和口供自愿性规则等纯属证据能力问题的规则也具有这种功能。根据米

---

① 参见陈瑞华：《从“证据学”走向“证据法学”——兼论刑事证据法的体系和功能》，载《法商研究》2006 年第 3 期。

尔建·R. 达马斯卡(Mirjan R. Damaska,又有人译作米尔伊安·R. 达玛什卡,本书的引用从各译者)的分析,就证据排除规则而言,外部排除规则,主要不是集中在证据本身揭示真相的价值上,而集中于取证方法的争议上,为两大法系所共有,如证人特免权规则、非法获取的证据排除规则;而内部排除规则,主要体现在内容争议上,要在一个证据材料揭示真相与制造偏见的成分何者占优上作出取舍,为英美法系所特有。两大法系去除证据偏见的意识是一致的,但是,大陆法系在证据思维上着眼于证明价值的有无,而英美法系着眼于证明价值的多少;在机制设置上恰恰相反,前者出于政策原因对事实认定进行间接限制,或者由事实认定者心证判断证明力多少,而后者则通过排除规则去除证据将其证明力归零。这些机制主要有,最低证明力规则,因关联性小或证明力小而排除某一证据采纳的规则;传闻证据排除规则,基于证据的证明力会被过高评价或其损害性超出其证明价值而排除的规则;品格证据、附带恶行的证据或者某人以往生活中相似信息的证据。总体而言,这里规范证明力内容的证据规则是英美法的一个特色。但是,这种证据规范其实是把证明力的问题转为证据能力规范。

就一种关联的角度而言,有关证据资格的规范问题也可以通过证明力来解释,证据能力规则其实是在证明力有无之间选择;同样,证明力大小的评价则只有在证据通过证据能力考虑的闸门才可进行。因此,基于英美法系审判前和审判的二元程序结构和法官与陪审团的二元审判组织在证据规则的设定和运行上的映射,可以这样说,英美法系整个的证据规则的运行是一个从证明力有无(审判的始端)到证明力大小考量(审判的终端)的一个过程,典型例证如达马斯卡所分析的二元法庭结构对证据相关性概念的冲击。相关性的概念表达着信息内容与待证命题之间的逻辑相关和经验相关,即是否有证明潜力,只依赖于信息的认知可能性;至于关联程度可能是一个仁者见仁、智者见智的心证问题,即证明力大小,还依赖于信息传递者的可靠性。传统的英美审判法庭,信息的证明潜力由法官预先裁决,各孤立信息与争议事实的推理锁链得到律师的重视;证据载体的可靠性由专属陪审团决定,更突出了法官站在事实认定堡垒的大门口以证据规则调整证据价值的预防效果。这其实与相关性在证明过程中的两个阶段特征相对应:一是证明过程始端的个别证据相关性属于法官责任,考察证据证明价值的有无,成为法律规制的证据能力问题;二是证明过程终端的整体证据相关性,属于陪审团责任,考察证据载体及其证据信息对实质性问题的证明程度的大小,成为无法言说的证明力判断的问题。比较而言,我国也如同大陆法系,体现为一元法庭结构的事实认定者,由于不存在相应的证据材料筛选过程,会综合考虑信息的证明潜力及其载体的可靠性。

就一种转化的角度而言,英美法系所特有的内部排除证据规则,虽然可以归结为证明力有无的法律问题,其本质上仍然是规范以证明力为内容的一种证据能力规则。我国学者还分析指出存在一种与此不同的路径,就是将证据能力规则转化为证明力减等规则的问题。他认为,当下我国刑事司法实践中逐渐形成的处理证据能力问题的潜规则,没有采取排除非法证据的做法,而是将其证明力减等,甚至通过从轻量刑来解决敏感的证据能力问题。由此,证据能力问题转化为证明力问题甚至量刑问题。① 这两种不同的路径,更明确地说,前者是将证明力问题转化为证据能力规范,而后者是将证据能力问题,甚至取证手段方面的争议转化为证明力规范。当然,这在一定程度上反映了我国程序正义的价值让位于真相发现的要求。

二、证明力评价的相对化

进一步而言,不管是哪个国家都存在证据证明力评价问题,证据思维上的差异又突出体现为两种证据制度模式,据法评价和自由裁量。达马斯卡认为,与大陆法系采自由心证制度相比,英美法系证据评价是不自由的。2010 年《办理死刑案件证据规定》中的印证规范体现出了一种对证明力判断和案件事实认定从自由裁量模式向据法评价模式的转变,这与我国学者一贯所持的观点有点背道而驰。当然,这还需要具体讨论。

这里有必要回顾一下“印证规范”具体存在方式,主要体现在单个证据的审查、证据可采性判断以及全案处理等方面。其中单个证据审查和全案处理明显是一种证明力规则,而在单个证据可采性判断上主要体现出把证明力问题转化为证据能力问题。不过,这种转化过程因为没有侦诉审的程序阻隔机制和审判组织的二元分化结构,甚至这种判断本身就是庭审法官

① 参见李训虎:《证明力规则检讨》,载《法学研究》2010 年第 2 期。

的一项职责，那么其证据排除的效果则可能会形同虚设。

前已述及，印证规范所针对的内容更多的是一种一致和矛盾以及二者相互交织的错综复杂的情形。然而，如何解决处理证据内容的前后矛盾，以及如何理解看待证据内容的前后一致，笔者提倡一种在遵循程序正义的前提下回归自然理性的判断方式：

(1)综合认证。法官并不能说明具体采纳了哪一份证据，只是对多个同类的证据进行综合归纳而得出的一个比较可信的结论，这种认证要加重判决说理。

(2)选择取舍。法官对都具有合法性而相互矛盾的多个证据，根据自己的判断而作出肯定一部分和否定另一部分的某种倾向性的选择，这种选择允许合议庭的不同法官和上下审级的不同法官认知上存在差异。

之所以以遵循程序正义为前提，重申一下，相互印证的证据要求杜绝"毒树之果""顺藤摸瓜"之类的相互关联和相互影响，也不允许侦查取证人员从外部向被取证对象进行一种印证输入，是因为如果采用指证、指供、套供、诱供、逼供乃至线索转化等这些手段会使我们得出结论，证据内容前后一致的印证恰恰不可靠(注意这里并没有用不可采、不能定案这样的表述)。这种回归自然理性的方式其实就是一种自由裁量。这句话最能传达出法官自由心证的范围的分量，"任何证据，包括传闻证据，在原则上都是可以被接受的，至于其证据力如何，则完全是由法官决定的事情"。①

最受达马斯卡批评的，就是英美证据规则中的技术性特征过分强烈了，以至于通常生活中不会运用这些规则，甚至不会理解或想到这些规则。典型的例子是传闻证据，在日常生活中，传闻证据照样大行其道，畅通无阻，不会人为地将它们排除出去。同样的证据，到了诉讼领域，就要受到法律规则的制约和排除；明明可以据此形成内心确信，作出恰当的判断，但偏偏法律就不允许。这一点，是证据规则自身难以克服的缺陷，这是一个内在缺陷，证据规则中的主流都属于这种类型。这种人为的证据规则背离了生活常识，因此受到了部分证据法学者的诟病。边沁(Jeremy Bentham，1748～

---

① [德]罗伯特·霍恩等：《德国民商法导论》，楚建译，中国大百科全书出版社1996年版，第48页。

1832 年)认为,普通法上的证据规则是由那些具有邪恶用心的人创造出来的,这些人标榜所谓“法律共同体”,共同维护这些证据规则,其罪恶的目的是为了牟取私人的、邪恶的利益;因为这些规则越复杂,别人也就越不能涉足于这个特殊的领域,这些创造规则的人便可以达到其垄断法律服务业务的目的了。[①] 当然,笔者并不认为,证明力完全是科学的事情,证据能力才是法学的事情,随着科技的迅猛发展,科学意见的证明力判断甚至还可以转化为科学证据是否可采的问题。[②] 如果所谓专家提供的科学意见最终不能在法庭上,或者通过回归常识和经验,或者依据特定标准来裁量其可靠程度,或者以法律来设定专家资格而转化为证据使用,则所谓的科学取证活动往往是在做“无用功”。

因此,我们要把证明力规范转化为证据能力规范或者以证据能力规范作为证明力判断的前提。甚至体现印证要求的证明力规范也有存在的必要。例如,“英美法系国家通行的补强证据规则,即对言词证据必须有其他证据补充说明其证明力的一项证据制度,便是对证据相互印证最有力的肯定和强调”。[③] 口供自愿性是一种证据能力问题,而口供补强规则是证明力规则,这两种规则体现了自白的真实性的不同侧面。口供补强体现的印证规范改变了“口供中心主义”下以口供作为最佳印证资源的司法传统,而强调通过其他证据来印证口供,如果说禁止非法取证以保证被告人自愿陈述为自白的真实性提供了第一道担保的话,那么,以其他证据来补强自白的规则无疑为自白的真实性提供了第二道担保。日本学者也指出,自白补强的根据应当在于防止裁判官因过分信任口供而作出错误的判决。[④] 这里重申一下,证据制度的设定及其实效往往是受程序制度制约的。就纵向构造而言,尽管两大法系的诉讼程序有一定程度的融合趋势,但是,概略而言,在

---

① 参见[美]约翰·W. 斯特龙等编著:《麦考密克论证据》,汤维建等译,中国政法大学出版社 2004 年版,译者序。

② 关于英美法上专家证言的可采性的三道门槛,参见易延友:《英美证据法上的专家证言制度及其面临的挑战》,载《环球法律评论》2007 年第 4 期。

③ 李建明:《刑事证据相互印证的合理性与合理限度》,载《法学研究》2005 年第 6 期。

④ 参见[日]铃木茂嗣:《刑事证据法的若干问题》,王亚新译,载[日]西原春夫主编:《日本刑事法的形成与特色:日本法学家论日本刑事法》,李海东等译,法律出版社、日本成文堂 1997 年版,第 171 页。

审前准备—审判—上诉复审这三个程序结构关系上,英美实行集中制审判(狭义);大陆实行分段式审判(广义)。与片段型诉讼程序(分段审判式)相比,集中型诉讼程序(日审判式)需要限制证据总量,排除传闻证据,对延迟提交的证据予以排除,偏爱口头证据胜过书面证据,并形成了一套复杂的关于口头证据的规则。就横向构造而言,对抗式诉讼制度以及由此产生的当事人对诉讼活动的强有力影响与事实认定制度关系密切。首先,当事人对程序活动的控制,特别是对收集证据和进行证明的控制,造成了由当事人自我利益驱动的事实调查在很大程度上偏离了追求客观知识的理想调查模式。其次,当事人对诉讼事由的控制,对事实认定模式也产生了积极的影响,表明了英美司法制度对当事人控制事实认定模式的普遍依存与其解决纠纷这个独特程序目标有关。当下,我国职权主义刑事诉讼程序杂糅当事人主义因素而形成的庭审方式,事实裁决者相时而动,或者消极怠权展现出"对抗制下的消极仲裁者"面孔,或者积极干预展现出"职权主义下的司法调查官"①面孔,左右逢源,横竖有理。这就回到前面所谈到的印证规范的补救措施了。

此外,还必须注意到自由证明和严格证明因为证明对象不同而对证据资料和证明程序有不同的要求。证明程序分为自由证明程序和严格证明程序,证明程度分为自由证明程度和严格证明程度。严格证明法则包括严格证明程序与严格证明程度,严格证明程序之共通原则即为直接、言词、公开与集中主义,严格证明程序系由法定证据方法与法定调查程序所组成。以我国台湾地区"刑事诉讼法"所规定之审判程序观之,通常程序(直接、言词、公开、集中)属于严格证明程序,其余的简式程序(言词、公开、集中)、简易程序(书面审理)与协商程序(书面审查)皆适用自由证明程序,直接原始乃严格证明程序之核心内涵。② 由此可见,自由证明程序虽然排斥传闻规则且容许非直接审理方式,但并非完全毫无规矩可言。关于证明程度,严格证明程度乃谓待证事实(对被告有罪之认定)之证明力评价,需达毫无合理

---

① 陈瑞华:《问题与主义之间——刑事诉讼基本问题研究》,中国人民大学出版社 2003 年版,第 366 页。

② 参见李知远、许嘉玲编著:《例解刑事诉讼法》,台北,五南图书出版股份有限公司 2006 年版,第 353、355 ~ 356 页。

怀疑之确信,无论是采行简易、协商、简式还是通常审判程序;而自由证明程度要求对待证事实之证明力评价达合理怀疑即可。不管是何种证明程度都是属于自由心证的范畴,要说其限制,那就是建立在适当的诉讼程序之上。我国学者也指出自由证明在证据采纳和证据调查方面会受到一些限制,如在证据采纳方面,自由证明要求证据至少要具备相当的关联性;传闻证据的采纳必须保障其来源可靠;自由证明对于非法证据的排除较为宽松;在自由证明中并不要求最佳证据,但在证明力层次上要对非最佳证据进行限制。在证据调查方面,自由证明过程中必须保障当事人的知情权和异议权,并且裁判者必须遵守心证公开制度,防止其心证过程不遵循经验法则和逻辑法则。① 这里还有日本和我国台湾地区刑事诉讼模式的当事人转向可资借鉴,自由证明需要反映程序正义的要求而保障当事人的知情权、异议权以及经过适当的调查程序。

① 参见纵博、郝爱军:《论自由证明的限度》,载《中国刑事法杂志》2010年第11期。

第三章 叶公好龙：刑事证人出庭

2018年4月25日全国人大常委会法制工作委员会主任沈春耀在第十三届全国人民代表大会常务委员会第二次会议上做了《关于〈中华人民共和国刑事诉讼法（修正草案）〉的说明》介绍了《刑事诉讼法》修改的三个方面的必要性："一是为保障国家监察体制改革顺利进行，需要完善监察与刑事诉讼的衔接机制；二是为加强境外追逃工作力度和手段，需要建立刑事缺席审判制度；三是总结认罪认罚从宽制度、速裁程序试点工作经验，需要将可复制、可推广的行之有效做法上升为法律规范，在全国范围内实行。"并且说明了草案的内容主要涉及三个方面："（一）完善与监察法的衔接机制，调整人民检察院侦查职权；（二）建立刑事缺席审判制度；（三）完善刑事案件认罪认罚从宽制度和增加速裁程序。"由此，我们可能发现，自2014年10月中国共产党第十八届中央委员会第四次全体会议审议通过《中共中央关于全面推进依法治国若干重大问题的决定》以来，"以审判为中心的刑事诉讼制度"改革实践和"认罪认罚从宽处理"制度探索可谓齐头并进，然而在要求"证人出庭"上却截然相反。最终在2018年刑事诉讼修法中，不强调证人出庭的"认罪认罚从宽处理制度"以压倒性优势强势入法，而强调直接审理、排除传闻的“以审判为中心”的制度形式虽在观念和理论层面得到高度重视，而相关法条却只字未提（改），还只停留在最高人民法院的“三项规程”里。在“认罪认罚从宽处理”制度之中有一个“认罪之程序从简”的面向，①虽然证明标准未降低，但是可能采取无需“证人出庭”的多元化从简程序措施。例如，根据2012年《刑事诉讼法》第213条的规定，适用简易程序审理案件，不受公诉案件第一审程序关于送达期限，讯问被告人，询问证人、鉴定人，出示证据，法庭辩论程序规定的限制；2018年《刑事诉讼法》第224条规定：“适用速裁程序审理案件，不受本章第一节规定的送达期限的限制，一般不进行法庭调查、法庭辩论，但在判决宣告前应当听取辩护人的意见和被告人的最后陈述意见。适用速裁程序审理案件，应当当庭宣判。”随着以后司法实践的逐步积累，证人不出庭堪为常态。当然，有人以为，在我国没有经历“正当程序革命”而确立成熟的刑事诉讼正当程序的前提下，大张旗鼓地推行认罪认罚从宽这种有如辩诉交易那样的“打折的正义”模式，可能更不利于正当程序的完善。

早在2012年我国《刑事诉讼法》修正前，学界和司法实务界要求“证人出庭”已经泛滥成灾，但这是一种“叶公好龙”式的呼唤。“顾证人左右而言”，法官（居中者）、控方与辩方（对抗者）、被害人与警察（在一定程度上身兼“证人”者）等诉讼参与者（与诉讼法中排除国家公检法机关的“诉讼参加人”概念不同）对“证人不出庭”的种种责难和成因、对策分析与学者对“证人出庭”的制度设计交相辉映。但是，法院、侦检机构、辩护方、被害人，无论在心理上还是习惯上都不适应直接言词的审理方式，为其所开出的一系列药方也“不对症”。笔者结合自身感受例举、描述了实践中控方、辩方、被害人、法官等诉讼参与者在要求证人出庭态度上的言行不一的诸种表现，这可能有“视野狭隘”“以偏概全”的嫌疑，但是也有“以斑窥豹”的方法论意义，并且这在一定程度上反映了司法机关实务运作痕迹和司法同仁“帮带”传统的操作习惯，因而更接近现实。一是控、辩双方对证人出庭的矛盾心理。二是被害人对出庭的极不情愿心态和出庭被害人处于被忽视的地位。三是法官缺乏证人出庭的心理准备，而“白纸黑字”对事实认定的优先

---

① 参见陆而启、苏素专：《认罪认罚从宽的四种模式》，载《人民检察》2017年第16期。

确定力，公检法作为司法机关的整体统一性，证人伪证责任的首尾一贯性，证人出庭例外情形的权宜性等制度因素也助长了法官不期望刑事证人出庭的心理，使“证人出庭”由原则转化为例外。四是警察出庭作证制度缺乏“怀疑权力”的文化氛围以及警察自身对权力的盲目维护。并且，下文从中外比较（侧重于从英美法系与中国）的角度分析了证人出庭制度在法律文化传统上的深层原因。比如，英美法系的判例法传统，控辩双方事实发现功能，陪审团和法官审判主体多元分权的结构，交叉询问规则所要求的证人分类前提，证人宣誓所体现的尊崇宗教信仰的基础等制度传统虽然可能存在“日新月异”的变化但仍不失为证人出庭作证制度的支柱，忽视这些制度传统的“移花接木”好看而不中用。最后，笔者还对目前专家所提出的证人出庭的具体配套规则作了进一步的反思。概言之，证人出庭多此一举；强制出庭有碍无助，证人作证补偿权利弊并存，证人保护画饼充饥等。

我国刑事证人出庭的这个叶公好龙的现实寓言是笔者从检察实务部分转到高校从事法学教学研究之后关注司法现实和审视刑事诉讼改革方向和成效于2008年前后提出的一个命题。[①] 并且当时，笔者特意作出预言：因为“证人出庭”这个“龙”的迟迟未到也并没有激进的制度设置，是一种审慎改革的结果，但这也恰恰使笔者的这种主观“臆断”免受“事后诸葛亮”的指摘。[②] 进一步看，这种在证人出庭要求上的“审慎”态度本身可能透露出司法实务人员的“言行不一”，更言不由衷地透露出强烈要求证人出庭可能面临“水土不服”的问题。这种实践上的无动于衷进一步促生了对证人出庭要求的连篇累牍、坚持不懈的呼唤。[③] 笔者认为，我们现在一味在制度上挑毛病以追求“十全十美”是不切实际的幻想，我们要做的是立足现实来发现

---

① 参见陆而启：《叶公好龙：刑事证人出庭的一个寓言》，载《证据科学》2008年第1期。

② 2018年9月28日下午，上海市第二中级人民法院公布《2016～2018年刑事案件证人出庭作证审判白皮书》。白皮书指出，2016年至2018年，上海二中院共审理一审、二审刑事案件4049件，有45起案件有证人出庭作证，其中一审案件证人出庭率7.3%，二审案件证人出庭率0.59%，证人出庭率仍有待提高。参见余东明、黄浩栋：《上海二中院发布刑案证人出庭白皮书 4049件刑案仅45起有证人出庭》，载《法制日报》2018年9月29日，第3版政法·司法版。

③ 陈虹伟：《全国法院作证率不超过10% 律师建议强制出庭》，载《法制日报》2007年4月29日。在该报道中，众多学者描述了证人不出庭的现实，表达了对证人出庭的呼唤，提出了相应的对策建议。例如何家弘先生的呼吁。参见何家弘：《修改诉讼法是让证人出庭的当务之急》，载《法制日报》2007年4月29日。

实践的优点。我的这种“保守”甚至“退步”并不是缺少反思精神,而是“反其道而行之”,试图为我们装上一双可以发现无处不在的“美”的眼睛。

现在来看,其中的研究方法和学术理念并未过时。概而言之,对证人出庭的制度设计不能是一种没有“立足点”的“忘本”的探讨。从研究方法来看,一方面,可能有“视野狭隘”“以偏概全”之嫌的例举、描述明显地体现了以斑窥豹的方法论意义;另一方面,制度设计并非“外国的月亮一定圆”,一定需要考虑制度的土壤。从理论创新上看,一方面,我们要从空谈理想回到着眼现实。立足现实来发现实践的优点,而不幻想“十全十美”的制度设计。另一方面,我们要从埋头蛮干的制度构建回到清醒的理论反思。与其清谈制度设计,不如坐下来反思,认真对待实践。既不故步自封,也不搞制度“大跃进”。

在当时,笔者对什么是证人出庭难问题的出路设计“意犹未尽”。不过,在一定程度上,出路本身寓于分析而“尽在不言中”。我们要正视现实,并且要结合简易程序、认罪案件简化审、侦查、起诉阶段的刑事和解,甚至辩诉交易等案件分流措施的建立、完善,降低对目击证人或者鉴定人、被害人出庭的期待,强调警察在取证程序、手段和实施强制措施手段等方面被质疑时的出庭作证。

第一节 引言:质证规范与证人出庭

可以说,印证和质证是对证据进行审查判断的两种主要的不同方式,这两种方式可以不甚严格地对应于书面审查和口头审查。有学者指出,由于采用印证证明方式,口头证言缺乏独立的证明价值,证人出庭与否对裁判结果的影响不大。① 更主要的是,在我国证人出庭作证或者对被告人进行讯问等口头审查其实主要是核实书面卷宗的一种方式;而在国外,刑事审判把物证、书证转化为口头形式,或者把讯问笔录、询问笔录、鉴定意见书等还

---

① 参见左卫民:《刑事证人出庭作证程序:实证研究与理论阐析》,载《中外法学》2005年第6期。

原为口头形式进行审查,也即"证人证言与书证、物证可能存在着一种替代关系"。[1] 与之不同,我国却可能让所有的口头审理仅仅是书面审查的补充。由此,尽管我国刑事诉讼的正式庭审在形式上更趋向于采用一种控辩对抗的"当事人主义"模式,"质证"也被认为是证据包括物证、书证等获得证据资格的前提,但是,"印证"尤其是以书面材料为基础的相互印证还是对某种证据作为定案根据起到了主要的作用。庭上的"口头解释"虽然具有重要的参考价值,但是并不能成为事实裁决者的直接心证基础,更关键的还是法官对案卷的庭前"预读"、庭审听取"宣读"乃至庭后"默读"而综合各种"在卷证据"排除矛盾选取相互印证的内容来作出决策。

在1998年通过的《最高人民法院关于执行〈中华人民共和国刑事诉讼法〉若干问题的解释》(以下简称《执行刑诉解释》)中"质证"一词有4处3条(第58、60、290条),而在2012年《刑诉解释》(下文对此中法条的引用根据上下文不再标明法规名称)中则有11处11条(第63、78、107、184、219、220、295、376、486、515、530条)。质证主要是以言词方式来呈现,2012年《刑事诉讼法》中"质证"一词仅仅出现于第59条"证人证言必须在法庭上经过公诉人、被害人和被告人、辩护人双方质证并且查实以后,才能作为定案的根据。法庭查明证人有意作伪证或者隐匿罪证的时候,应当依法处理"。当然有些诉讼活动本身属于质证但是并没明确使用该词来表达。另外,2017年《第一审普通程序法庭调查规程》分为一般规定、宣布开庭和讯问、发问程序、出庭作证程序、举证、质证程序和认证规则五个部分,对质证和印证的相关规定都再次做了重申。尽管并不一定都要出庭,但是"出庭作证程序"所规定的是举证、质证所针对的重要方面。

一、质证的异议前提和程序正当

第一,当庭质证的原则与例外。在2012年《刑诉解释》中"质证"常常和"当庭"联系在一起,如未经当庭质证不得认证原则(第63条),以及证人当庭证言的"质证+属实"采信规则(第78条第1款)、技侦证据质证当庭

---

① 徐昕:《法官为什么不相信证人?证人在转型中国司法过程中的作用》,载《中外法学》2006年第3期。

出示(第107条)、物证的当庭出示(第219条)等。然而,第107条规定,对技侦材料进行核实除了有当庭质证的常态方式外,还可能要采取不暴露有关人员身份、技术方法等保护措施,乃至于可以庭外核实。基于对实体真实的追求、对被告方弱势的弥补,考虑我国的基本国情,作为职权主义表征的法官庭外调查权在刑事诉讼法中得以保留,在2012年《刑诉解释》以及2017年《第一审普通程序法庭调查规程》中也有规定:

《刑诉解释》第66条规定:"人民法院依照刑事诉讼法第一百九十一条调查核实证据,必要时,可以通知检察人员、辩护人、自诉人及其法定代理人到场。上述人员未到场的,应当记录在案。

人民法院调查核实证据时,发现对定罪量刑有重大影响的新的证据材料的,应当告知检察人员、辩护人、自诉人及其法定代理人。必要时,也可以直接提取,并及时通知检察人员、辩护人、自诉人及其法定代理人查阅、摘抄、复制。"

《刑诉解释》第220条规定:"法庭对证据有疑问的,可以告知公诉人、当事人及其法定代理人、辩护人、诉讼代理人补充证据或者作出说明;必要时,可以宣布休庭,对证据进行调查核实。

对公诉人、当事人及其法定代理人、辩护人、诉讼代理人补充的和法庭庭外调查核实取得的证据,应当经过当庭质证才能作为定案的根据。但是,经庭外征求意见,控辩双方没有异议的除外。

有关情况,应当记录在案。"

《第一审普通程序法庭调查规程》第36条规定:"法庭对证据有疑问的,可以告知控辩双方补充证据或者作出说明;必要时,可以在其他证据调查完毕后宣布休庭,对证据进行调查核实。法庭调查核实证据,可以通知控辩双方到场,并将核实过程记录在案。

对于控辩双方补充的和法庭庭外调查核实取得的证据,应当经过庭审质证才能作为定案的根据。但是,对于不影响定罪量刑的非关键性证据和有利于被告人的量刑证据,经庭外征求意见,控辩双方没有异议的除外。"

基于公开性的要求,庭外调查应当允许控辩双方在场,并且庭外调查主要以对证据存有疑问为前提,在无法补充证据或者未能作出说明时,法庭一般不能越俎代庖代替控诉方举证,在实践中,庭外调查一般是应被告方的申请而启动;基于被动性的要求,法庭非必要时也不直接取证,补充的证据或者庭外调查核实取得的证据同样要当庭质证,经庭外征求意见,控辩双方没有异议的无需当庭质证。前述法条先有“庭外调查核实”仍然再行当庭质证,而所谓的“核实”和“质证”给人一种程序重复之感。其实,庭外调查核实可能在控辩双方未参与的情况下而仅仅是法官单方的职权活动,因此,当庭质证可能给控辩双方提供一个参与和辩论的机会。当然,如果在庭外已经征求控辩双方的意见,而他们对此无异议的话,就无须多此一举地当庭质证了。此外,《刑诉解释》第 468 条还规定了在涉及未成年人的刑事案件中,对未成年被害人、证人出庭作证采取保护措施,或者采用视频方式质证。

第二,无异议情形下的简化质证。质证是认证的前提(第 63 条),未经质证的证据没有证据资格进而可能会影响判决的效力(第 376 条)。质证又常常与异议相关联,由于质证是正式庭审的必经程序,因此,无异议时质证可以简化,这样就可能形成了庭前会议听取意见与庭审质证之间的衔接(《刑诉解释》第 184 条第 2 款规定:“审判人员可以询问控辩双方对证据材料有无异议,对有异议的证据,应当在庭审时重点调查;无异议的,庭审时举证、质证可以简化。”)以及在简易程序中对无异议证据的“简化说明”和对有异议或者法院认为必要的证据的“出示质证”相结合(第 295 条)。关于庭前会议与庭审之间的衔接,在 2017 年“三项规程”之《庭前会议规程》中多有体现:

第 14 条规定,被告人及其辩护人在开庭审理前申请排除非法证据,并依照法律规定提供相关线索或者材料的,人民检察院应当在庭前会议中通过出示有关证据材料等方式,有针对性地对证据收集的合法性作出说明。人民法院可以对有关证据材料进行核实;经控辩双方申请,可以有针对性地播放讯问录音录像。

人民检察院可以撤回有关证据,撤回的证据,没有新的理由,不得在庭审中出示。被告人及其辩护人可以撤回排除非法证据的申请,撤回申请后,没有新的线索或者材料,不得再次对有关证据提出排除申请。

控辩双方在庭前会议中对证据收集的合法性未达成一致意见,人民法院应当开展庭审调查,但公诉人提供的相关证据材料确实、充分,能够排除非法取证情形,且没有新的线索或者材料表明可能存在非法取证的,庭审调查举证、质证可以简化。

第 19 条第 2 款规定，对于控辩双方在庭前会议中没有争议的证据材料，庭审时举证、质证可以简化。

第 20 条第 1 款规定，人民法院可以在庭前会议中归纳控辩双方的争议焦点。对控辩双方没有争议或者达成一致意见的事项，可以在庭审中简化审理。

第 21 条规定，对于被告人在庭前会议前不认罪，在庭前会议中又认罪的案件，人民法院核实被告人认罪的自愿性和真实性后，可以依法适用速裁程序或者简易程序审理。

第 25 条规定，宣布庭前会议报告后，对于庭前会议中达成一致意见的事项，法庭向控辩双方核实后当庭予以确认；对于未达成一致意见的事项，法庭可以归纳控辩双方争议焦点，听取控辩双方意见，依法作出处理。

控辩双方在庭前会议中就有关事项达成一致意见，在庭审中反悔的，除有正当理由外，法庭一般不再进行处理。

如果结合“三项规程”之《排除非法证据规程》第 9 条和第 10 条来看，被告人及其辩护人申请排除非法证据，应当在开庭审理前提出，对提供相关线索或者材料的，人民法院应当召开庭前会议。未提供相关线索或者材料的，人民法院应当告知其补充提交。被告人及其辩护人未能补充的，人民法院对申请不予受理。由此可知，在庭前会议之中排除非法证据已经成了一个常规动作，可以说是一种分阶段的质证活动。当然，庭前会议除了解决证据能力（非法证据排除）问题，也可能探讨证明力的问题，以及其他争议问题，达成一致意见可以在庭审中核实后当庭确认，简化审理；对未达成一致意见的，关于证据合法性应当调查，庭前调查公诉方完成调查责任且辩方无新线索、材料，庭审调查可以简化；关于其他事项，可以听取控辩意见，依法作出处理。

《排除非法证据规程》第 14 条规定：“在庭前会议中，人民检察院可以撤回有关证据。撤回的证据，没有新的理由，不得在庭审中出示。

被告人及其辩护人可以撤回排除非法证据的申请。撤回申请后，没有新的线索或者材料，不得再次对有关证据提出排除申请。”

第 15 条规定：“控辩双方在庭前会议中对证据收集的合法性达成一致

意见的,法庭应当在庭审中向控辩双方核实并当庭予以确认。对于一方在庭审中反悔的,除有正当理由外,法庭一般不再进行审查。

控辩双方在庭前会议中对证据收集的合法性未达成一致意见,人民法院应当在庭审中进行调查,但公诉人提供的相关证据材料确实、充分,能够排除非法取证情形,且没有新的线索或者材料表明可能存在非法取证的,庭审调查举证、质证可以简化。"

第 17 条规定:"被告人及其辩护人在开庭审理前未申请排除非法证据,在庭审过程中提出申请的,应当说明理由。人民法院经审查,对证据收集的合法性有疑问的,应当进行调查;没有疑问的,应当驳回申请。

人民法院驳回排除非法证据的申请后,被告人及其辩护人没有新的线索或者材料,以相同理由再次提出申请的,人民法院不再审查。"

从这两个规程的上述条款可见,庭前认证和当庭认证是相互联系的。庭前处置尤其是解决排非问题,往往有"过了这村没这店"的效力。非法证据排除单方处分主要有检察机关撤回证据、辩护方撤回排非申请,这相应地都带来了一定的约束力;就双方的意见而言,达成一致意见经庭审核实确认后有一定拘束力,未达成一致意见应当庭审调查,对已经举证质证过的则简化举证质证的庭审活动,法院经审查驳回排非申请的,也有相应的拘束力。总体而言,对非法证据排除的质证有提前到庭前会议的趋势,并且已经处置在无正当理由或者新线索、材料则不再审查。需要注意的是,《严格排除非法证据规定》第 26 条规定:"公诉人、被告人及其辩护人在庭前会议中对证据收集是否合法未达成一致意见,人民法院对证据收集的合法性有疑问的,应当在庭审中进行调查;人民法院对证据收集的合法性没有疑问,且没有新的线索或者材料表明可能存在非法取证的,可以决定不再进行调查。""决定不再进行调查"已经被"三项规程"相关条款修改。笔者以为,取证行为的合法性也与审查证明力的问题密切相关,也就是说在庭审中还是可以通过较低程度的违法来质疑其证据材料可信性,甚至非法证据排除的虚伪排除说,更侧重于其可靠性问题。

第三,特别程序中的庭审质证。2012 年我国《刑事诉讼法》增设了 4 个特别程序,其中所规定的和解程序不是就案件的刑事责任进行和解,而是犯罪嫌疑人、被告人真诚悔罪,通过向被害人赔偿损失、赔礼道歉等方式获得被害人谅解，在被害人自愿和解的基础上，双方当事人就民事赔偿问题达成协议。司法机关根据和解的情况，作为悔罪表现，可以酌情对犯罪嫌疑人、被告人从宽处理，而不是交了钱就免刑。[①] 正如笔者曾经所指出的那样，既没有具体的和解程序，又没有明确的处理后果，更没有监督控制程序的公诉案件的“当事人和解”程序，最终可能成为一个需要附带民事诉讼制度、酌定不起诉制度、简易程序、社区矫正制度、未成年人刑事案件诉讼程序以及自诉案件的和解等程序来填补的“空壳”。[②] 因此，由于对正当程序的关注，质证的规定主要针对未成年人犯罪或者涉及未成年人的刑事案件的特殊程序，危害公共安全或者严重危害公民人身安全的暴力犯罪却不负责任的精神病人犯罪的强制医疗程序，以及对于贪污贿赂犯罪、恐怖活动犯罪等重大犯罪案件，犯罪嫌疑人、被告人逃匿或者死亡的对其违法所得及其他涉案财产的没收程序这三种特别程序之中。这类活动通常牵涉到公民的隐私权、人身权或者财产权等基本权利，因此更强调庭审“质证”活动对保障这些特殊主体或者利害关系人的诉讼权利和实体利益所具有的重要意义。通过检索2012年《刑诉解释》可以发现在涉及未成年人的刑事案件（第468条）、没收违法所得（第515条）、强制医疗案件（第530条）等“特别程序”之中都明确规定了庭审质证程序。2018年10月《刑事诉讼法》的修改在第五编中增加一章，“第三章缺席审判程序”，其中第293条规定：“人民法院缺席审判案件，被告人有权委托辩护人，被告人的近亲属可以代为委托辩护人。被告人及其近亲属没有委托辩护人的，人民法院应当通知法律援助机构指派律师为其提供辩护。”第295条还规定两种重新审理的情形：一是在审理过程中，被告人自动投案或者被抓获的，人民法院应当重新审理；二是到案的罪犯在交付执行刑罚前对发生法律效力判决、裁定提出异议的，人民法院应当重新审理。由此可见，在缺席审判中被告人以委托辩护人或者法律援助律师作为替身能在某种程度上保证对席审判所要求的质证活动，或者通过到案后的重新审理来实现抗辩式的程序要求。

---

① 参见郎胜主编：《〈中华人民共和国刑事诉讼法〉修改与适用》，新华出版社2012年版，第14页。

② 参见陆而启：《简论刑事和解的中国特色——以当事人和解的公诉案件诉讼程序为中心》，载《法治研究》2014年第6期。

二、证人出庭的必要和理由

说话要讲证据，而法庭审判尤以证据为中心，如俗话所说的对人定罪要求“人证和物证俱在”而无从抵赖。如果要概括地把证据分为人证和物证的话，通常出庭的人证的提供者——“证人”是一个广义的概念，包括了被告人、被害人和目击者等；而因为物证的收集、提取、鉴别也必然是受人控制的，因此，物证也转化为证人出庭的方式而得以在审判中得到校验，从而证人也包括收集、提取、保管、鉴定证据的警察和鉴定人员。

为什么要求证人出庭？大略而言，主要原因有：第一，法庭的“权利角斗场”为对立双方提供了一个以人证和物证为武器的交战平台，要求证人出庭是“打开天窗说亮话”“有理摆在桌面上”的自然要求，我们反对幕后交易和暗箱操作，当面揭露和公开指证被告人的罪行在某种程度上也迎合了“看得见的正义”的程序正义准则要求。第二，证人和证据的可信性是证据的生命。避免受到诬陷的最佳方法就是让被告人与证人对质，揭露证人故意说谎或者揭示其感知错误，并由法官察言观色，这是“辞色气耳目”五听断案的要求，而成为直接、言词审判原则（大陆法系权力视角的审判程序管理要求）和传闻证据排除规则（英美法系权利视角的“对质权”要求）的共同要求。① 第三，纵使没有受到与罪犯间存在的仇恨、友谊和其他密切关系，个人情感因素以及其所属团体的利害关系等因素影响，②也没有“屈打成招”情形，证据的多次转述或者书面记载都有可能引发歧义或者造成模糊，让证人出庭也是集中审理和证据直接调查的效率要求。③ 这些所要求的直接到场、言词对质，排除传闻等寻求真相的技术手段，对公平审判如此重要以至于成为现代刑事诉讼的基本原则和被告人的基本权利。

---

① 参见宋英辉、李哲：《直接、言词原则与传闻证据规则之比较》，载《比较法研究》2003 年第 5 期。

② 关于对证人可信性的影响因素，参见［意］切萨雷·贝卡里亚：《论犯罪与刑罚》，黄风译，中国法制出版社 2004 年版，第 29～30 页。

③ 例如，英国根据亲身知识或者从庭外他人得其情报的知情陪审团评决事实（13 世纪以来）向不知情陪审团听审事实而证人出庭提供证据和书证诉答及其在法庭朗读的庭审模式（16 至 17 世纪末期）转化，很大成分是避免就案件的多个不同事实组成多个知情陪审团而浪费时日。参见何家弘、刘品新：《证据法学》，法律出版社 2004 年版，第 12～19 页。

当然,如果历史地来看,现代英美法系国家的排除传闻规则和大陆法系国家的直接言词原则要求证人出庭的制度设计是欧洲国家(包括英、法、德等国)从君权时代的绝对职权主义、秘密审判、书面审理以及采取法定证据主义和允许拷问自白的纠问式向启蒙运动之后形成的不告不理、国家追诉主义诉讼制度转化的时代要求。① 然而,大陆法系"侦审承继制"并注重法官"真实发现"的职权主义诉讼制度仍需调和英美法系排除法官预断的"侦审分权制"和法官与陪审团分权、设有排除法则、由当事人推进的审判中心主义的诉讼格局。

我国1996年《刑事诉讼法》以抗辩模式建立起来的刑事庭审,强调控辩双方在法庭上的对抗、法官居中裁判、对案件提出证据的表述必须在法庭上以口头陈述表现出来,在一定程度上体现了建立在证人出庭基础上的直接言词原则。而成为审判方式改革瓶颈的证人不(主观不愿,或者客观不能)出庭给人这样的印象或者误解:证人出庭是一种事实需要,而不是法律要求。然而,法律上虽然容忍证人不出庭,但是对于证人出庭还是有明确要求的。1996年《刑事诉讼法》第47条(此处下文法条指该法)规定,证人证言必须在法庭上经过公诉人、被害人和被告人、辩护人双方讯问、质证,听取各方证人的证言并且经过查实以后,才能作为定案的根据。法庭查明证人有意作伪证或者隐匿罪证的时候,应当依法处理。第156条规定了法庭调查中的证人作证问题;第157条又规定,对未到庭的证人的证言笔录、鉴定人的鉴定结论、勘验笔录和其他作为证据的文书,应当当庭宣读。从条文

① 英国法制史上存在审前由治安法官或者其他司法官员直接讯问嫌犯和证人,制作笔录于法庭上宣读的制度。16世纪玛丽女王执政时期,纠问证人模式例行化,更以保释法和羁押留置法两个制定法授权纠问重罪案件之嫌犯和证人再将其纠问结果转给法院据以裁决。以Walter Raleigh's case [2 How. St. Tr. 1(1603)]为导火索,Raleigh因为其勋爵身份、谋逆罪名和极性刑罚而特别受关注,庭上Raleigh坚决要求法院传唤被指涉共谋叛逆的Cobham到庭对质被悍然拒绝,掀起了立法和司法改革序曲,逐步形成对对质诘问权的保障制度。美国独立建国前(殖民时期)也曾施行纠问证人制,如1765 Stamp Act把不纳税入罪化并由实行职权纠问式采纳证人庭外之宣誓陈述书和司法官员庭外私自讯问之笔录海事法院管辖,引发广泛反弹。参见林辉煌:《对质诘问权与传闻规则》,载《法令月刊》2007年第7期。而1637年的"李尔本"(Lilburne)案,因为政治犯罪(被控从荷兰向英国输入煽动性书籍)在星座法院受审,在审判中,李尔本否认法院指控,同时要求与控告者当面对质,并拒绝宣誓或回答任何"无礼的"提问,以免自己因回答这样的问题而受到伤害。这为"沉默权"形成提供了契机,参见孙长永:《沉默权制度研究》,法律出版社2001年版,第25页。该案同时进一步促生了对对质权的保障。

的顺序及其中反映的基本内容来看,证人出庭是一种原则,而不出庭是一种例外,并且第 159 条第 1 款"法庭审理过程中,当事人和辩护人、诉讼代理人有权申请通知新的证人到庭,调取新的物证,申请重新鉴定或者勘验"的规定,更是证人出庭的一种补充。错误并不在于立法,而在于执行。从证人之外来看,我国公检法三机关互相配合,侦、诉、审三阶段前后接力,共同致力于实现惩治犯罪、查明案件事实真相的目的,庭审"走过场"形式化没有太大的改观,证人出庭多是哗众取宠,程序之外的真相屡屡冲击着司法裁判机关的公信基础。而证人不出庭使法庭调查走形式,直接言词原则落空、被告人的对质、询问权无从进行等,往大处说,就是威胁着正当程序的构筑和司法公正的实现。

就一般原则而言,2012 年《刑事诉讼法》已经将证人出庭的一般性原则修改为以关键证人出庭为原则。根据 2012 年《刑事诉讼法》第 187 条第 1 款首先审查"证人证言"(对笔录的审查)然后在"三有"条件(控辩双方有异议、对定罪量刑有重大影响、法院认为有必要)下才有证人出庭作证。第 188 条还首次确立了强制证人出庭作证制度。2017 年《第一审普通程序法庭调查规程》第 13 条第 1 款规定:"控辩双方对证人证言、被害人陈述有异议,申请证人、被害人出庭,人民法院经审查认为证人证言、被害人陈述对案件定罪量刑有重大影响的,应当通知证人、被害人出庭。"这里取消了"法院认为有必要"的条件,并且将"法院认为"冠在"对定罪量刑有重大影响"前面,可见曾经一度热烈探讨的"关键证人"出庭问题,不是针对含义不明的"有必要",而是针对"定罪量刑"具有关键作用。这里很显然意图在"证人出庭"作用上达成法院与申请人的意见合致,虽然整体上还是由法院职权支配着是否让证人出庭,但是如果法院决定不通知证人出庭,却以有争议的证人证言作为定罪量刑的裁决依据,则与该条法律精神不符。

《第一审普通程序法庭调查规程》第 13 条第 2、3 款对申请鉴定人或者有专门知识的人出庭,申请侦查人员或者有关人员出庭,则以控辩双方有异议和人民法院经审查认为有必要这"两有"为前提。这是对 2012 年《刑事诉讼法》第 187 条第 3 款的重申。因此,《第一审普通程序法庭调查规程》第 13 条第 4 款还规定:"为查明案件事实、调查核实证据,人民法院可以依职权通知上述人员到庭。"第 5 款规定:"人民法院通知证人、被害人、鉴定人、侦查人员、有专门知识的人等出庭的，控辩双方协助有关人员到庭。”

进而言之，证人不出庭同样可以对证言笔录进行质证。2012 年《刑事诉讼法》第 59 条将 1996 年《刑事诉讼法》原第 47 条第一句“证人证言必须在法庭上经过公诉人、被害人和被告人、辩护人双方讯问、质证，听取各方证人的证言并且经过查实以后，才能作为定案的根据”修改为“证人证言必须在法庭上经过公诉人、被害人和被告人、辩护人双方质证并且查实以后，才能作为定案的根据”。其用词差异主要有：(1)删去了“讯问”只保留“质证”，显得更简洁而不重复，因为质证的形式往往包含了讯问，当然以针对于被告人的“讯问”来搭配证人证言可能有些不恰当。(2)删去了“听取各方证人的证言”只保留“查实”，也就是说可能存在“听而不取”的情形。更主要的是，1996 年立法的原话完全可以理解为证人必须出庭作证，从而确立了传闻排除法则。而所保留的查实就可能存在不需要采取听取“出庭证人”证言的空间。当然，2012 年的立法为繁简分流提供了更大空间，对认罪案件，法庭调查可能只是宣读“证人证言”，而无须证人出庭；而对不认罪案件，尤其是控辩双方有异议的证据，才可能在必要情形下让证人出庭。由此可见，在我国证人不出庭本来是一种庭审的司法常态，随着 2012 年《刑事诉讼法》的修改也成了一种立法的确认。如前所述，2018 年《刑事诉讼法》的修改未作改动。

第二节　诉讼参与人对证人出庭的心理障碍

从浅层心理现象上看，无论是侦检机构、被告人、辩护人、被害人，还是法官和警察等都没有做好证人出庭——直接言词审理的准备。尤其书面证言确认、“大司法机关”、证人全程伪证责任等制度因素促生法官不情愿证人出庭的心理，而警察出庭作证制度首先面对的是缺乏“怀疑权力”的制度文化传统，其次是警察对出庭作证也有抵触心理。

一、控、辩双方对证人出庭的矛盾心理

一般而言，“你辩你的，我判我的”对法官判案“工夫在庭外”做了生动

描述，这使公诉方和辩护律师都不那么在乎法庭审理，在这种情况下我们要求证人出庭只是一个虚伪的命题。不过，我们法院审理活动通过公开演示还是可以收到一定程度的服众效果，但是因为当庭宣判的少，而定期宣判的多，这种效果又被拖延的判决抵消了，因此公众甚至是当事人都看不出法庭审理和判决之间有什么联系。

例如，在笔者曾经参与的一起（聚众）妨害公务案件的出庭支持公诉活动中，辩护律师传唤了一名关键证人到庭，这出乎检察官的意料，是检察官三年所办案件中的第一个证人出庭，与历来的经验不符。但是，经过辩护律师的询问，以及证人的回答之后，公诉方甚至觉得没有任何问题要质询或者补充询问证人。这就是说，公诉人甚至包括辩护人自己和旁听观众心中所隐隐期待的如美国或者香港庭审剧的“火爆、激烈”对抗场面的并没有出现。其原因在于，一是因为证人所说的话，公诉方在审查起诉阶段早就通过阅卷知道了，没有新鲜内容；二是证人的证言可以说在某种程度上是对以前证言的重复，甚至在一定程度上支持了控诉主张，没有起到削减控诉的功能。由此可见，出乎意料、不合习惯并不代表检察官反对证人出庭，检察官甚至希望证人出庭指证增加指控分量，提高庭审效果。有检察实务人员认为，证人不出庭作证，因控辩各方出示的书面证言皆可定案而造成诉讼证据采用的随意性；庭下认证使控方无法及时得知庭上出示的书面证言是否采纳，难以预测诉讼的结果，增大了公诉方指控犯罪的难度。由于无法质证，法官对书面证言可靠性或者双方提供的相互矛盾书面证言真伪难辨，增加了把握案件真相的难度，而造成对犯罪分子打击不力，挫伤公诉的积极性。公诉人宣读不出庭证人作证材料时由于处于本位主义而具有控诉的倾向性和选择性，会导致人们认为公诉机关一手操纵控诉，会动摇人们对公诉指控犯罪公正性的信念。①

不过，检察官期待证人出庭的心理还可能被另一种不理想的效果取代。证人出庭作证本身是一个充满变量的因素，如果证人出庭作证作出与以前证言不同的陈述，因为庭上缺少交叉询问的规则，公诉机关要重新

---

① 参见黎杰翠：《从公诉角度看证人出庭作证的若干问题》，载《广西社会科学》2003 年第 6 期。

调查取证、核实、鉴定等，在手续和环节上（这里主要说的是程序问题）要花费时间和精力重走老路，甚至难保没有指控失败的危险。并且，检察官在审查公诉时就已经注意到的问题或者提出的补充侦查意见可能在庭审中被重复提起，这些问题往往集中在进一步明确犯罪的主观意图（犯意），进一步询问目击证人，或者排除证人证言之间的矛盾，等等。这些因为时过境迁，证人杳无踪影，多方联系无果，尤其是“外来人口”证人已经离开等。这样的程序“拉锯”获得的更多的证据资料只是一些不能解决问题的解释说明性的文字，而徒增程序耗费。甚至有人认为，“庭审中对证人的询问可能会造成证人证言的改变，从而会使指控受到损害，证人不出庭，侦查阶段获得的有利于指控的证言才能更容易成为定案的证据，有意无意地鼓励证人不出庭。极少数司法人员在办案过程中对证人违法取证甚至暴力取证，这些证言很难经得起当庭质证，他们当然不会申请证人出庭作证”。①

关于申诉律师刑事辩护难处的文献几近汗牛充栋，而2007年修订《中华人民共和国律师法》（以下简称《律师法》）对解决律师证据调查的批准、同意制度以及会见受到“监听”问题提供了一定保障，这种立法保障制度其实在很大程度上一厢情愿或者一纸空文。首先，律师庭前证据调查的有选择性。笔者在与有多年经验的律师交谈中了解到，一般而言，出于经济原因（调查的证据效力低②），更是出于担心陷自己于不义，律师只愿意去调查产权证登记、工商税务登记等文书证据，而不愿去调查证言可能随意更改的证人。另外，在我国一直被视为律师执业难题之一的律师调查取证权，吆喝的多而实用的少，因此有律师甚至认为佘祥林案辩护律师没有把死人是谁这个核心问题搞清楚，而成为中国律师界的耻辱。③ 其次，律师也不重视法庭

---

① 刘艳芳：《构建我国刑事案件证人出庭作证制度》，载《山西省政法管理干部学院学报》2005年第4期。

② 徐昕在《法官为什么不相信证人？》一文中的分析是以法官不相信证人为显在的前提，参见徐昕：《法官为什么不相信证人？证人在转型中国司法过程中的作用》，载《中外法学》2006年第3期。

③ 参见雷海军：《中国律师自毁前程，水平堪忧，整体水平相当于书记员》，载中国律师网：http://www.acla.org.cn/forum/showflat.php?Cat=&Number=661411&page=&view=&sb=5&o=&fpart=1&vc=1，最后访问日期：2008年1月6日。

上的证人出庭。对抗检察官的律师法庭辩护更多的是说给被告人听的,让被告人觉得有人替自己讲话,代理费没有白花。对证人出庭如此不受重视,以至于有律师同行不满业务素质较低的律师把代理关注点从庭上抗辩转到庭外如何接近法官"打关系"。最后,律师的职业转向。这一方面是刑事辩护难做,另一方面是因为刑事辩护往往难以有利可图,或者体现不了律师的价值。

二、被害人不愿意出庭和出庭被害人不受重视

在司法实践中,被害人甚至对警察和检察官询问措施和程序动作怀有反感。虽然作为私人控诉主体的被害人和作为国家追诉主体的警检机关同样处于犯罪嫌疑人的对立面,但是因为警检工作人员基于法律职责要求告知被害人要如实提供证言以及作伪证和隐匿罪证要承担的法律责任时,[①]被害人认为自己受到了警检机关的威胁。有时,被害人对国家司法机关"为民作主"怀有的急切心情和过高期望不能得到(及时)满足而由此引发对公检法机关是否公正的猜测,甚至有的被害人深受"有理无钱莫进来"的思想影响而"托关系""走后门"把庭上有效举证抛诸脑后。

另外,由于办案机关的反复推敲、前后接力,使被害人对多次到办案机关接受询问而不胜其烦。1996 年《刑事诉讼法》第 139 条规定:"人民检察院审查案件,应当讯问犯罪嫌疑人,听取被害人和犯罪嫌疑人、被害人委托的人的意见。"该条在 1979 年《刑事诉讼法》"讯问被告人"的基础上新增加"听取被害人和犯罪嫌疑人、被害人委托的人的意见";2012 年《刑事诉讼法》第 170 条规定,人民检察院审查案件,应当讯问犯罪嫌疑人,听取辩护人、被害人及其诉讼代理人的意见,并记录在案。辩护人、被害人及其诉讼代理人提出书面意见的,应当附卷。该条对 1996 年条文的修改又突出了辩护人、诉讼代理人的诉讼参与人身份,更主要是让"工作留迹",记录在案或

① 2012 年《刑事诉讼法》第 125 条规定询问被害人使用询问证人一节的规定,该节第 123 条规定:"询问证人,应当告知他应当如实地提供证据、证言和有意作伪证或者隐匿罪证要负的法律责任。"修改前后内容相同。

者书面附卷。2018年对该条修改后为第173条，增加了针对认罪认罚从宽制度和律师值班制度的重要内容。对认罪认罚从宽的案件，人民检察院也应当听取被害人及其诉讼代理人对事实认定、法律适用、定罪、量刑、适用程序等事项的意见，并记录在案。此外，根据2012年《刑事诉讼法》第271条（2018年第282条）的规定，人民检察院在作出附条件不起诉的决定以前，应当听取公安机关、被害人的意见。2012年《刑事诉讼法》第278条（2018年第289条）规定，双方当事人和解的，公安机关、人民检察院、人民法院应当听取当事人和其他有关人员的意见……当然，根据2012年《刑事诉讼法》第186～193条（2018年第191～198条）的规定，被害人（也是作为当事人）有权参加法庭调查和法庭辩论。

概而言之，除了上述对诉讼过程的参与权之外，公诉案件中被害人还具有双重身份。一是作为证据的来源，更多的带有义务色彩。例如，如实向公安司法机关陈述案件事实的义务，在法庭上接受询问和回答问题，所以常常要忍受传唤和遵守法庭秩序的义务。二是作为控诉的主体，很大程度上是一种权利（报案或者控告，对不立案的申请复议，对不起诉的申诉、申诉后不服维持决定的起诉，或者直接起诉，自诉，对一审未生效判决请求人民检察院抗诉，对生效裁判申诉，附带民事起诉等），这些又是以相应的告知为前提，并且保障其有机会得到诉讼代理人的帮助。

在笔者曾经办理审查起诉的一个抢劫（侦查机关所认定的罪名案由，并不确实）案件中，被害人对"被"传唤到检察机关接受询问有关"被"抢劫的经过非常不满，被害人认为这耽误他的时间，而且在报案时以及其后公安机关侦查阶段，都已经说得很清楚了，后面再无接受询问核实的必要。虽然这个损失被害人自己都认为可算是"鸡毛蒜皮"，但他仍然不忘要求我们一定要严惩犯罪嫌疑人。这虽然不是法庭上的作证，但是法庭上呈现的证据材料及其来源还是要有根据和具有可信性，检察机关在把"入门关"上也有一定程度的排除不实证据，甚至不起诉的责任和权力。尤其是检察官对细节的反复询问可能含有着对被害人的某种怀疑成分。不过，因为对于被害人的侦查询问和其后的庭审询问容易造成对被害人二次伤害（从上面两个加引号的"被"字直观可见），这给了采纳不出庭被害人之侦查询问笔录、书面证词制度的正当理由。[①]

然而,有时作为当事人应邀而已经出庭的被害人,既不像当事人更不像证人,被害人的所有陈述完全由检察官代为宣读,他更像是旁观者,如果对检察官代为宣读的证据或者他人证言稍有微词,就可能受到不要扰乱法庭秩序的警告。如果允许被害人当场陈述,由于其自始至终出席庭审,又可能会受到其他证据信息的影响而有陈述失实的风险。[②] 当然,被害人自己也并没有打算"露一把脸"出庭作证或者质证,对检察官的代劳也认为是理所当然。这也有一定的好处,缓冲了他与被告之间的"剑拔弩张",也避免了被害人自己可能在大庭广众之下亮相出丑。

在2008年时,笔者曾指出,如果在我国确立被害人国家补偿、社会救济制度的话,[③]被害人可以从国家、社会力量获得救济和帮助,那么被害人就不必与具体的侵害者针锋相对了。

三、法官对证人出庭缺乏心理准备以及制度支撑

1996年《刑事诉讼法》并未规定什么情况下证人可以不出庭,这样容易导致把1996年《刑事诉讼法》第157条规定宣读"未到庭的证人的证言"的例外

---

① 日本刑事法学界依被害人的受害过程可以分为三次被害阶段。在刑事诉讼中,被害人以证人身份出庭作证的,如果法官认为证人在被告人面前无法自主陈述时,听取检察官和律师的意见,可以要求被告人退庭。参见许永强:《刑事法治视野中的被害人》,中国检察出版社2003年版,第131~132页。当然,还可以通过委托律师代理被害人参诉或者通过同步视听作证、隐蔽作证使被害人免受再次被害。

② 关于被害人作为公诉案件当事人的制度评析,参见龙宗智:《刑事庭审制度研究》,中国政法大学出版社2001年版,第211~221页。

③ 2009年3月9日,中央政法委员会、最高人民法院、最高人民检察院、公安部、民政部、司法部、财政部、人力资源和社会保障部发布《关于开展刑事被害人救助工作的若干意见》(法发〔2009〕10号);2015年12月7日,中国法院网公布中央政法委、财政部、最高人民法院、最高人民检察院、公安部、司法部印发的《关于建立完善国家司法救助制度的意见(试行)》;2016年7月1日,最高人民法院发布《关于加强和规范人民法院国家司法救助工作的意见》(法发〔2016〕16号)。这些相关规定有助于实现国家司法救助工作制度化、规范化。在刑事被害人遭受犯罪行为侵害,无法及时获得有效赔偿的情况下,由国家给予适当的经济资助,既彰显党和政府的关怀,又有利于化解矛盾纠纷,促进社会和谐稳定,提高司法的权威和公信。司法救助很显然有一些救助对象范围的限制和救助程序要求。当然,被害人或许不会执着于与具体加害者的对抗。但是,被害人作为当事人在被告知符合救助条件的情形下,要向办案机关提出申请,申请人应当如实提供本人真实身份、实际损害后果、生活困难、是否获得其他赔偿等相关证明材料。

当作原则，而当时法官缺少的更多是对证人出庭的一种心理准备，而不是法律规定。虽然，如前所述2012年《刑事诉讼法》为迁就现实而倒例外为原则。

（一）法庭迷信“白纸黑字”的证言笔录

书面审造成了法官通过庭前默读预断和庭后默读断案。我国立法上一贯承认“白纸黑字”对事实认定的优先确定力。在我国，程序经过、言词证据甚至实物证据以笔录为载体或者转化为书面笔录是具有重要意义的。庭审笔录的形式要求（1996年《刑事诉讼法》第167条），有时使得我们对“雁过无痕”的程序过程更多的是靠一种书面形式来确认。同样的笔录还有报案笔录、合议庭评议笔录、死刑执行笔录等，这种形式要求的效力同样推及公安机关和检察院对犯罪嫌疑人形成的讯问笔录（1996年《刑事诉讼法》第95条），对证人、被害人形成的询问笔录（1996年《刑事诉讼法》第99条、第100条）。我们承认其法律上对事实的确定力而可以提交给法庭，因此法庭上证言笔录横行无阻更是理所当然，并且为1996年《刑事诉讼法》第157条所确认。1996年《刑事诉讼法》中有11条18处①“笔录”规定，其中勘验、检查笔录是当然的一种证据形式（1996年《刑事诉讼法》第42条），而在法庭上很少直接展示物证，甚至现场照片、搜查笔录、物证扣押清单也是一种对物证合理、适当的替代。最主要的是，虽然法律没有明确要求我们司法机关的所有活动最终都要体现为笔录，但是，如果没有所谓的“笔录”，那么所有的侦诉审活动都将成为泡影。

法官心理上依赖庭前的书面证言，通过庭前和庭后默读得以把握案件材料可以确保程序运行的运筹帷幄。其一，普通程序案件全案卷宗移送在许多地方普遍存在而与1996年《刑事诉讼法》第150条法律规定相悖，从而有庭前默读机会（下文第六章、第七章将介绍卷宗移送和宣读审判前笔录的2012年修法重走回头路）；其二，1998年通过的最高人民法院、最高人民检察院、公安部、国家安全部、司法部、全国人大常委会法制工作委员会《关于刑事诉讼法实施中若干问题的规定》第42条规定：“人民检察院对于在法庭上出示、宣读、播放的证据材料应当当庭移交人民法院，确实无法当庭

---

① 1996年《刑事诉讼法》第42、85、94、95、106、113、148、151、157、167、212条，此外第99、100条证人、被害人的规定援引了相关的法条。

移交的，应当在休庭后三日内移交。对于在法庭上出示、宣读、播放未到庭证人的证言的，如果该证人提供过不同的证言，人民检察院应当将该证人的全部证言在休庭后三日内移交。”可见，所谓的移交其实是针对证言的载体——证言笔录（甚至不能称为载体，人或物本身是证据的信息载体及存在形式，而笔录蕴涵证据的内容，并不是人证自身①），而对不同证言的辨识更倚重于庭后默读。若证人出庭作证，一方面，可能会使庭审秩序出现紊乱、失控的局面；另一方面，出庭证人作出不同于先前陈述的证言，与法官读取（预读）的知识不符会使法官犹豫难决，而推迟案件审结时间，造成积案，影响效率，耗费大量的司法资源。

（二）法官对侦诉程序的心理依赖和信任情感

在中国刑事诉讼法学研究会 2007 年兰州年会上，有人建议恢复 1996 年以前的法院退回补充侦查制度，避免出现法院“判也不是，放也不是”的尴尬境地。笔者认为，这种建议是法官对侦诉程序的依赖和信任的集中体现，一是法院的程序监督审查作用形同虚设；二是公检法同为国家机关，法院拉不下脸来作出实体无罪判决；三是法院调查证据缺少手段，而侦诉取证带有强制性、秘密性质而更容易。当然，国外的庭前证据先悉、平等武装更多的内容是证据方式和人证和物证手段而主要不是证据内容的相互展示，法庭有其对事实的生成功能，而我国法庭更多的是一种对书面证据（或证言）内容价值确认程序。在司法实践中，基于 2001 年 12 月 21 日发布的最高人民法院《关于民事诉讼证据的若干规定》（以下简称《民事诉讼证据规定》）制度因素，民事诉讼庭审已经基本实现了证人出庭，②而对公民人身自

① 参见熊志海：《刑事证据概念》，法律出版社 2006 年版，第 102 页。

② 《民事诉讼证据规定》第 55 条第 1 款规定，证人应当出庭作证，接受当事人的质询。参考徐昕对 2001 ~ 2003 年案件样本的实证调研（徐昕：《法官为什么不相信证人？证人在转型中国司法过程中的作用》，载《中外法学》2006 年第 3 期），并经与东南某市中级法院的法官访谈，民一庭（普通民案）的案件约 20 件中有一件，而民二庭（经济案件）很少有证人出庭。从受案数和出庭数的比例来看，笔者关于证人基本出庭的论断明显不当。但是，笔者坚持这一论断。因为统计口径不一，从广义的人证概念来看，民事原被告本身就是一种证人，那么几乎每个案件都有证人出庭。另外，民事案件尤其是经济类案件更多依赖欠条、产权证、合同书等书证，而使得人证并无必要。在原、被告在收集和提交证人证言时，一般都被法官根据上述规定强调要证人出庭提交的证言才可能算数。另外，证人和原告或者被告之间的关系是可资利用的诉讼资源也对证人出庭有一定的保障作用。

由、财产的限制和剥夺更为严重的刑事诉讼为什么不行?刑民案件在证据使用上有其天然的差异,民事案件多依书证或者人证转化为书证,[①]而刑事案件多靠人证,或者书证转化为人证方式。但是在证人出庭上的这种“民多刑少”的差异,虽然有证人和原、被告的关系距离影响,更主要的是一些制度原因促成了法官对书面证词的依赖心理。

一是公检法作为司法机关的整体统一性。诉讼是一种公力救济的手段,民事纠纷要请求国家公力救济自然要把相关证据、证人证言提交给国家司法机关,让司法机关能够感受到,民事诉讼中的司法机关就只有唯一的一个法院。根据《民事诉讼证据规定》第55条第2款的规定,“证人在人民法院组织双方当事人交换证据时出席陈述证言的,可视为出庭作证”,其实证人证言提交给法院,出庭并不是唯一的形式,开庭前的审查阶段就可以提交。而我国刑事诉讼中公检法三机关都是国家机关,所以公安机关、检察机关提取的证人证言与向法院提交的证人证言效力相当。这里还有一个奇怪的现象,检察院的审查起诉阶段的证据材料除了自行补充侦查外,通常主要来源于公安机关(侦查终结移送或者补充侦查终结移送的材料),以及讯问犯罪嫌疑人,听取被害人和犯罪嫌疑人、被害人委托的人而得来的意见(1996年《刑事诉讼法》第139条),当然在补充侦查或者自行侦查过程中可能会牵涉证人,但是单纯的审查活动环节书面化严重,几乎不需要亲自调查证人。另外,从经验来看,各种依法办案程序规范、安全办案责任制度等可以基本保证警检机关发生错误的可能性是很小的,警检机关不会随便抓人、随便起诉,这些对庭前程序的信任心理会产生对采纳庭前证据的放任态度。

二是我国单个的司法机关也趋向于以整体的方式行使职权。公安机关或者检察机关的整体职权行使并不一定会使问责机制难以落实,更主要的是它作出的结论代表了一种权威和有效性。根据1996年《刑事诉讼法》第149条的规定,审判委员会讨论案件的决定,合议庭必须执行。合议庭是庭审的亲历者,而审判委员会委员并没有参加庭审并听取当事人及其他诉讼参与人的陈述,“审者不判,判者不审”,不符合司法权的亲历性要求。这使

---

① “证人证言与书证、物证可能存在着一种替代关系。”参见徐昕:《法官为什么不相信证人?证人在转型中国司法过程中的作用》,载《中外法学》2006年第3期。

得在法庭上证人出庭或者控辩卖力气的对抗就没有实质意义。即使是推行所谓的以司法裁判为中心的刑事诉讼构造，那样审前的法院介入、控辩对抗基本保证了质证权，也相当于审前证据提交给法庭，反而使庭审被架空。

三是证人伪证责任的首尾一贯性。根据我国《刑法》第305条伪证罪，第306条辩护人、诉讼代理人毁灭证据、伪造证据、妨害作证罪的规定，这类罪的构成条件是“在刑事诉讼中”，而不局限于法庭审判中，这当然包括侦查、起诉阶段。1996年《刑事诉讼法》第156条（2012年第189条）审判人员对出庭证人要求如实提供证言（或者证据）以及有意作伪证或者隐匿罪证要负的法律责任等方面的告知几乎和该法第98条（2012年第123条）侦查人员对证人的告知内容如出一辙，这不仅是因为证人在各阶段的义务和责任相同，更主要的是他们面对的一个统一的整体，也就是在1996年《刑事诉讼法》第38条关于辩护律师和其他辩护人的责任规定中所明确提及的是“司法机关”。总体而言，我们对证据的真实性和可靠性不是以具结宣誓的内心规训、对质询问的权利救济而是以如实陈述义务要求，国家权力在真实判断上的自主裁量和在责任追究上的后盾支持来保障的，这样使得在侦、诉阶段的取证机制和审判阶段的查证机制如出一辙。因此，基本保证真实或者判断为真实的侦、诉取证与审判查证效果上的相当性使证人出庭多为程序重复。

（三）法官对证人出庭例外情形的广泛裁量

法官对于证人出庭例外情形、通知新证人到庭等的自由裁量权助长了不愿证人出庭的心理。证人出庭例外情形的存在，从而制度化的允许向法庭提供证言笔录。[①] 在《刑事诉讼法》中没有明确规定的例外情形在司法解释中得以明确。

1998年《执行刑诉解释》第141条规定：

证人应当出庭作证。

符合下列情形，经人民法院准许的，证人可以不出庭作证：

---

① 由于采用印证证明方式，口头证言缺乏独立的证明价值，证人出庭与否对裁判结果的影响不大。参见左卫民：《刑事证人出庭作证程序：实证研究与理论阐析》，载《中外法学》2005年第6期。

（一）未成年人；

（二）庭审期间身患严重疾病或者行动极为不便的；

（三）其证言对案件的审判不起直接决定作用的；

（四）有其他原因的。

这在2012年《刑诉解释》第206条得以修改为：

证人具有下列情形之一，无法出庭作证的，人民法院可以准许其不出庭：

（一）在庭审期间身患严重疾病或者行动极为不便的；

（二）居所远离开庭地点且交通极为不便的；

（三）身处国外短期无法回国的；

（四）有其他客观原因，确实无法出庭的。

具有前款规定情形的，可以通过视频等方式作证。

对比而言，2001年《民事诉讼证据规定》第56条规定：

《民事诉讼法》第七十条规定的“证人确有困难不能出庭”，是指有下列情形：

（一）年迈体弱或者行动不便无法出庭的；

（二）特殊岗位确实无法离开的；

（三）路途特别遥远，交通不便难以出庭的；

（四）因自然灾害等不可抗力的原因无法出庭的；

（五）其他无法出庭的特殊情况。

前款情形，经人民法院许可，证人可以提交书面证言或者视听资料或者通过双向视听传输技术手段作证。

这里对英美法系传闻例外法则的原理作一简单探寻。英国传闻规则有普通法例外（不利供认、公共记录、临终陈述、即时陈述等）和制定法例外（其中包括出庭不能情形）。例如，在迫不得已的情形下“已死之人”或者“垂死之人”等的庭外陈述可采为证据，还要针对特定类型的案件，符合特定的证明目的（如不动产界址、宗支派系、家庭成员关系等方面），或者是与本身利益相反的允诺而被推定为真实。① 又如，临终声明这一例外仅仅适

① 参见［美］阿瑟·库恩：《英美法原理》，陈朝壁译注，法律出版社2002年版，第79～81页。

用于杀人案，而且仅仅用于被害人解释他或她如何受到致命伤的陈述，其原理是当事人临近死亡，不存期望、极端痛苦的情形下的声明：一是没有说谎动机；二是情形肃穆威严与在法庭上提供宣誓证言所要履行的义务一样。[①]根据美国《联邦证据规则》传闻规则的例外分为“可信性的情况保证”（美国《联邦证据规则》第 803 条列举了 24 种情形）和“必要性”（5 种传闻）两类。[②] 其中“必要性”例外类的 5 种传闻必须在证人被豁免作证、拒绝作证、声称丧失记忆、作证不能或审理时缺席的 5 种“不能以证人身份作证”的情形下可采。而美国仅仅对上述两类中兜底的“其他情形”需要具备“同等程度的可信性情况保证”的条件后才有法官裁量许可的余地。比较而言，我们的这些例外多是为了图方便，其失之过严之处在于所有情形皆经过“法官准许”，其失之过宽之处是在具体内容上所谓的“作证不能”情形对先前陈述的内容、针对问题的性质没有丝毫限制。而兜底的“其他原因”，几乎可以涵盖任何情形，在法庭上法官根本不需要作出任何解释或者释明。又比如，笔者认为，自然灾害等不可抗力不是证人不出庭的合适原因而可能是延期开庭的正当理由。这些与英美法系的传闻规则的例外几不可同日而语。

另外，法官对于被告人要求传唤有利于自己的证人的申请，常常置之不理。1996 年《刑事诉讼法》第 159 条第 1 款规定的通知新的证人到庭、调取新的物证、重新鉴定或者勘验，一般而言会影响审判的进行，因此成为第 165 条所规定的可以延期审理的情形之一，“延期审理”应该不算是庭审顺利进行，这对法官而言是不情愿发生的事情；而上述的第 159 条第 2 款，把申请新证人出庭的决定权交给法庭，其利在于由法官根据情势作出合理判断，其弊在于法官滥用自由裁量或者依据经验习惯而不予批准，助长其不愿证人出庭的心理。2012 年《刑事诉讼法》第 192 条对本条的修改主要是增加规定了申请专家辅助人出庭的制度，“公诉人、当事人和辩护人、诉讼代理人可以申请法庭通知有专门知识的人出庭，就鉴定

---

① 参见[英]詹妮·麦克埃文：《现代证据法与对抗式程序》，蔡巍译，法律出版社 2006 年版，第 327～328 页。

② 具体请参见孙长永等：《外国刑事诉讼法》，法律出版社 2006 年版，第 214～216 页。

人作出的鉴定意见提出意见"。但是"是否同意"的决定权还是由法官掌握。

四、警察出庭作证的现实困境

我们不能一味把眼睛盯着普通证人和专家证人（2012 年《刑事诉讼法》第 192 条第 2 款还规定了专家辅助人）出庭满足质证权以及防止重新鉴定导致诉讼拖延的问题，而防止冤假错案更要关注的是，让执行公务中的警察出庭向法庭说明抓捕、搜查和调取证据等各种情况，证明被告具有犯罪的事实和证据等才是问题的关键。根据我国具体国情，警察在现场目击犯罪事实的发生，或者当场抓获犯罪人以及实施勘验、检查、搜查、扣押等几种情形下，应当以证人身份出庭作证。这在 1998 年《人民检察院刑事诉讼规则》第 343 条的规定中有一定的体现，不过这只限于物证的搜查、勘验、检查等侦查活动，而该规则在 2012 年修改后的第 449 条增加规定为：

对于搜查、查封、扣押、冻结、勘验、检查、辨认、侦查实验等侦查活动中形成的笔录存在争议，需要负责侦查的人员以及搜查、查封、扣押、冻结、勘验、检查、辨认、侦查实验等活动的见证人出庭陈述有关情况的，公诉人可以建议合议庭通知其出庭。

对于言词证据的形成过程则没有规范。实践中我们的公诉人会让翻供、翻证的被告人、证人"拿出证据来"，在拿不出证据时就可以继续开庭，或者让公安机关事后写一个"情况说明"提交给法庭。对于排除非法获取口供程序中证明取证方式合法性，自 2010 年"两个证据规定"到 2012 年《刑事诉讼法》修改再到相应的各家配套的司法解释，2017 年《严格排除非法证据规定》和最高人民法院"三项规程"，2018 年《人民检察院公诉人出庭举证质证工作指引》的发展变迁下文将详细论述。先简略介绍一下 2012 年《刑事诉讼法》的修改，第 187 条第 2 款规定："人民警察就其执行职务时目击的犯罪情况作为证人出庭作证，适用前款规定。"即证人作证的条件之规定。另 2012 年《刑事诉讼法》第 57 条第 2 款规定："现有证据材料不能证明证据收集的合法性的，人民检察院可以提请人民法院通知有关侦查人员或者其他人员出庭说明情况；人民法院可以通知有关侦查人员或者其他人员出庭说明情况。有关侦查人员或者其他人员也可以要求出庭说明情况。经人民法院通知,有关人员应当出庭。"这也就是说,警察出庭说明取证情况有了法律依据。不过,在2008年前后笔者提出要求证人作证之叶公好龙的观点时作出的如下判断,现在看来仍有参考价值。

(一)缺少质疑公权力的社会氛围

从整体的诉讼构造来看,以对法官怀疑为前提的当事人主义实行起诉状一本、庭前审法官与庭审法官相分离、法官在证据调查中作用受限;而以对法官信任为前提的职权主义实行全案移送制度、庭前审法官与庭审法官不分离、法官积极主动收集和调查证据。"从长远的观点看,法官的权力在很大程度上来自其社会地位以及社会对他们所作决定的合法性、公正性的信任;对法官权力的限制一开始好像削弱了法官的权力,但最终却形成了全社会对司法行为合法性的信任。"①从神而降临尘世的居中裁判者法官都要受到怀疑,而承担追诉职责具有偏向性的警察就更不在话下。然而,我们对警察的保平安的功能认识过于神话,缺乏对权力怀疑的传统,更多的是希望警察为我们伸张正义,对警察的取证行为持信任态度,甚至一定程度的纵容违法,这些恰恰提供了权力滥用的温床。谁也难保警察不打人,而且警察打人可能并不是出于破案的动机,因为缺少监督的权力,端起的架子使他无形中形成这样的特权。另外,在目前文化传统观念没有改变之前的警察出庭作证试点,②更多的是公检法之间随领导人变更的短期政绩工程和侦、诉、审追究犯罪的三家合力。

(二)警察对现行权力的盲目维护

就历史角度言,在以程序至上的英美法国家和以法治国立基的大陆法

---

① 宋冰编:《程序、正义与现代化:外国法学家在华演讲录》,中国政法大学出版社1998年版,前言。

② 2007年10月1日,福建省厦门市湖里区法院、区检察院、湖里公安分局联合出台《关于侦查人员出庭作证的若干实施意见》,侦查人员在法庭审理阶段,可以控方证人身份出庭作证,接受控辩双方和审判法官询问。参见梅贤明等:《侦查人员能否出庭作证?》,载《人民法院报》2007年12月23日,第2版。联想到厦门曾经推行的证人出庭宣誓、证人作证补偿制度来看,大多是昙花一现的制度。

系国家，证据规则发生了从真实发现向人权保障的价值转向。① 为防止国家的司法人员和执法人员滥权而非法取证，除了有律师在场，录音或录像等事先预防措施，更有在被告提出违法取证的控告时，由警方出庭举证来证明其取证的合法性的事后救济手段。而我国在审前侦查机关取证行为既无事前制约也无事后审查，犯罪嫌疑人的权利遭到侵害时得不到有力的救济。我们要求的证人出庭，主要关注的是目击证人就诉讼外感知的案件知识作证，而对诉讼内的程序经过和措施运用则在所不问。证人证言的反复无常和鉴定人鉴定意见的颠倒黑白或者模棱两可一方面使证人、鉴定人丧失了可信性，更主要的是法律课以他们的是义务，这就为司法程序所不容许，证人、鉴定人可能要承担相应的责任。其实，在刑事诉讼程序中，最应当提防的人是警察，这是由其行使着国家公权力的本质所决定的。让警察出庭作证就是要在统一的司法机关内部故意制造分裂，形成以权力制约权力的格局。

目前警察不愿出庭作证的原因，更多的是不愿意因为暴露在阳光下而束缚了自己的手脚。说什么树立"执法为民"形象而要侦查人员出庭作证几乎没有多少吸引力，如果有利于有效追诉，警察则更愿意积极配合。虽然几乎所有刑事案件都有一个"抓获经过"的书面材料（关于此种"情况说明"材料下文将详细讨论），代替警察自身的出庭作证，但是这个貌似客观的材料只是一家之言。当然，警察也有可能最先到达案发现场，而也可能是目击者。让这样的警察指控犯罪，因为其经验老到，识记判断更准确而有其优势；但是也容易产生"失斧疑邻"式先入为主的偏差。再者，警察破案任务都忙不过来，对后续的失误补救工作或者重复劳动不感兴趣。

---

①　这种概括往往因不全面而不恰当，如陈朴生就认为，近来刑事立法例基于维护社会、保障人权和诉讼经济三大原则而订定诉讼程序。参见陈朴生：《刑事证据法》，台北，三民书局1979年版，第5页。何家弘认为，我国应从一元片面的价值观转向多元平衡的价值观，避免从一个极端走向另外一个极端。参见何家弘：《刑事证据制度改革与司法观念的转变》，载《人民法院报》2002年8月16日，第3版。但从价值取向侧重点角度而言，这是合适的。

第三节 证人出庭制度的深层法律意识分析

从深层法律意识来看,英美法系的判例法传统,陪审团和法官审判主体多元分权的结构,证人分类制度、证人宣誓制度等虽然可能不断变化但仍不失为证人出庭作证制度的支柱,在缺少这种传统的我国,设计证人出庭应该慎之又慎。进而言之,目前关于证人出庭具体配套规则有难以克服的缺陷。因此我们要认真对待实践而不至于做脱离实际的制度设计。

当今世界两大法系出现融合取向,以对抗式诉讼为流行趋势。对抗性结构有利于将法官置于中立地位,通过双方当事人的积极举证,对任何可能作为裁判基础的证据进行言词辩论,并就事实与法律问题展开对话,从而也有利于法官查明案件事实。两大法系的特色制度直接言词原则和传闻证据排除规则皆以公平审判和真相发现为共同目标,在证人出庭上有异曲同工之效,而成为对抗式诉讼的一个必备的构造因素。直接言词原则通过各方当事人充分辩论、质疑等一系列的对抗性诉讼行为,对最终的裁判结果产生必要的制约或影响。因而,不以卷宗内容和所有在审判程序外所获得的数据或信息来源作为判决的依据和基础。与此殊途同归的是,传闻规则除非有几种特殊的情况外,法庭上也不接受宣读笔录和证人证言。

我国1996年《刑事诉讼法》以抗辩式模式建立起来的刑事庭审,强调控辩双方在法庭上的对抗、法官居中裁判、对案件提出证据的表述必须在法庭上以口头陈述表现出来,在一定程度上体现了直接言词原则。直接言词原则构成质证制度的基本前提,只有被害人、目击证人、鉴定人出庭作证,法庭质证才能进行。质证原则要求所有证据材料都应该给予控辩双方对其进行充分的辩论、驳斥的机会并且都必须经过在庭审中控方、辩方的辨认、质疑、说明、解释方能作为定案依据。证人出庭作证是抗辩式庭审方式顺利进行的前提。直接言词原则要求审判人员庭前不深入控方材料,以免形成预断或偏见,既有利于从程序上保障正确裁判,又有利于巩固控审分离,实现控辩平等。[①] 早在春秋时期就有人总结出“辞色气耳目”“以五声听狱讼”这样的断案方法(虽然主要是针对被告人的),可见,证人不出庭在古代并不是普遍现象,但是在现今个体权利彰显的时代,证人却不愿“为国效劳”而出庭作证了。由于证人不出庭,使法庭审理在许多情况下只能依据侦查、起诉阶段形成的询问笔录进行证据调查,因而书面审现象严重,难以通过对证人的询问和质证发现侦查、起诉程序认定事实上的错误。

目前,在我国司法实践中,证人不出庭作证的司空见惯的现象也并不能为其必然存在提供一个合法性的依据,而其真正的原因是在法律文化传统上。这一部分原因是由其中外深层的诉讼传统差异造成的。

一、判例法传统的规则塑造

英美法系的判例法传统,往往在一场诉讼胜负的同时,也在奠定或者缔造着规则。这虽然是法官能动权的发挥,但是从来没有排除控辩双方的积极努力和热切表现的功劳,事实争点的确定往往就是一个形成新规则的过程。“证言应以讼争点为限,证人的一切答复,均应与讼争点有关。”[②]建立在当事人异议和排除等各项动议而推进诉讼的基础上法官的任何能动表现都可能因为“甚嚣尘上”的近距离接触案件事实而双眼受蒙蔽,或者因为结果“忽左忽右”而遭受偏向的怀疑。我国在这一点上可能更接近于大陆法系的传统,“凡与某些特定案件有关的程序,只采用书面的证据”,[③]虽然法庭调查过程中已实施询问证人的程序,如德国19世纪的立法改革引入直接言词原则为了去除侦查的法官及审判的法官进行书面审理程序(邮递传送卷宗)所带来的重大缺失。[④] 然而,对事实的法律“格式化”过程仍然存在一种主观性,而其结果,具有一锤定音之效的法官主观性往往限制了控辩双方的发挥余地。

---

① 参见陈卫东:《论刑事证据法的基本原则》,载《中外法学》2004年第4期。

② [美]阿瑟·库恩:《英美法原理》,陈朝璧译注,法律出版社2002年版,第96页。

③ [美]阿瑟·库恩:《英美法原理》,陈朝璧译注,法律出版社2002年版,第96页。

④ 参见[德]克劳思·罗科信:《德国刑事诉讼法》,吴丽琪译,法律出版社2003年版,第430页。

二、作为事实裁决者的陪审团亲历审判和免受误导

英美法系事实认定与法律适用分别由陪审团和法官行使形成审判主体二元分权的结构，对传闻证据的排除主要是防止陪审团被误导。排除传闻（传闻的自然属性：关联性小或证明力小；其社会属性：证明力会被过高评价或其损害性超出其证明价值）的间接证明作用恰恰是由“精简环节”通过证人直接到庭陈述方式进行的。陪审团判断公道与否，“与其说是从形式法或实质法方面着眼，毋宁说是从人类方面着眼”，①成为一条光明正大引入“民意”的途径，控辩双方在交叉询问中竭尽所能通过舆论、情感来影响陪审团得到最终有利于己的结果；并且陪审团裁决是一个“黑匣子”而无须说理，“事实认定的前奏是清晰、透明的，而事实认定的尾声则是含糊、难以理解的，如何才能解释这种奇特的共存现象呢？”②“既然支撑其决策过程之‘产出’的理性根据可以避开监督，那么支撑该过程的‘输入’的理性根据就应该成为质疑的对象。”③在这一“输入”环节中，当事人尽其所能来对事实的认定者施加影响，而法官严守着事实认定堡垒的大门口，如申请证人出庭，排除传闻证据、非法证据，传递给事实认定者表面合法的证据信息，而把可靠性交给陪审团自由裁量。这些使普通法的戏剧性效果凸显于证人出庭的制度设计。对于普通程序案件，我国法官（或者合议庭）一并行使事实认定权与法律适用权的一元整体权力结构，④全能的法官亲历司法以求全知，虽以全面调查证据的程序经过为必要形式，但证据取舍全系法官自由裁量的一念之间，而法庭上提出在审前被固定的书面证词也是被允许的。

---

① [美]阿瑟·库恩：《英美法原理》，陈朝璧译注，法律出版社2002年版，第73页。

② [美]米尔建·R. 达马斯卡：《漂移的证据法》，李学军等译，中国政法大学出版社2003年版，第56页。

③ 宋冰编：《程序、正义与现代化：外国法学家在华演讲录》，中国政法大学出版社1998年版，第60页。

④ 2018年4月27日，全国人大常委会通过《中华人民共和国人民陪审员法》（以下简称《人民陪审员法》），在法官与人民陪审员组成“3+4”模式的7人合议庭中，人民陪审员在审判长的“指引、提示”下，只参与审理事实认定问题（有表决权），不审理法律适用问题（无表决权）。2018年《刑事诉讼法》第183条也确认了人民陪审员参与基层人民法院、中级人民法院和高级人民法院审判第一审案件时由审判员和人民陪审员共3人或者7人组成合议庭进行。当然，具体的表决方式还是依据《人民陪审员法》。

三、以证人分类为前提的交叉询问

英美法系以证人分类为前提的交叉询问强调的是对一系列询问规则的恪守。由当事人推进的证明过程极有可能歪曲、隐瞒或伪造、虚构事实，交叉询问作为英美诉讼程序灵魂，是质证的基本方式。由提供证人的一方当事人通过其律师对证人（包括被告人、被害人、普通证人、专家证人以及实施搜查、扣押等侦查措施的警察等）进行的主询问通常是举证的主要手段。当事人将通过询问自己提供的证人，借助于证人所了解的案件事实情况，把己方主张的理由以及信息、材料来源明确地反映出来，以取得法官和陪审团的理解和同情。反询问是在法官主持下，对对方证人提供的证言进行质疑，以便降低乃至抵消该证言在事实裁判者心目中的可信度。主询问与反询问是相对的，并可再主询问、再反询问，反复询问一直延续。但是，在对抗式诉讼中，事实裁判者"消极听审"难以有效理解证据，律师的暗示性提问导致证据偏向，差异之外的事实出现空白等有其天然的弊端。证据裁判原则要求，对于实体法事实，主要是与定罪量刑有关的事实，采严格证明，除了涉及证据能力和证明力的区分外，还涉及法庭调查活动。法庭调查的对象有人证调查和物证调查等内容，当然也可以采用书面审和口头审。在缺少"一言既出，驷马难追"诚信基础甚至可以"指鹿为马"的社会，口头审可能还比不上"白纸黑字"的书面审来得扎实。而在我国，证人是向司法机关承担责任的，庭审质证规则仅限于对事实的陈述，或者对没有来头的事实真假的判断。证人出庭甚至是变味的，主要是一种审查书面证言笔录的证据方法，而不是提供证据的手段。这与英美法系以书面证言来恢复记忆或者质疑弹劾庭上证言形成极大反差。

值得一提的是，2017 年《第一审普通程序法庭调查规程》第 19 条规定了证人出庭后作证和接受发问的顺序：

证人出庭后，先向法庭陈述证言，然后先由举证方发问；发问完毕后，对方也可以发问。根据案件审理需要，也可以先由申请方发问。

控辩双方向证人发问完毕后，可以发表本方对证人证言的质证意见。控辩双方如有新的问题，经审判长准许，可以再行向证人发问。

审判人员认为必要时，可以询问证人。法庭依职权通知证人出庭的情形,审判人员应当主导对证人的询问。经审判长准许,被告人可以向证人发问。

由此可见,我国证人作证有“陈述 + 发问 + 质证”三个大的环节,发问根据不同主体有多种形式:举证方发问—对方发问,申请方发问,审判人员询问,被告人发问。这其中第 1 款规定的“举证方—对方”,以及“申请方”大体上有交叉询问的意思。在我国被告人作为辩护主体或许可以成为“本方”或者“对方”,其发问的权利,并不完全由律师来代行,但是,其向证人发问须经审判长准许。

《第一审普通程序法庭调查规程》第 20、21、22 条规定了向证人发问应当遵循的规则,违反有关发问规则的异议和处置以及审判长对证人陈述内容关联性和重复的提示等。第 23 条规定了对多名证人分别发问和采取隔离措施等。第 24 条规定:“证人证言之间存在实质性差异的,法庭可以传唤有关证人到庭对质。审判长可以分别询问证人,就证言的实质性差异进行调查核实。经审判长准许,控辩双方可以向证人发问。审判长认为有必要的,可以准许证人之间相互发问。”

《第一审普通程序法庭调查规程》第 25 条规定:

证人出庭作证的,其庭前证言一般不再出示、宣读,但下列情形除外:

(一)证人出庭作证时遗忘或者遗漏庭前证言的关键内容,需要向证人作出必要提示的;

(二)证人的当庭证言与庭前证言存在矛盾,需要证人作出合理解释的。

为核实证据来源、证据真实性等问题,或者帮助证人回忆,经审判长准许,控辩双方可以在询问证人时向其出示物证、书证等证据。

其实该条规定,意图确立体现传闻排除规则和直接言词审理的精神。但是,基于我国刑事案件由卷宗决定了案件的处理结果,这样不再出示和宣读庭前证言,可能会使判决书以“未经质证”的庭前证言为裁决根据而引发合法性的问题。不过,出于效率考虑,又基于证人作证的实质内容往往与庭前证言笔录相一致,这种规定也有其理由。

四、证人宣誓制度

虽然不排除证人仍然可能提供谎言,但是,英国出庭作证的证人宣誓是一种在尊崇宗教信仰基础上的内心规训,在继承英国法的美国稍有变异,因为宽容多种族多信仰则取消了作证资格上的信仰歧视(美国《联邦证据规则》第610条)。而在"无宗教信仰"的我国,对证人的义务和责任宣示(告知)是一种在法律规则沦为虚妄情形下外在的约束,因此证言的可靠性往往并不来自于法律的要求,而来自作证者的良心,而强制出庭并不能对良心起到任何作用。

我国《刑事诉讼法》一直以来都规定,"凡是知道案件情况的人,都有作证的义务","法庭查明证人有意作伪证或者隐匿罪证的时候,应当依法处理",以及"证人作证,审判人员应当告知他要如实地提供证言和有意作伪证或者隐匿罪证要负的法律责任"。2017年《第一审普通程序法庭调查规程》第18条规定:"证人、鉴定人出庭,法庭应当当庭核实其身份、与当事人以及本案的关系,审查证人、鉴定人的作证能力、专业资质,并告知其有关作证的权利义务和法律责任。证人、鉴定人作证前,应当保证向法庭如实提供证言、说明鉴定意见,并在保证书上签名。"其中的内在精神反映了审判人员的查证职责,以及以"有关作证的权利义务和法律责任"作为威胁的后盾。当然,保证书也意图收到证人宣誓的效果。

然而,现实来看,证人以"党性"或者"人格"担保作证的真实,更多的是倾向于某种利益。记得在某市人大监督案件中,一位中级法院的副院长提出某被告人家属有收买看守所医生串供事实的嫌疑而证言多有反复,不可靠。有人认为该副院长发言很没水平,不是以证据说话而是在搞人身攻击。

其实,在英美法系许多案件的胜负往往系证人可信性于一线,虽然存在"一次作贼是否永远是贼"的质疑,但"攻击"证人品格是一件平常事("攻击"的含义,一指前提:证人分类;二指阶段:法庭上的交叉询问;三指性质:否定性证据)①,证人的反复只能是倒戈一击,而对提出者不利,甚至还有追

① 参见萧瀚:《英美证据法上的品格证据——辛普森案的另一个视角》,载萧瀚:《法槌十七声:西方名案沉思录》,法律出版社2007年版,第140~150页。

究伪证责任的可能。这其实与规定地位高的、男性、僧侣、学者的证言更易得到采信的法定证据制度有某种神似之处。因此,虽然有严格的条件设定和运用限制,但品格证据仍有负面影响,如造成对证人隐私权的侵犯,宣誓作证仍有可能提供谎言,在许多事情上都不诚实但在某件事情上却很诚实等。所以,大陆法系国家倾向于不使用品格证据。这虽然使事实处于蒙蔽状态,但是不会使证人因为具有对案件的知识而承担责任。不得不说,联系到我国遇到证人证词反复时束手无策的情形,至少在交叉询问中品格证据的运用还是有借鉴和启发意义的。即使我们不强求输入品格证据规则,但是将民法领域的帝王法则——诚信原则引入刑事诉讼中要求如实作证也是一个最起码的标准。这与被告人沉默权是两码事,虽然不排除由于证人认识事物的能力、条件和环境、凭经验补充、受暗示或情绪等影响等局限而产生偏差,①并且允许证人有适当的拒绝作证权(如配偶、律师、医生等)。

总体而言,构成了英美证据法的三大支柱"审判法院的特殊结构、诉讼程序的集中、诉讼当事人及其律师在法律程序中的显著作用"②与大陆法系一元化的结构,注重案卷作用的分段式诉讼,以及法官的积极作用形成反差。显然英美证据法的这三个支柱受到不同程度的侵蚀,其证据法仍然存在,尽管其证据制度的发展前途未卜,这可能并不需要我们对英美法亦步亦趋。退一步来看,变化的制度往往并不能改变其诉讼传统。在深层次上,英美法系强调证人出庭(尤其是警察出庭)更多的是保障被告人的人权(排除传闻的质证权;排除非法证据的救济权)和防止警察滥权,而我们要求证人出庭却往往只是为了寻求真实。英美对抗式有当事人双方为"求胜"而不择手段的传统,更突出法官消极中立的司法审查功能,而我国职权主义模式有公权力积极"求真"而务求客观全面、通力合作的传统,更突出刑事诉讼过程中各个国家机关的内部自律功能。因此,我国"依法办案"而获取的侦诉资料可以为审判奠定良好的地基,从而证人出庭显得不那么必要了。英美国家法律制度的"变"与法律传统的"不变"都要求我们走"中国特色"道路。

---

① 参见毕良珍:《诚实证人证言或然性探析》,载《犯罪研究》2006年第4期。

② [美]米尔建·R.达马斯卡:《漂移的证据法》,李学军等译,中国政法大学出版社2003年版,第4页。

第四节　对刑事证人出庭对策建议的进一步反思

而针对我国证人出庭难，人们提出的解决对策，有证人经济补偿制度、证人保护制度、强制证人出庭制度等不一而足，甚至把证人拒证特权、污点证人作证豁免、不被迫自证其罪制度等视为保证证人出庭制度的相得益彰的补充。还有的提出关键证人、重要案件证人出庭，并列举了一些证人出庭的例外情形，如因适用简易程序、证人拟证明的内容控辩双方均不持异议、证人庭审期间患有严重疾病、证人不在国内、证人未满14周岁、证言对案件定性量刑没有直接影响或其他特殊原因等情形。这虽然是对盲目的呐喊"证人出庭"的一种理性反思，但是我国学者和实务工作者所讨论的规则是缺少执法主体、制度环境的一种抽象的规则或者没有实践经验和具体程序支撑的规则，因此在一番理论观点学说的炫耀之后，证据规则的建构并没有落实到司法活动中。其实这些具体配套规则不可避免地存在内在的缺陷。当然，应该看到2012年《刑事诉讼法》修改对所谓的关键证人出庭，强制证人出庭，近亲属出庭作证豁免，证人保护制度等都有所规定，现在来看这些纸面规则落实的仍然不尽如人意。对于当时的比较理想化的制度设计笔者作出如下的反思。

一、多此一举的证人出庭

庭内庭外证言的高度一致使证人出庭往往是徒增庭审耗费。以笔者的经验来看，证人（狭义概念，通常为目击证人）所负担的"如实提供证据"义务要求（1996年《刑事诉讼法》第45条）和在侦查程序、审判程序中如实地提供证据、证言的程序规则要求（1996年《刑事诉讼法》第98条、第156条）以及作伪证和隐匿证据的法律责任，基本上保证了证人法庭内外陈述的一致性。如果证人真的出庭了，那么也只是一种缺少规则（质证规则或者交叉询问规则）的"摸着石头过河"，还极有可能变成一场自我陶醉式的表演，没有多少实质意义。出庭后的证人证言反复倒是实实在在地引起程序重复。我们几乎不对证人的可靠性提出任何争辩，随着证人的翻云覆雨，而裁判结果也游移不定而反复再审。反观德国,实际上长期以来,刑事诉讼法的重心已经移向了侦查程序。[①] 这首先是由于,绝大多数刑事诉讼程序根本不再进行法庭审理;替代它的是用中止诉讼程序来终结诉讼,或者以书面的处刑命令程序(《德国刑事诉讼法典》第 407 条及以下几条)予以解决。其次,在实践中,主要由于,参与法庭审理的职业法官事先就已获悉检察机关的侦查案卷(的内容),从中对于诉讼材料和证据状况形成了第一印象。在庭审中他们自己可以让宣读证人符合他们记忆部分的证人以前的证言,侦查程序的结果常常在庭审中继续产生影响。在特定的前提下,特别是如果证人没有出庭,诉讼参与人没人反对,在法庭审理中也可以宣读以前询问证人的记录,该(侦查案卷中的)询问记录也就成为判决的基础(《德国刑事诉讼法典》第 251 条)。[②] 众所周知,美国通过辩诉交易处理的案件达到 90% 以上,这很明显是不需要证人出庭的。"在英、美、德国和日本,由于通常有简易程序、庭前程序、认罪程序或者辩诉交易等程序过滤,刑事案件真正进入普通程序审理的平均不到 10%,也就是说只有不到 10% 的案件需要证人出庭作证。"[③]当然,因为没有绝对的证人出庭,这些特殊程序和特定规则可以说是证人出庭的例外,但是这种例外制度在某种价值取向的不断倡导下正在从特殊走向普遍。托马斯·魏根特判断德国刑事诉讼改革呈现出"一个确实在整体上的行政风格的程序"转向,这或许提示我们不要矫枉过正。

笔者同样认为,要求关键证人出庭的建议也稍显臆断,因为在某种意义上补强证据恰恰是关键所在却不是"关键证据",尤其是在法庭上在对证言表达异议与理由时,我国采用的是与传统的书面审判模式相适应的征求质

---

① 参见[德]托马斯·魏根特:《德国刑事诉讼程序的改革:趋势和冲突领域》,樊文译,载中国法学网:http://www.iolaw.org.cn/showarticle.asp? id = 1968,最后访问日期:2007 年 6 月 18 日。

② 参见[德]托马斯·魏根特:《德国刑事诉讼程序的改革:趋势和冲突领域》,樊文译,载中国法学网:http://www.iolaw.org.cn/showarticle.asp? id = 1968,最后访问日期:2007 年 6 月 18 日。

③ 最高人民法院研究室副主任胡云腾接受陈虹伟专访时所说,参见陈虹伟、焦红艳:《解决证人出庭作证难需要多方共同努力——本报专访最高法院研究室副主任胡云腾》,载《法制日报》2007 年 4 月 29 日,第 1 版。

证意见模式，以质证方“空口白话”陈述主观意见的方式来评价证言真实性，而在英美法系与口头审判模式相契合的“质疑”方式则通过反询问或者使用外部证据“以证质证”来揭露证言的不实性或证人的不可靠性。[①] 这可能意味着还要有一串的提供关于证人品格和先前行为证据、先前定罪证据、先前陈述的“非关键”证人出庭。至于呼吁重罪案件证人出庭往往较轻罪案件而更不切合实际，因案件影响大、涉及面广而证人避之唯恐不及，以防自己及亲属遭到不利。另外，我国并未确立被告人对质询问的基本权，所以，“卧底”和“线人”秘密侦探认知的证据材料在其本人不出庭时用来作为指证被告人有罪的证据并不缺乏“实然”正当性。

二、有碍无助的强制出庭

证人起因于对案件的一种认识而承担了相应的义务甚至一定的法律后果，在法律的权威尚不充分的情况下，只能逐步地确立一种公民对法律信仰基础上的证人出庭制度，如果规定强制证人出庭或者让证人承担严重法律后果等一系列缺乏意识根基的激进措施，可能会有碍无助：在普遍的法制权威未树立时强制证人出庭会“制造”出更多的违法甚至犯罪（如藐视法庭罪或证人拒不出庭作证罪）现象。因此目前更应当注重庭审的技术性操作，以倡导和疏导为主，而不是对一味地追求以强制和强迫为主的配套措施的完善。[②]

三、利弊并存的证人作证补偿权

一种想当然的意见认为，为寻求社会正义将出庭作证的证人费用支出和收入损失纳入本已财政困难、经费紧张的法庭开支，以及证人无正当理由不出庭而延期审理造成法院负担过重。其实，如果证人作证真的是一种对国家而言的义务的话，基于一种国家司法权的行使，即使对所谓的证人交通费、误工费、生活费等费用不予补偿，也会得到有关个人、单位的配合，这从

---

① 参见左卫民：《刑事证人出庭作证程序：实证研究与理论阐析》，载《中外法学》2005 年第 6 期。

② 参见陈卫东：《论刑事证据法的基本原则》，载《中外法学》2004 年第 4 期。

我国我党的强大的政治号召力,如历次的运动、政治学习、整改教育可见一斑。最主要的是,不作证者在乎的并不是钱,在乎的是邻里关系、与人为善、也可能包括自身和亲属的人身安全等,①因此强调证人作证补偿往往并非对症下药。而这一种来自国家或者来自受害人(因为有目击者而"冤有头、债有主")的补偿甚至成为一种谋生或者牟利的手段,产生了以此谋生的职业目击者证人的契机,并且这种职业目击证人还只是在侦查阶段,例如在办理交通肇事案的交警部门责任认定上,不免会存在利欲熏心的可能。

四、画饼充饥的证人保护

作证过程中的隐蔽、变声、远程、录像和作证后的隐姓埋名、改变档案、搬迁甚至易容等保护措施花样繁多,②并且可能随着科技发展而逐步升级。但是,我国本质上仍然是一个熟人社会,证人面对恶意报复只能是走投无路。现在西方国家的证人保护也因为互联网而出现困难,甚至引发对诉讼制度的严重危机。而另外的所谓追究法律责任的威胁根本不是用来对付不法之徒的。当然,我国在证人保护上还是作出了一些立法上的努力。2012年《刑事诉讼法》在保留有关证人保护原则性的规定(第61条)基础上、新增了第62条针对特殊案件(危害国家安全罪、恐怖活动犯罪、黑社会性质的组织犯罪、毒品犯罪等)中的证人、鉴定人、被害人(及其近亲属)采取特别保护措施以及第152条技术侦查证据运用采取保护措施。据此在审判环节,2017年《第一审普通程序法庭调查规程》第16条作出如下细化和重申:

证人、鉴定人、被害人因出庭作证,本人或者其近亲属的人身安全面临危险的,人民法院应当采取不公开其真实姓名、住址和工作单位等个人信息,或者不暴露其外貌、真实声音等保护措施。

决定对出庭作证的证人、鉴定人、被害人采取不公开个人信息的保护措施的,审判人员应当在开庭前核实其身份,对证人、鉴定人如实作证的保证

---

① 相关的实证分析,也可参见左卫民:《刑事证人出庭作证程序:实证研究与理论阐析》,载《中外法学》2005年第6期。

② 关于美国证人保护制度措施及其挑战,参见高一飞:《让证人人间蒸发的"马歇尔项目"》,载东方法眼:www. dffy. com/sifashijian/jj/200511/20051109184626. htm,最后访问日期:2008年1月6日。

书不得公开，在判决书、裁定书等法律文书中可以使用化名等代替其个人信息。

审判期间，证人、鉴定人、被害人提出保护请求的，人民法院应当立即审查，确有必要的，应当及时决定采取相应的保护措施。必要时，可以商请公安机关采取专门性保护措施。

与其清谈，不如坐下来反思，认真对待实践。当然这并不要求我们故步自封，但是在制度上"大跃进"显然是不合适的。

过多着眼于要求目击证人因诉讼外的知识而出庭作证既不现实，也难以发挥庭审功效。警察对参与诉讼活动包括调取人证和物证、采取强制措施和特定的强制侦查手段而获得的程序运作经历出庭作证更加可行。而如果警察出庭不是来接受拷问，而是来重申他的控诉主张的，再如果缺乏基本的交叉询问规则的话，那么警察也不必出庭了。当然，最主要的是在全社会形成一种对权力大胆怀疑，敢于制约的风尚。这甚至不通过警察出庭的方式也可以办到，如允许讯问时律师在场、侦讯全程录音录像等。毕竟在审前程序对犯罪嫌疑人的权利保障加大，以及简易程序、认罪案件简化审、侦查、起诉阶段的刑事和解，甚至辩诉交易等案件分流措施被建立、完善起来的话，我们对目击证人或者鉴定人、被害人出庭的期待会降得更低。当然这是建立在侦、诉机关依法执法（司法）、全面收集证据而为庭审打好"地基"的基础上的。

第四章　口供排除规则的原理透视

美国耶鲁大学斯特林讲座法律教授米尔建·R.达马斯卡作为一名横跨两大法系之间的比较法学者，在《漂移的证据法》一书中从大陆法系的角度观察得出英美证据法的三个典型特征，即证据规则的复杂性、对事实认定者所闻所见的证据材料进行预先的筛选（预防性取向）以及对证据分析进行架构的渴望（规范证据分析的架构），并进一步揭示了支撑英美证据法的三根支柱："审判法院的特殊结构、诉讼程序的集中、诉讼当事人及其律师在法律程序中的显著作用。"①但是，20世纪以来这些支柱本身也在遭受侵蚀，由此，作者认为救治英美证据法之弊并不能靠单纯的制度移植，还需要改良相应的制度土壤。也就是说，达马斯卡对英美证据法大厦支柱受到侵蚀要因应变化的出路作出预测。他认为，英美证据法大厦可能以移植大陆法系的制度来取代或者经由本国的泥瓦匠及本土的其他建筑材料得以修复。然而，有学者评论认为，的确，在某种意义上，证据法一直总是，并应当是"漂移的"；与此同时，普通法系的个人

---

① ［美］米尔建·R.达马斯卡：《漂移的证据法》，李学军等译，中国政法大学出版社2003年版，第4页。

权利导向几世纪来一直扮演着证据法和程序法之锚的角色。[①] 达马斯卡甚至注意到排除非法获取的证据是英美法系和大陆法系国家共有的证据规则。不过,前者更多的是通过二元的庭审结构阻隔非法证据进入法庭对事实裁决者的影响,而大陆法系国家则主要将是否排除非法证据委诸法官的心证,"大陆法系的法官会考察采纳被玷污的该证据是否会给司法带来不好的名声,或者会在非法证据的负面影响与打击犯罪的社会利益进行权衡"。[②] 换句话说,各国证据法乃至具体的证据规则都既可能有自己的固有文化的影响,还可能受到外来文化的影响,不管是固有文化还是外来文化都必然随着政治或者经济的发展而存在变化。由此当下我国的非法证据排除规则在立法与司法实践上的变与不变,到底分别体现在哪些内容上,以及如何能用以解释当下,甚至能否对其未来的进一步发展变化作出预测都需要进一步分析。

平心而论,有时候,法律制度的变化也不是值得称道的好事情,或者因为法律一落到纸面上就已经改变初衷,或者执法人员面对变化手足无措、如临大敌,又或者执法人员来不及针对法律变化进行知识的补丁升级而依然我行我素。因此,我们必须把外来的制度(必须承认)嫁接到我们的传统文化上,才可能赋予制度以真正的生命力。作为群经之首,大道之源的《周易》由孔子整理并作系辞,孔子总结出易经的三大原则,即变易、简易和不易。[③]《易经》的道理,过去有所谓三易,就是交易、变易、简易。后来有人加上"不易",宇宙万物有一个不变的理,就是不易。实际上,《易经》的道理是"交易""变易"。[④] "变易"是指万事万物时时刻刻都处于变化当中。"简易"是指面对的宇宙万物,通过不断积累经验而知其事、不断提高智慧而明

---

① Indeed, to some extent, evidence law always has been, and always should be, "adrift"; at the same time, the individual rights orientation of the common law system has for centuries acted as an anchor for evidentiary and procedural law. See Richard D. Friedman, "Anchors and Flotsam: Is Evidence Law 'Adrift'? Review of *Evidence Law Adrift* by Mirjan R. Damaška", *The Yale Law Journal* Vol. 107, No. 6, Apr. 1998, p. 1924.

② [美]米尔建·R. 达马斯卡:《漂移的证据法》,李学军等译,中国政法大学出版社2003年版,第32页。

③ 南怀瑾著述:《易经杂说》(第2版),复旦大学出版社2002年版,第5页。

④ 南怀瑾著述:《易经系传别讲》(第2版),复旦大学出版社2002年版,第38~39页。

其理,对事物的千变万化的现象和奥妙无穷的原理作出正确的解释,从而转化为最平凡、最简单的常识。“不易”是指产生宇宙间万事万物的那个东西是永恒存在的、不变的。① 以“易”作为认知工具能表述自然界的所有道理。不论是因案制宜、因地制宜,甚至再进一步细化规则或者立法跟进,对口供排除规则的适用要从一种立法、判例的不确定之中去寻找确定性,易经的原则可以为我们提供一个把握非法口供排除规则文本流变趋势和司法实践样态的有效工具。正是因为对公正的永恒追求,口供排除规则从无到有地产生,从少到多地发展起来。而口供排除规则在不同的历史时期、地域、诉讼阶段以及具体对象上也有不同的表现形式。非法自白可以被类型化为非任意性自白、违法取得的自白、有违公正原理的自白以及毒树果实和重复自白等形式,由此可能不严格地对应于绝对排除、相对排除和裁量排除等规则。其实,上述类型之间的界限仍然很模糊,而保障任意性是口供排除规则的不变的理论内核。本章意图以易经的原则对非法口供排除规则流变的法律文本和缤纷的实践形态作一分析,从而掌握法律修改和实践运行的虚实动静,由易到难,化繁为简,“以不变应万变”。

第一节　交易之源:口供排除规则的正义追求

尽管各国都发展出了各具本国特色的非法证据排除规则,但是,其不同程度地体现了惩罚犯罪与保障人权之间的平衡。或许正是因为对司法实践的不断回应以及受到了外来制度的反复冲击,理论界和实务界都极为关注非法证据排除规则。2012 年我国《刑事诉讼法》的再修改吸收了 2010 年《排除非法证据规定》和《办理死刑案件证据规定》(以下简称“两个证据规

---

① 有观点认为,“易”有多重意思,不管“易”是日月上下移动的会意字,或是远古人们对蜥蜴(其身体肤色能随时辰变化变动颜色)的形态变化描绘,两种解读,讲的都是变化即“变易”的道理;而“变易”同时又是永恒不变的道理,此道理又被称为“不易”之理。然而,谁都知道变是不变的,这个道理非常简单,故又称为“简易”之理。参见陆声俊:《民间绝学智库〈易经〉答疑百问(第 1—40 问)》,载天涯社区:http://blog. tianya. cn/blogger/post _ read. asp? BlogID = 3244332&PostID = 26750863,最后访问日期:2017 年 6 月 20 日。

定”）的内容，初步搭建了非法证据排除规则的框架。笔者的关注点主要是非法口供证据排除规则。2012 年《刑事诉讼法》第 50 条对依法收集证据和全面收集证据规定了 5 个方面的要求：（1）必须依照法定程序收集证据；（2）必须收集能够证实犯罪嫌疑人、被告人有罪或者无罪、犯罪情节轻重的各种证据；（3）严禁以非法的方法收集证据；（4）必须保证一切与案件有关或者了解案件情况的人，有客观地、充分地提供证据的条件；（5）除特殊情况外，可以吸收与案件有关或者了解案情的公民协助调查。可见，该条既正面要求“必须依照法定程序”收集证据，又从反面要求严禁以非法方法收集证据，主要是指严禁刑讯逼供，严禁以威胁、引诱、欺骗方式来获取证据。“刑讯逼供既包括以暴力殴打犯罪嫌疑人以逼取口供，也包括以冻、饿、长时间不让睡眠等虐待方法逼取口供。”①该条还增加了“不得强迫任何人证实自己有罪”的规定，这是对司法机关收集口供的原则性要求，是指不得以任何强迫手段迫使任何人认罪和提供证明自己有罪的证据。该规定将严格禁止刑讯逼供乃至口供排除规则确立为现代诉讼理念和程序正义的价值基石。该规定还被认为与国际公约的有关规定相衔接[《公民权利和政治权利国际公约》第 14 条第 3 款（庚）规定：“不被强迫作不利于他自己的证言或强迫承认犯罪”]。当然，2012 年《刑事诉讼法》第 118 条还在保留 1996 年《刑事诉讼法》第 93 条“犯罪嫌疑人对侦查人员的提问，应当如实回答”规定的同时，增加规定了“侦查人员在讯问犯罪嫌疑人的时候，应当告知犯罪嫌疑人如实供述自己罪行可以从宽处理的法律规定”，这就是“坦白从宽”的入法。此外，2012 年《刑事诉讼法》还对羁押犯罪嫌疑人的讯问地点，以及讯问过程全程录音录像作出了规定等。尽管《排除非法证据规定》的内容不限于口供，还涉及被害人陈述、证人证言，甚至还包括了其他各种类型的证据。然而，这个规定的重心其实就是关于自白问题的规定。《排除非法证据规定》名称虽然有一种抽象性、普遍性立法的意味，但是其实这可能模糊了焦点、冲淡了其理论核心，因此有必要从理论基础、运行程序角度进行检讨。修正后的《刑诉解释》对上述两个规定进行了比较全面的吸

---

① 郎胜主编：《中华人民共和国刑事诉讼法释义》（最新修正版），法律出版社 2012 年版，第 107 页。尽管如此，这种解释并非立法本身。

收。然而,此后有关刑事诉讼中的非法证据排除规则并未完全就此定局,反而逐渐呈井喷之势,散见和集中出现在各项解释和意见之中。主要有,2013年10月9日最高人民法院《关于建立健全防范刑事冤假错案工作机制的意见》(法发〔2013〕11号),2016年10月10日“两高三部”发布并实施《关于推进以审判为中心的刑事诉讼制度改革的意见》,2017年2月17日最高人民法院发布《关于全面推进以审判为中心的刑事诉讼制度改革的实施意见》。直至2017年6月27日,“两高三部”联合发布的《严格排除非法证据规定》是对2010年“两高三部”《排除非法证据规定》的升级修订,同时也是对相关司法解释和规范性文件的系统性梳理、归纳、补充和完善。《严格排除非法证据规定》分五个部分,共计42条,包括一般规定、侦查、审查逮捕和审查起诉、辩护和审判等内容,以预防和排除非法证据为着眼点,细化非法证据的范围和认定标准,明确刑事诉讼各个阶段排除非法证据的职责和操作程序,基本涵盖非法证据排除制度中亟待改革完善的突出问题。[①] 该规定也并非终结版本,最高人民法院在2017年12月11日印发了(法发〔2017〕31号)“三项规程”自2018年1月1日起在全国试行,2018年7月3日最高人民检察院印发了《人民检察院公诉人出庭举证质证工作指引》,这些规定不断刷新着相关规范的更新速度,但是同时也可能只是对基本规则的重申。

然而,横空出世的排除规则并不能任意嫁接到刑事诉讼之上。由此,配套规则的“皮之不存”则所谓的排除规则“毛将焉附”,也就是说缺少一定的制度文化土壤,这种移植和嫁接极难成功。例如,讯问时的律师在场或者“沉默权”的尚付阙如,“疑罪从无”原则的实践走样,审判前证据开示制度的水土不服,获得律师帮助权、不被迫自证其罪原则的画饼充饥,这些都可能让立法规定,或者在规则创设时就明知是瞎子点灯(白费蜡),或者在规则运行时沦为聋子耳朵。概言之,目前,这种口供排除规则有多重变化因素:

---

① 参见戴长林等:《〈关于办理刑事案件严格排除非法证据若干问题的规定〉的理解与适用》,载《人民司法(应用)》2017年第22期。万春等:《〈关于办理刑事案件严格排除非法证据若干问题的规定〉理解与适用》,载《人民检察》2017年第14期。

其一,这堪称为我国刑事诉讼制度在规范执法、人权保障方向上不断发展变化的结果(求乎其上);

其二,我国试图确立的口供排除规则其实在制度移植过程中结合中国国情进行了变种(得乎其中);

其三,制度运行过程中会受制于司法操作惯性和传统文化而产生一些跟纸上写的规则不一致的变通做法("潜规则"或者"反规则")。

笔者以为,将非法口供证据排除规则设计为一种完美的正义规则只能是一种幻想。但是,非法口供证据排除规则又经过不同国家当代司法实践的累积而成为一种必然的"制度"。在我国,"非法口供证据排除规则"也是来势汹汹、势不可当,因此,了解该规范如何受普适的正义理想追求的指导,以及在中国特定历史环境下该规范在立法和司法运行所呈现的具体面貌以及成因则显得至关重要。万俊人在慈继伟《正义的两面》一书封底推荐语中指出,"力超康德至罗尔斯一系的西方正义伦理之规范性研究范式,自辟正义之解释性研究理路,提出并系统阐发了正义的两面性。即:个人自愿遵守正义原则之动机的有条件性与社会正义要求对个人的无条件性"。慈继伟分析认为,"相互性是正义秉性的固有特征"。[①] 相互性指的是人们对规范的有条件服从,"规范"指的不是任何规范,而是合理规范。因此,更确切地说,相互性是合理规范下的相互性。根据这一定义,"相互性"是一个恒定因素,而"合理规范"的具体内容则是一个变动因素,后者在不同的正义观中有不同的定义。[②] 例如,以公道为定义的正义观,以互利为定义的正义观,以及许多其他的可能性。因此,不同正义观所内含的"相互性"秉性即人际相互承诺关系是普遍不变,可以称为"最低限度的相互性",涉及的是人的正义动机,是稳定的,甚至恒定不变的;变化的是人们应当如何确定既定规范的正当性的看法,也就是说"相互性"的内容取决于不同正义观的具体规范根据,人的正义观却灵活可变,可以在不同的社会历史条件下表现出截然不同的规范性内容。在社会化过程中,社会向个人灌输具体的正

---

① 参见慈继伟:《正义的两面》(修订版),生活·读书·新知三联书店2014年版,第15页。

② 参见慈继伟:《正义的两面》(修订版),生活·读书·新知三联书店2014年版,第34页。

义规范，但这种灌输的成功条件是，接受灌输的人必须具备以“最低限定的相互性”为基本特征的正义秉性。[①] 不同的社会可以向人灌输不同的正义规范，从而给人际相互关系赋予不同的内容。他又认为，另一方面，恰恰因为以相互性为特点的正义秉性本身并不具有规范性内容，或者说只具有“等利害交换”这一最低限度的规范性内容。所以，正义秉性有待规范性正义观的充实，否则它将是空洞的、抽象的。在这一意义上，正义秉性和规范性正义观可以说是合二为一，前者制约后者，而后者又反过来充实前者。任何实际存在的、具有具体文化历史内容的正义愿望都是这两者相互作用的产物。[②]

综上所述，相互性是作为一个个人动机的恒定的解释性概念，而正义观则可能随着不同的社会规范而变化。然而，恒定的相互性又是有条件的，其中包含了变的一面；而正义观的“合理规范”对个人要求的无条件性，其中又包含了不变的一面。正义在个体（不论是立法者、司法者或者当事人）追求（仰望星空）和社会要求（脚踏实地）的两面之间的互为条件也可以用来解释非法口供证据排除规则的立法追求、司法实践。[③] “一切变化都是从交互中来的，变化之中有交互，交互之中有变化，从变化交互中看到万物的复杂性。”[④]非法口供证据排除规则在一个国家自有其不同的规范形式，从而对执法、司法者形成了不同的具体“要求”，但是其中对正义的“追求”而强调人权保障、遏制违法取证的目标则在各国多少是一样的。一个国家具体确定的非法口供排除规则除了本来就有原则和例外的情形，甚至有人说，有多少原则就有多少例外。即使原则性的规则，例如“非法方法”是否包含从刑讯逼供到冻、饿、晒、烤、疲劳审讯等[⑤]本身就莫衷一是，变幻莫测。纵使

---

① 参见慈继伟：《正义的两面》（修订版），生活·读书·新知三联书店 2014 年版，第 35 页。

② 参见慈继伟：《正义的两面》（修订版），生活·读书·新知三联书店 2014 年版，第 36 页。

③ “仰望星空的立法要以理想来批判现实，而脚踏实地的司法要以理想迁就现实。”陆而启：《非法证据排除规则个案解释的逻辑倒错》，载《东北亚法研究》2015 年第 2 期。

④ 南怀瑾著述：《易经系传别讲》（第 2 版），复旦大学出版社 2002 年版，第 39 页。

⑤ 2013 年 11 月 21 日，最高人民法院发布《关于建立健全防范刑事冤假错案工作机制的意见》，首次明确“冻饿晒烤”所得口供应当排除。然而，也就是说作为“车轮战”的常态化的“疲劳审讯”却并没有得到规制。

对非法证据的范围、排除后果、是否可以补正、派生证据是否排除等实体性问题做了明确规定，而对程序的启动、法院对诉讼申请的受理、裁判方式等程序问题不加重视，与所谓的律师在场、证据开示、对违法取证侦查人员的纪律处分司法建议权等配套制度不相协调，乃至受其中牵涉法律文化、司法体制背景、诉讼模式等诸多因素的影响，非法口供排除规则实效不彰。因此，具体的非法口供排除规则到底如何落实都是一个未知数。然而，不论是因案制宜、因地制宜，甚至再进一步细化规则或者立法跟进，我们如何从这种不确定之中去寻找确定性呢？或许易经的原则可以提供一个理解思路。

第二节　变易之形：口供排除规则的形式流变

或许社会重病也正如同人的机体一样不可下猛药，我们也不要寄希望于一部法律法规来包治百病。“认为一部法规如果书写清晰就是完全明确的，可以像计划的那样适用于一个特定的案件，这只是民间的传说而已。”①因此，不管刑事诉讼是否处于积重难返的困境，我们一定不要指望“证据规则”的出台或者《刑事诉讼法》的修改就可以使刑事诉讼法治“忽如一夜春风来”。那么，习惯于“唱衰”法律和司法解释有何根据呢？② 一方面，语焉不详（甚至不是模糊而是大量的空白）的规则相较于“行动中的法”（law in action）“似进实退”甚至“不进而退”，无从指导司法实践。例如，张培鸿认为，排除非法证据的规则至少存在如下盲点：“采用刑讯逼供等非法手段取得的供述”中刑讯逼供的内涵和外延不清楚，什么叫“刑讯”，什么算“逼供”？变相刑讯得来的证据是否需要排除？问供、诱供和骗供等方式获得的证据呢？如果需要排除，通过什么样的程序？被告人及其辩护人如何举证？怎样区分“办案瑕疵”与“程序违法”的界限？非司法程序（如“双规”）中的刑讯与逼供如何处理？通过刑讯手段得到的口供最终又以非刑讯的方

---

① E. H. Levi, *An Introduction to Legal Reasoning*, Chicago, University of Chicago Press, 1949, p. 6. 转引自［美］劳伦斯·M. 索兰：《法官语言》，张清、王芳译，法律出版社 2007 年版，第 115 页。

② 参见张培鸿：《未老先衰的证据规则》，载《东方早报》2010 年 11 月 26 日，第 A23 版。

式固定下来的证据是否有效？以“补正或者作出合理解释”对大量明显的程序违法问题（如单人提审、手续不全、未履行告知义务、鉴定缺陷等）进行合法化，到底怎样算是“合理解释”，怎样的“补正”能够过关？[①] 他还认为，近期司法解释笼统含糊的规则、似是而非的概念，不但无法体现司法活动的严肃性与权威性，反而提供了下级司法机关进行任意裁剪、解释和运用的理由与借口。[②] 这样可能反而使实践努力化为乌有。另一方面，因为司法实践中规则执行的不给力会造成法律仅仅是“纸面上的法”（law in paper）。但是，笔者认为，或许我们从来就不要法律如何完美，而更看重其言而有信。一个更值得关注的问题反倒是：为什么“旁观者清”的学者总是能凭火眼金睛识别出冤假错案背后的刑讯逼供，而“当局者迷”的判案法官总是会装聋作哑。

对规则出台背景的解释，有人以为“特例”如赵作海冤案促成了证据规定出台，也有人以为证据规则试图解决刑事诉讼中的两个顽疾：刑讯逼供和冤假错案这一对难兄难弟。[③] 然而，揣度司法解释者（相当于一种立法者）的意图，总是给人凭空猜测的感觉。正如马克思在《资本论》第一版序言里所言：“这并不是说明天就会出现奇迹。”“但是，现在的社会不是坚实的结晶体，而是一个能够变化并且经常处于变化过程中的机体。”[④]自白能否作为证据，非法自白是否以及如何排除也有其随着社会而不断发展、变化的历史。这里可以归纳为以下几个变化。

一、自白从运用到排除的流变

自白能否为证据，在欧陆和英国有不同的历程。1215 年英诺森三世禁止神裁，欧陆与英国分道扬镳，欧陆国家走上纠问式诉讼和专家审判的道路，英国则走上了对抗式的陪审团外行审判的道路。与大陆法系的猎巫审判对被告人刑讯逼供不同，在英国因为担心被告人为求生存而说谎，以至于

---

① 参见张培鸿：《未老先衰的证据规则》，载《东方早报》2010 年 11 月 26 日，第 A23 版。

② 参见张培鸿：《未老先衰的证据规则》，载《东方早报》2010 年 11 月 26 日，第 A23 版。

③ 参见刘仁文、刘泽鑫：《刑讯逼供：冤假错案的罪魁祸首》，载《炎黄春秋》2013 年第 9 期。

④ 卡尔·马克思，1867 年 7 月 25 日于伦敦。参见［德］卡尔·马克思：《资本论》，何小禾编译，重庆出版社 2014 年版，原版序第 6 页。

出卖灵魂，拒绝被告人提供宣誓证词，一度有人主张被告拥有保持沉默的权利，并且拒绝通过暴力探知真相。[①] 欧洲对自白采为证据从毫无限制到经历法国大革命后赋予刑事被告人道待遇而有所限制；相反，在英国，对自白能否为证据，则从最初出于避免被告撒谎而未赋予其自行作证地位的严格限制发展到现代，在被告获得充分防御权利基础上有所放松。十六七世纪自白可采无所限制但是只是认罪事项而非证据，18 世纪某些自白因为不可信而被排除，但是自白成了在定罪上具有最高价值的证据；19 世纪排除规则发展到一个反常的境地，对其进行排除是原则，而采用反倒是例外了。[②] 总体而言，各国在具体措施上有不同的流变，但是大体都处于不加节制（如"刑讯逼供"）和完全不用之间折中对待这个"证据之王"。直接取得刑事被告的供述能收到省时、省事甚至省钱的效果。但是，口供作为证据必须建立在如实供述之上，而这种"如实供述"的抽象概念又一般而言要建立在"任意性"之上，甚至建立在任意性之上自白仍然可能带有虚假的危险。因此，各国现行法律一般规定非法获取的自白不容许为证据。

英国法哲学家边沁曾言："无罪之人主张陈述之权，有罪之人行使缄默之权"（Innocence claims the right of speaking，as guilt invokes the privilege of silence），[③]他还强调"证据是正义的基石，排除证据就等于排除正义"。（Evidence is the basis of justice；to exclude evidence，is to exclude justice.）[④] 这都反映出早期普通法上在刑事审判中只注重证据真实性而不进行取证合法性审查的立场。然而，非法证据排除规则源于美国宪法第四修正案禁止非法搜查和扣押、第五修正案"不自证己罪特权"和第六修正案"获得律师

---

① 参见[英]萨德卡特·卡德里：《审判的历史：从苏格拉底到辛普森》，杨雄译，当代中国出版社 2009 年版，第 60～63 页。

② Wigmore，*Evidence*，(2nd，ed 1923) sec. 817 – 820. See Alex W. Skoropat，"Evidence-Admissions-Preliminary Hearing on Voluntary Character of Admission Not Required in Criminal Cases"，*Bar Briefs*，vol. 16 issue 2，January 1940，pp. 156 – 158.

③ J. Bentham，*Treatise on Evidence*，p. 241. [quoted in Stephen Greer. The Right to Silence：A Review of the Current Debate. *Mod，L. Rev*. Vol. 53，No. 6，Nov. 1990，p. 719.] 转引自王兆鹏：《美国刑事诉讼法》（第 2 版），北京大学出版社 2014 年版，第 302 页。

④ Bentham，*A Rationale of Judicial Evidence*，1827，bk. 9，pt. 2. ch. 3. p. 490. [cited in Joseph D. Grano，*Confessions，Truth，and the Law*，Ann Arbor，U. of Mich. Press，1993，p. 21.] 转引自王兆鹏：《美国刑事诉讼法》（第 2 版），北京大学出版社 2014 年版，第 22 页。

帮助权”等被告人基本权利保障条款，并经过一系列的判例如米兰达案[①]等发展而来，当然，在美国当下该规则也还是争议不断。

我国2012年《刑事诉讼法》第50条对证据的收集提出了“严禁刑讯逼供和以威胁、引诱、欺骗以及其他非法方法收集证据，不得强迫任何人证实自己有罪”的要求；第54条第1款又规定：“采用刑讯逼供等非法方法收集的犯罪嫌疑人、被告人供述和采用暴力、威胁等非法方法收集的证人证言、被害人陈述，应当予以排除。收集物证、书证不符合法定程序，可能严重影响司法公正的，应当予以补正或者作出合理解释；不能补正或者作出合理解释的，对该证据应当予以排除。”这被认为吸收了2010年“两个证据规定”的内容，在我国的刑事诉讼法之中确立了证据非法取得禁止和非法证据使用禁止的规则。其实该规则早有雏形。

1998年《执行刑诉解释》第61条规定：“严禁以非法的方法收集证据。凡经查证属实属于采用刑讯逼供或者威胁、引诱、欺骗等非法的方法取得的证人证言、被害人陈述、被告人供述，不能作为定案的根据。”该条规定中引出的证据排除规则被认为在我国刑事法治史上具有里程碑的意义。

1998年《人民检察院刑事诉讼规则》第265条规定：“严禁以非法的方法收集证据。以刑讯逼供或者威胁、引诱、欺骗等非法的方法收集的犯罪嫌疑人供述、被害人陈述、证人证言，不能作为指控犯罪的根据。人民检察院审查起诉部门在审查中发现侦查人员以非法方法收集犯罪嫌疑人供述、被害人陈述、证人证言的，应当提出纠正意见，同时应当要求侦查机关另行指派侦查人员重新调查取证，必要时人民检察院也可以自行调查取证。侦查机关未另行指派侦查人员重新调查取证的，可以依法退回侦查机关补充侦查。”应当注意的是，该条规定所提供的一些补救措施或者补充侦查方式可能使“不能作为指控犯罪的根据”形同虚设。

然而，取供人员为什么“有法不依”，仍然试图利用各种不正当的方法来获取口供呢？韦格穆尔(John H. Wigmore，1863～1943年)认为其原因有二：一是醉翁之意不在酒，在于求得线索以寻求其他之证据；二是由于非法逼供，在场者均系同僚，可以一致否认，因而无从证明其为违法。法院如

---

① Miranda v. Arizona，384 U.S. 467 (1966).

遇被告主张系非法逼供，无论其主张为真为伪，取供人员例必坚决否认，遂引起实务上最为困难之问题。[①]

目前，我国非法证据排除规则的现实运行也并不如立法所预期那样"立竿见影"，反而处于一种"休眠"状态。[②] 还有一些案件，如浙江杭州"张氏叔侄冤案"中张氏叔侄已经通过DNA证据鉴定确定不属于强奸案的凶手再适用非法证据排除规则仅仅是"补办手续"或者为错判平反再增加一个理由。该案再审程序的判决书中指出，经再审庭审查明，公安机关审讯张氏叔侄的笔录、录像及相关证据证明，侦查人员在审讯过程中存在对犯罪嫌疑人不在规定的羁押场所关押、审讯的情形；公安机关提供的张某首次有罪供述的审讯录像不完整；张氏叔侄指认现场的录像镜头切换频繁，指认现场的见证人未起到见证作用；从同监犯获取及印证原审被告人有罪供述等侦查程序和行为不规范、不合法。因此，本案不能排除公安机关存在以非法方法收集证据的情形。[③]

二、我国自白排除规则文本和执行

如果说取证方式上的刑讯逼供是一种"避免有关证据的正式法律制度免于崩溃的危险"[④]的方法，那么调查方式上的证人不出庭是一种避免刑事庭审制度崩溃之危险的方法。不过，在现代社会，刑讯逼供和证人不出庭等实用主义的方法在程序正义的追求之下愈加无处遁形。但是，刑讯逼供的持久生命力可能不会在法庭庭审明目张胆，仍然会在审前程序中苟延残喘；

---

① "The most difficlt practical problem for the court arises when the accused affirms (maybe falsely) the infliction of such violence and the police officers deny it." Wigmore, *A Students' Textbook of the Law of Evidence*, §202, Acts or Threats of Violence, New York, The Foundation Press, Inc., 1935, p. 211. 转引自李学灯：《证据法比较研究》，台北，五南图书出版股份有限公司1992年版，第188页。

② 参见孙长永、王彪：《审判阶段非法证据排除问题实证考察》，载《现代法学》2014年第1期。

③ 参见浙江省高级人民法院(2013)浙刑再字第2号判决书。宋远升：《非法证据排除规则的虚化与实化——以法律实用主义为指导的证据排除规则的出路》，载《证据科学》2017年第1期。

④ John H. Langbein, "Torture and Plea Bargaining". *University of Chicago Law Review*, Vol. 46, No. 1, Autumn 1978. 转引自吴纪奎：《口供供需失衡与刑讯逼供》，载《政法论坛》2010年第4期。

可能会以“不服从罚”和“说谎罚”而改头换面,[1]或者在如实陈述的法律要求和“坦白从宽、抗拒从严”的政策催化之下死灰复燃,而从各个层面抵制了光明正大的合法性要求。就庭审调查方式而言,如果说因为物证获取技术的入不敷出以及污点证人制度、秘密侦查措施和辩诉交易制度[2]的尚付阙如而更侧重于人证方法,然而,却因为证人不出庭使调查案件事实的人证方法,或者被缩小为被告人的“自证其罪”,或者程序倒退为“案卷确认”。这样庭审的游戏理论(sporting theory of justice)和仪式精神蜕化为法官的文牍工作,我国法庭审判活动很大程度上既不广场化,也不剧场化,[3]而是法官幕后的独舞。“案多人少”,法官加班加点的工作,消化积案,其实主要的工作就是在默读阅卷的基础上制作判决书。因此,庭审形式化严重,而可能“你辩你的、我判我的”。

按理说,法官以“审判”为主要职责,而“审判”是一个多方参与的过程,但是,现实中法官的审判常常是埋头苦干进行默读作业。这主要是侦查卷宗的移送制度给了法官准确定案的一个强有力的保证。现行的审判方式和诉讼制度设计本身就有一种可能被架空而走形式的危险,不仅仅因为老法官转换不了旧的办案思维模式,新进的法官在“师傅带徒弟”的情境下也同样墨守成规。1996 年《刑事诉讼法》修改取消了 1979 年《刑事诉讼法》所采用的全卷移送主义,而采用主要证据复印件主义,但是在现实操作中走“回头路”的比比皆是,并且“复印件”主义是一种很明显的时间和资源浪费,就是放着侦查卷宗不用,重新复印一份,并且在开庭后 3 日内的卷证移送使原先的复印件成为一堆废纸。而法官阅读侦查卷宗节略版和替代品的“复印件”虽然保证了要素齐全但是丧失了原汁原味。由于司法活动的倒逼,2012 年《刑事诉讼法》第 172 条又重回了“移送案卷材料和证据”的老路。一般认为,这种“卷证移送主义”可能对非法口供排除带来的弊端主要是,

---

① 参见王士帆:《不自证己罪原则》,台湾政治大学 2004 年法学硕士学位论文,第 38 页。

② 刑讯的强制性在于不供述就压榨你的四肢,而辩诉交易的强制性则在于不供述就多判你几年,两者在强制性上的区别只是程度的不同罢了。参见 John H. Langbein,“Torture and Plea Bargaining”,*University of Chicago Law Review*, Vol. 46, No. 1, Autumn 1978。转引自吴纪奎:《口供供需失衡与刑讯逼供》,载《政法论坛》2010 年第 4 期。

③ 参见舒国滢:《从司法的广场化到司法的剧场化——一个符号学的视角》,载《政法论坛》1999 年第 3 期。

因为法官预先接触或者在庭审之中接触到非法获取的证据(包括口供)从而污染了自己的心证,而并不能真正地将之“从程序之中”排除。虽然现在强调以审判为中心的诉讼制度改革,强调直接言词原则,开庭审理前可以召开庭前会议就非法证据排除等问题了解情况、听取意见(2012年《刑事诉讼法》第182条,2018年为第187条),以及在庭审之中而可能对非法证据有证据能力(2012年《刑事诉讼法》第56～58条,2018年为第58～60条)和证明力①的“双阶审查”,但是在有着注重真相传统的我国刑事司法活动之中,冤案之中可能存在刑讯逼供,甚至往往凭口供定案,不过冤案往往是通过“真凶归案”“亡者归来”等偶然的方式才得以发现的。因此,在我国庭审排除非法获取的口供反而可能并不一定能够有助于发现真相,因为非法口供的内容信息并不一定是虚假的,刑讯逼供和虚假口供本来是一种偶然的联系,往往在冤案之中变成了一种必然的联系。或许强化庭审实质化通过排除刑讯逼供的自白还是有其预防冤错案件的效果,但是在法治国家所确立的排除非法自白原则的理论重心可能并不在此。

三、强制排除和裁量排除

有学者认为,我国对以刑讯逼供等非法方法获得的犯罪嫌疑人、被告人供述,以及以暴力、威胁等方法获得的被害人陈述、证人证言,法律采取了强制排除的立场。其中,因为犯罪嫌疑人、被告人与被害人、证人的地位不同,因此为获取证言所采取的非法强制手段也有差异。当然,两高对“等非法方法”的“等”做了不同的解释。

2012年修订的《人民检察院刑事诉讼规则(试行)》(以下简称《高检规则》)第65条第3款采用了“相当的实质规则”规定:“其他非法方法是指违法程度和对犯罪嫌疑人的强迫程度与刑讯逼供或者暴力、威胁相当而迫使其违背意愿供述的方法。”

2012年《刑诉解释》第95条采用了“痛苦的形式规则”规定:“使用肉

---

① 2012年11月5日通过的最高人民法院《关于适用〈中华人民共和国刑事诉讼法〉的解释》第106条特别规定了:“根据被告人的供述、指认提取到了隐蔽性很强的物证、书证,且被告人的供述与其他证明犯罪事实发生的证据相互印证,并排除串供、逼供、诱供等可能性的,可以认定被告人有罪。”所谓的印证是证明力问题,所谓“排除串供、逼供、诱供等”是证据能力问题。

刑或者变相肉刑,或者采用其他使被告人在肉体上或者精神上遭受剧烈疼痛或者痛苦的方法,迫使被告人违背意愿供述的,应当认定为刑事诉讼法第五十四条规定的'刑讯逼供等非法方法'。"

其实上述两条都有提及的"违背意愿"虽然是围绕着口供排除规则任意性的核心价值,但是也是一种主观状态,并不能仅凭事后的翻供得以确认。《高检规则》分别从违法表现和强迫效果两个程度与《刑事诉讼法》所列明的"刑讯逼供或者暴力、威胁"行为具有相当性,而《刑诉解释》推论了非法行为的客观表现"肉刑"或者"变相肉刑"以及其他行为等效于带来肉体和精神上的"剧烈疼痛"或者"痛苦"(主观要件)的手段。因此,前者所谓"相当"实质判断更模糊从而更有潜能,而后者的形式要件更明晰相对较封闭,但是,龙宗智指出了这种痛苦规则正是联合国反酷刑公约就酷刑所作的解释。①

《禁止酷刑和其他残忍、不人道或有辱人格的待遇或处罚公约》于1984年12月10日由联合国大会第39/46号决议通过并开放供各国签署、批准和加入。② 该公约第1条规定:

1. 就本公约而言,"酷刑"系指为了向某人或第三者取得情报或供状,为了他或第三者所作或被怀疑所作的行为对他加以处罚,或为了恐吓或威胁他或第三者,或为了基于任何一种歧视的任何理由,蓄意使某人在肉体或精神上遭受剧烈疼痛或痛苦的任何行为,而这种疼痛或痛苦又是在公职人员或以官方身份行使职权的其他人所造成或在其唆使、同意或默许下造成的。纯因法律制裁而引起或法律制裁所固有或随附的疼痛或痛苦则不包括在内。

2. 本条规定并不妨碍会有或可能会有适用范围更广的规定的任何国际文书或国家法律。

然而,我国2012年《刑事诉讼法》第50条规定的证据取得禁止之方法

① 参见龙宗智:《我国非法口供排除的"痛苦规则"及相关问题》,载《政法论坛》2013年第5期。

② 我国于1988年9月5日第七届全国人民代表大会常务委员会第三次会议决定,批准中华人民共和国代表李鹿野于1986年12月12日签署的《禁止酷刑和其他残忍、不人道或有辱人格的待遇或处罚公约》,同时声明对该公约第20条和第30条第1款予以保留。

为“刑讯逼供和以威胁、引诱、欺骗以及其他非法方法”和第54条证据使用禁止“采用刑讯逼供等非法方法收集的犯罪嫌疑人、被告人供述和采用暴力、威胁等非法方法收集的证人证言、被害人陈述”之间的语词表述所列举的具体方法并不含“引诱、欺骗”，以及“其他”和“等”概括表述语焉不详也没有判例补充，导致司法实践基本上不将侦查人员采用“威胁、引诱、欺骗”非法取证方法所获取的供述作为强制性排除的对象。当然，虽然“引诱、欺骗”未对犯罪嫌疑人的身体或者精神实施强迫，未直接侵犯人身权和意志自由权，但在司法实践中，如果侦查人员采用以非法利益进行引诱的方法或者以严重违背社会公德的方式进行欺骗的方法收集犯罪嫌疑人、被告人供述，可能严重影响司法公正的，对有关供述应当予以排除。

2017年《严格排除非法证据规定》对前述司法解释界定的非法证据的范围以及相关“非法手段”的内涵做了一个整合。

第2条规定：“采取殴打、违法使用戒具等暴力方法或者变相肉刑的恶劣手段，使犯罪嫌疑人、被告人遭受难以忍受的痛苦而违背意愿作出的供述，应当予以排除。”其中列举了“殴打、违法使用戒具等”暴力方法，对变相肉刑并未列举诸如冻、饿、晒、烤、疲劳讯问等手段，对这些手段本身有无带来直接的人身伤害需要结合具体情形考量。当然，刑讯逼供诸种非法方法需要达到“使犯罪嫌疑人、被告人遭受难以忍受的痛苦而违背意愿作出的供述”，也就是非法方法与取得供述存在因果关系的情形，才予以排除。而所谓“违背意愿”更多的是在于说明这种因果联系，一般而言通过被告人申请启动非法证据排除和法官的调查询问可以判断。总体而言，被告人的认罪伏法都带有一定的被动强迫因素，但是在我国这种强迫因素还需要达到一种违反人权保障的目的才被认定为非法。

《严格排除非法证据规定》第3条规定：“采用以暴力或者严重损害本人及其近亲属合法权益等进行威胁的方法，使犯罪嫌疑人、被告人遭受难以忍受的痛苦而违背意愿作出的供述，应当予以排除。”该条从规范层面上明确了采用威胁方法取得的供述应当予以排除。威胁虽然没有直接对人的身体实施暴力行为，也涉及对自由意志权这一基本人权的侵犯，并且威胁也需要达到“使犯罪嫌疑人、被告人遭受难以忍受的痛苦而违背意愿作出的供述”才予以排除。排除规则意义上的威胁，与供述的自愿性紧密相关，对于一般意义上的威胁,尤其是施加一定心理压力的合法侦查策略或者在讯问过程中一般性的威吓、呵斥等不规范的讯问,并不构成排除规则意义上的威胁。在司法实践中,常见的威胁方式有恐吓犯罪嫌疑人将对其使用暴力,揭露个人隐私,对其近亲属采取强制措施,对其配偶、子女追究相应责任等。①

《严格排除非法证据规定》第4条规定:"采用非法拘禁等非法限制人身自由的方法收集的犯罪嫌疑人、被告人供述,应当予以排除。"该条明确规定采用非法限制人身自由方法取得的供述应当予以排除。"采用非法限制人身自由方法"应视为《刑事诉讼法》规定取证禁止的"其他非法方法",对其进行认定,应当以侵犯宪法权利或者重要的诉讼权利为前提。

《严格排除非法证据规定》第5条规定:"采用刑讯逼供方法使犯罪嫌疑人、被告人作出供述,之后犯罪嫌疑人、被告人受该刑讯逼供行为影响而作出的与该供述相同的重复性供述,应当一并排除……"该条确立重复性供述的排除规则,其前提是被单独限定为直接针对犯罪嫌疑人的肉体施加强制的"采用刑讯逼供方法",这种方法足以影响后续供述的自愿性。为了实现惩罚犯罪与保障人权的平衡,该条同时还设定了两种例外情形:一是(侦查阶段)主体变更的例外。为了保障侦查人员的工作积极性,"侦查期间,根据控告、举报或者主动发现等,侦查机关确认或者不能排除以非法方法收集证据而更换侦查人员,其他侦查人员再次讯问时告知诉讼权利和认罪的法律后果,犯罪嫌疑人自愿供述的,之后收集的重复性供述可以作为证据使用"。二是诉讼阶段变更的例外。由于程序阶段变更换由不同的机关经手案件会中断违法侦查的不利影响,所以规定,"审查逮捕、审查起诉和审判期间,检察人员、审判人员讯问时告知诉讼权利和认罪的法律后果,犯罪嫌疑人、被告人自愿供述的,有关供述可以作为证据使用"。

《严格排除非法证据规定》第6条规定:"采用暴力、威胁以及非法限制人身自由等非法方法收集的证人证言、被害人陈述,应当予以排除。"该条明确了证人证言和被害人陈述的排除规则。该条中的非法方法有暴力、威胁,还包括非法限制证人、被害人人身自由等。

---

① 参见戴长林等:《〈关于办理刑事案件严格排除非法证据若干问题的规定〉的理解与适用》,载《人民司法(应用)》2017年第22期。

而对物证、书证等证据在满足以下三个条件下进行裁量排除：(1)收集的物证、书证不符合法定程序；(2)可能严重影响司法公正；(3)不能补正或作出合理解释。当然，学者易延友认为，对于有些程序性瑕疵，无法通过补正、作出合理解释的方法获得补救应该采取绝对排除的立场。也就是说，对于某些"实质性瑕疵"，非不为补正也，实不允许补正。[①] 他认为，2012 年《高检规则》第 66 条确认了此观点。

第 1 款规定："收集物证、书证不符合法定程序，可能严重影响司法公正的，人民检察院应当及时要求侦查机关补正或者作出书面解释；不能补正或者无法作出合理解释的，对该证据应当予以排除。"

第 2 款规定："对侦查机关的补正或者解释，人民检察院应当予以审查。经侦查机关补正或者作出合理解释的，可以作为批准或者决定逮捕、提起公诉的依据。"

第 3 款规定："本条第一款中的可能严重影响司法公正是指收集物证、书证不符合法定程序的行为明显违法或者情节严重，可能对司法机关办理案件的公正性造成严重损害；补正是指对取证程序上的非实质性瑕疵进行补救；合理解释是指对取证程序的瑕疵作出符合常理及逻辑的解释。"

尤其是上述第 3 款中突出了"非实质性瑕疵"才有补救的机会。当然，这也同样可以类推到"合理解释"的情形。

《严格排除非法证据规定》第 7 条规定："收集物证、书证不符合法定程序，可能严重影响司法公正的，应当予以补正或者作出合理解释；不能补正或者作出合理解释的，对有关证据应当予以排除。"需要注意的是，一是需要排除的非法实物证据的认定以对公民宪法权利的侵犯为标准。基于对公民住宅权、隐私权等宪法权利的法律保护，非法实物证据也主要是针对侦查机关采取非法搜查、扣押等措施收集的实物证据。并且，为兼顾实体公正和程序公正，在允许作出补正或合理解释后，人民法院可以综合考虑收集物证、书证违反程序以及所造成后果的严重程度等情况，决定是否排除非法实物证据。二是存在一些相关不规范取证行为导致证据形式要件存在瑕疵可

① 参见易延友：《刑事诉讼法：规则、原理与应用》(第 4 版)，法律出版社 2013 年版，第 255 页。

能需要排除的情形，比如收集调取的物证、书证，在相关笔录上没有侦查人员签名的；笔录填写的询问时间、讯问人有误或者存在矛盾的等。然而由于公民的宪法权利或者重要诉讼权利并未因此受到侵犯，这些证据在无法补正或者作出合理解释的情形下，虽然因为不能证明其真实性而丧失证据能力，不得作为诉讼证据使用，但是其不属于非法证据排除的范畴。由此，这种瑕疵证据的排除不需要启动专门的调查程序。

总而言之，上述学者对言词证据之强制排除和实物证据之裁量排除所作划分其特点在于，强制排除是指作为前提的法定条件达成自然予以排除，而所谓裁量排除是指虽然存在不符合法定程序的情形，但是还需要进一步考察其是否严重影响司法公正。再进一步而言，即使严重影响司法公正，也允许补正和作出合理解释。由此可见，非法取证也并不一定导致证据被排除，实物证据的排除即使证明存在非法取证的情形，还需要跨越两个门槛。当然，笔者认为，其实，非法证据排除的裁量无处不在，尤其是作为排除程序第一步的“非法方法”或者“不符合法定程序”就需要证明和裁量。

第三节　简易之理：非法口供及其排除规则的类型分析

“有其事必有其理”，虽然非法证据排除规则随着不同的历史时期、国家地域、侦审程序活动、证据种类等而复杂多变，但是，我们只要找到其原理、原则以后就非常简单了，这就是《易经》的简易之理。就口供排除规则而言，“易则易知，简则简从”，抓住其原理，才容易了解，才能够实行。

一、自白排除的证据属性

考察自白一般从两个方面进行：一是可信性，从他人的视角来看，由他人对其是否真实来进行判断；二是任意性，从自白者角度而言，言为心声，口供反映的是否是其自己真实的意思。这两种不同视角最终都要用一种裁判者的眼光来看待，这两者范围相互交叉。从比较严格的角度而言，自白必须要既具有可信性而又具有任意性。如何来判断呢？

其一，反映被告人内心意思的自白任意性问题通过排除取证方法的外在压迫来进行；

其二，反应自白对案件证明力的可信性却通过其他证据来补强或者诉诸裁决者心证来进行。

这两项要求并行不悖。因为证据的证据能力和证明力的双重性质、英美法系法官和陪审团的二元审判组织或者法律审和事实审两个阶段的特点，任意性是证据能力问题而非证据力问题，“无证据能力，则不予容许为证据。无证据力，则审理事实之人不予采信”。“因此有谓证据能力，系自形式方面观察其资格；证据力，系自实质方面考察其价值。”[①]自白有其内容（承认意见＋表述犯罪构成事实）和形式（明示的、直接的）的基本要求，[②]并且任意性的自白要成为证据，必须与事实相符，这可以通过调查其他必要证据进行。因此，任意性与补强证据，为自白得为证据之两大要件。[③] 自白补强主要是增加其证明力方面的真实性。在证据思维上，大陆法系着眼于证明价值的有无而英美法系着眼于证明价值的多少。但是，在机制设置上，前者出于对专业法官的信任而将证明力的有无问题转化为由事实认定者心证判断其证明力的多少，而后者则通过排除规则将具有较少证明力的证据的证明力归零，从而阻隔外行的陪审团与之接触。不过，证据资格问题有时也可以转换为证明力问题。因此，英美法系整个的证据规则可以概括为一个从由法官进行证明力有无判断和由事实裁决者进行证明力大小考量组成的两阶段过程。

二、自白排除规则的分类

我国有学者概括世界各国根据各自的利益权衡理念确立了非任意性自白绝对排除、违法自白相对排除与裁量排除自白三元化递进式的自白排除

---

① 李学灯：《证据法比较研究》，台北，五南图书出版股份有限公司 1992 年版，第 464 页。

② 关于自白（confessions）和承认（admission）的形式区分及其排除程序区分（前者法官举行预审听证，后者法官对陪审团作出指示），参见 Alex W. Skoropat, “Evidence-Admissions-Preliminary Hearing on Voluntary Character of Admission Not Required in Criminal Cases”, *Bar Briefs* vol. 16, issue 2, January 1940, pp. 156 – 158。

③ 参见李学灯：《证据法比较研究》，台北，五南图书出版股份有限公司 1992 年版，第 464 页。

规则体系。[①]

(一)非任意性自白

非任意性自白不正当方法主要有身体强制(physical coerciveness)与心理强制两大类,在世界范围内排除身体强制获取的自白已经达成共识,而对以欺骗(deception)和许诺(promise)为主导的心理强制的审理方法所获取的自白在充分考虑犯罪嫌疑人自身的特性、"综合考察案件的全部情况",并且"怀疑"不正当方法与自白之间具有因果关系,才排除自白。

1984年《英国警察与刑事证据法》第76条(2)规定:

……在任何程序中,如果检控方准备将被告所作的自白提交为证据,在法院看来该自白是或者可能是以以下方式获得的,则法院不得允许采纳该自白来反对他,除非检控方向法院排除合理怀疑地证明该自白(尽管该自白可能是真的)并非是以下述方式取得的:(a)对作出自白的人进行逼迫;或者(b)实施了在当时的情况下,可能导致被告所作的任何自白不可靠的任何言语或者行为。[②]

《德国刑事诉讼法典》第136a条规定:

[禁止的讯问方法](1)对被指控人决定和确认自己意志的自由,不允许用虐待、疲劳战术、伤害身体、服用药物、折磨、欺诈或者催眠等方法予以侵犯。只允许在刑事诉讼法准许的范围内实施强制。禁止以刑事诉讼法不准许的措施相威胁,禁止以法律没有规定的利益相许诺。(2)有损被指控人记忆力、理解力的措施,禁止使用。(3)对第1、2款的禁止规定,不顾及被指控人承诺,必须适用。对违反禁令所获得的陈述,即使被指控人同意,也不允许使用。

在这里,不正当讯问(证据取得禁止)=(陈述)使用禁止。[③]

《日本宪法》第38条第2款规定:"用强制、刑讯或胁迫的方法获得的

① 参见吴继奎:《三元化递进式的自白排除法则——自白排除法则的比较法考察》,载《当代法学》2011年第2期。

② 参见[英]克里斯托弗·艾伦:《英国证据法实务指南》(第4版),王进喜译,中国法制出版社2012年版,第230页。

③ 参见艾明:《从德国证据禁止理论看两个证据规定的进步与不足》,载《山东警察学院学报》2014年第2期。

自白或者因长期不当羁押、拘禁后获得的自白，不能作为证据。”《日本刑事诉讼法》第319条第1款也规定：“强制、刑讯或胁迫获得的自白、因长期不当羁押后作出的自白，以及其他非自愿的自白，都不能作为证据。”[①]对于任意性有疑问的自白，并不因为被告人对证据表示同意而能作为证据。但是，因为被告人同意将自白作为证据，也就越过了任意性调查程序（第326条），而只是在相当性判断中分析任意性的问题（第325条）。

（二）违法取供

为了确保自白任意性与真实性，各国立法和判例逐渐确立了一些程序性规则，主要内容包括讯问前对犯罪嫌疑人进行权利告知、对讯问记录（书面记录以及录音录像）等限制侦查机关取证行为以及赋予犯罪嫌疑人对抗审讯的沉默权与律师帮助权等权利而赋予其防御能力。由此有学者根据自白排除的立足点不同，认为各国主要形成了以英国、法国和德国为代表的权利保障型和以美国、日本为代表的权力抑制型这两种自白排除模式。[②] 其实这两类模型视角不同而殊途同归。

《英国警察与刑事证据法》第78（1）条规定，在任何程序中，对于检控方准备依据的证据，如果在法院看来，虑及所有情况，包括取得该证据的情况，采纳该证据将对程序的公平性造成不利影响，以至于法院不应采纳它，则法院可以拒绝允许提出该证据。[③] 这其中包括使用违反法律规定获得的自白会造成审判的重大不公而需要排除自白。

《法国刑事诉讼法典》第171条的（原则性）规定是：“违反本法典或其他刑事诉讼条款所规定的实质性手续，已经危害与诉讼有关的当事人的利益时，即产生无效。”自白可以在获取方式违反实质性手续以及产生了利益

---

① ［日］田口守一：《刑事诉讼法》（第5版），张凌、于秀峰译，中国政法大学出版社2010年版，第296页。

② 参见吴继奎：《三元化递进式的自白排除法则——自白排除法则的比较法考察》，载《当代法学》2011年第2期。

③ 参见［英］克里斯托弗·艾伦：《英国证据法实务指南》（第4版），王进喜译，中国法制出版社2012年版，第243～244页。

危害结果通过宣布侦查无效的方式排除。[1]

同样,《德国刑事诉讼法典》第136a条第3款第2句话规定,违反刑事诉讼法第136a条第1、2款(例如,使用暴力、威胁或者欺骗方法)的禁止性规定而取得的陈述,即使经被告人同意也不得使用。由于法典对于其他非法来源的证据未作规定导致了不同的结论。一些学者认为《德国刑事诉讼法典》第136a条第3款第2句体现了不得使用非法取得证据的一般原则。但是,法院和大多数作者都反对"自动"排除规则。他们采取个案处理的态度,认为不能因为在取得证据的过程中产生错误就自动地排除该证据,而且排除证据并不会必然地减少违法取证行为所造成的损害。但是对于用来确定是否排除证据的标准尚未达成共识。[2]

总体而言,对于违反法定程序获得的自白的可采性,主要采取的是利益权衡的标准,即衡量被告人利益与国家打击犯罪并维护秩序的利益。学者吴继奎总结了具体的违法类型主要是:违反告知(如沉默权与律师帮助权)义务;侵犯辩护权以及沉默权;以及故意或者达到严重程度的非法拘禁三种。[3] 在上述情形下的违法自白采用的相对排除,在英美法系除了可能有一些违法行为和后果以及因果关系(如美国有吓阻性排除自白之"稀释"例外[4])的实质要素判断裁量之外,还可能体现将运用违法获取之自白的目的限制为弹劾证据(Harris v. NewYork)[5]或者可采为证明说话、书写或者表达的特定方式(《英国警察与刑事证据法》第76(4)(b)条规定)。大陆法系

① 可能引起已经进行的预审或调查无效的原因分为两大系列:一是法律明文规定的无效;二是"实质性无效"。参见[法]贝尔纳·布洛克:《法国刑事诉讼法》(原书第21版),罗结珍译,中国政法大学出版社2009年版,第437~438页。

② 参见[德]托马斯·魏根特:《德国刑事诉讼程序》,岳礼玲、温小洁译,中国政法大学出版社2004年版,第192~193页。

③ 参见吴继奎:《三元化递进式的自白排除法则——自白排除法则的比较法考察》,载《当代法学》2011年第2期。

④ 依据美国法发展出的案例,常考虑之因素包括:(1)时间:第一次违法与嗣后取得系争证据所相距的时间。(2)自愿性行为:被告是否有"自愿性"的行为介入。(3)违法的严重性:检警违法行为系恶意违法或只是疏忽,是否侵犯权利的核心。(4)第二次证据的性质、如所取得为证人名单或自白,即可能不同。(5)之间掺杂因素的多寡:若同时有以上各因素的介入,则违法性较易被稀释。参见王兆鹏:《美国刑事诉讼法》(第2版),北京大学出版社2014年版,第274页;详见王兆鹏:《新刑诉·新思维》,台北,元照出版有限公司2004年版,第2~55页。

⑤ Harris v. NewYork,401 U.S. 222(1971).

甚至在被告人同意或者未及时提出异议时违法获取的自白可被采用。

（三）有违公正原理的自白

德国证据法理论做了证据取得禁止和证据使用禁止的区分，除了前述《德国刑事诉讼法典》第136a条所规定的依附性证据使用禁止，还有一些不得收集的证据却可以使用，一些可以被正当收集的证据却不可以在判决中使用（非依附性或者自主性证据使用禁止）。非依附性证据使用禁止是基于保护宪法所规定的基本人权的考虑而禁止使用那些并未违反证据取得禁止规则所收集的证据。1984年《英国警察与刑事证据法》第78（1）、82（3）条规定是一种典型裁量性规范：前者赋予法院可以在参考案件综合情况的前提下对证据的采纳与否加以裁量，而裁量的标准便是该证据的采纳是否会对程序公正起到反作用；而后者则直截了当地提出"本法的该部分规定都不应损害法院依其裁量权而排除证据的权力"。[①]《美国联邦证据规则》第403条规定［因偏见、混淆、浪费时间或者其他原因而排除相关证据］："如果相关证据的证明价值为以下一个或者多个危险所严重超过，则法院可以排除该证据：不公平偏见、混淆争点或者误导陪审团、不当拖延、浪费时间或者不必要地出示重复证据。"[②]

（四）"毒树果实"和重复性供述

美国证据法发展出的"毒树果实"（Fruits of the Poisonous Tree）原则，既禁止在审判中使用通过非法手段直接获取的证据（"毒树"），还禁止间接使用，即侦查人员以通过非法手段获取的证据为线索所获得的其他证据（果实），排除作为违反个人的宪法权利的结果而间接取得的证据。"毒树之果"理论存在一些例外：（1）独立来源（independent source）；（2）必然发现（inevitable discovery）；（3）稀释原则（purged taint exception）（见上文）。王兆鹏分析认为，毒树果实排除原则与例外的承认，目的在于不准执法人员利用非法行为而取得更优越的地位（原则的适用），但也不使其处于较非法行

---

① 吴洪淇：《转型的逻辑——证据法的运行环境与内部结构》，中国政法大学出版社2013年版，第168页。

② 王进喜：《美国〈联邦证据规则〉（2011年重塑版）条解》，中国法制出版社2012年版，第65页。

为前更劣势的地位(例外的适用)。[①] 就自白与毒树果实的关系而言,一是自白为毒果,在 Wong Sun v. United States [②]案中法院确认,自白与传统的有体物证据一样可以成为非法搜索或逮捕之毒果,该案还确立了二次自白适用毒树果实原则予以排除(第二次证据系利用初始非法行为的产物)以及毒树果实原则的例外(检察官证明第二次合法取得的自白经由其他事实介入足以洗净先前非法瑕疵的方式取得;法官审酌警察违法逮捕之情节、所经过之时间、介入之事实,依个案综合判断);二是自白为"毒树"。美国联邦最高法院在 Oregon v. Elstad[③] 案和 Dickerson v. United States[④] 案中发展的观点认为,如果第一个自白为非任意性自白(需要排除),即令第二个自白在取得前已为权利告知,不当然洗净第一个自白的瑕疵,仍应适用毒树果实原则予以排除,除符合例外规定外(依据情境判断有效达到米兰达权利告知目的,或者讯问人员采取必要措施治愈第一次讯问的瑕疵);对于非法自白衍生的"物证"而言,第一个自白为非任意性则应适用"毒树果实"原则,而只是单纯的未为权利告知,则无需适用"毒树果实"原则,物证不必排除。根据《英国警察与刑事证据法》第 76(4)(a)条规定可知,根据(全部或部分地排除)之被告人供述所发现的事实,可采为证据。[⑤] 也即在英国,"毒树之果"一般不被排除。

综上所述,正是由于自白排除法则的不断流变以及其规则形式的丰富多变,因此可以就自白取证的非法手段以及非法自白的形态做一种类型划分。具体来看,非法自白大体上可以分为非任意自白、违法取供、有违公正原理的自白,此外,还有一种特殊形态即毒树果实和重复自白。这种类型化的区分首先是一种纷繁复杂的立法和判例的累积而来,其次排除这多种"非法自白"本身必然要贯穿着一种可能延续的法律理念的传统。当然,尽管有所谓的从严格法定到自由裁量的递进式规则,但是自由裁量因素其实自始至终都存在于各种非法自白排除规则之中。对于所谓绝对排除规则的

---

① 参见王兆鹏:《美国刑事诉讼法》(第 2 版),北京大学出版社 2014 年版,第 281 页。

② See Wong Sun v. United States,371 U. S. 471(1963).

③ See Oregon v. Elstad,470 U. S. 298(1985).

④ See Dickerson v. United States,530 U. S. 428(2000).

⑤ 参见熊志海等编译:《英国成文证据法》,中国法制出版社 2007 年版,第 46 页。

裁量体现于对过去的非法自白要件事实的确认上，而对所谓的自白的裁量排除，其中的裁量因素主要体现在排除后果的预测上。日本学者田口守一将(1)强制、刑讯逼供或胁迫获得的自白在任意说内进行解释，而(2)长期不当留置或羁押后的自白，以及(3)戴着手铐进行审讯获得的自白、"许诺的自白""骗供获得的自白"，(4)未经告知沉默权而获得的自白、侵害辩护人委托权的自白、长时间在宾馆酒店进行调查获得的自白、通过不分昼夜的违法审讯所获得的自白、根据违法获得的自白而获得的同一内容的自白(重复自白)虽然可以以违法排除说进行解释，但是一般而言同时也符合"任意说"的要求，甚至第(3)、(4)项下的内容直接被统称为"任意性值得怀疑的自白"。[①] 非法自白的简易之理其实体现在一系列的类型化努力之上。但是，由于裁量因素充沛其间以及立法和司法实践不断发展变化，[②]还需要进一步揭示自白排除法则的理论基础。

第四节　不易之道：口供排除规则理论的任意性内核

学者王兆鹏总结了美国自白应否排除之理论及判断标准，因为时代推移，经过了真实性、任意性、预防性三个不同阶段。[③] 在日本限制自白的证据能力的根据有虚伪排除说、人权保障说和违法排除说的对立，其中虚伪排除说重视供述的内容，人权保障说重视供述的状况，两种观点都是以被告人的供述为标准，而合起来叫"任意性说"；违法排除说的出发点是把自白法则从任意性概念中分离出来，通过对自白的明文规定的解释以确立"是否任意值得怀疑"的与宪法和刑事诉讼法列举的情况和程度相当的自白。[④] 在真实性理论下，刑讯逼供甚至为法律所许可，此后刑求为法所禁，但刑求

① [日]田口守一：《刑事诉讼法》(第5版)，张凌、于秀峰译，中国政法大学出版社2010年版，第296页。

② 据2017年4月18日央视网报道，4月18日下午，中央全面深化改革领导小组第三十四次会议审议通过了《关于办理刑事案件严格排除非法证据若干问题的规定》。

③ 参见王兆鹏：《美国刑事诉讼法》(第2版)，北京大学出版社2014年版，第286页。

④ 参见[日]田口守一：《刑事诉讼法》(第5版)，张凌、于秀峰译，中国政法大学出版社2010年版，第296~297页。

所获的自白,只要与真实相符,未必应排除;在任意性标准下,自白如不是被告自由意志之产物,即使与真实相符,也不得为证据;在预防性标准下,为确保自白之真实性及任意性,法律设计了许多前置的预防措施,以求周密保护被告之自由意志。[①] 违反预防性措施,纵使是任意性自白,也将被排除,这样就将案件事实的客观外在的真实性标准转化为被告人内心的任意性状态标准,进一步转化为警察取证行为上客观外在标准。当然,这种发展变化之间除了对取证手段的限制越来越严格之外,其内在精神还是存在相互联系的一致性。田口守一认为,违法排除说与任意性说并不矛盾,两者都是在更大的范围内设定排除标准的理论。与实物证据的排除规则是纯粹的收集程序违法性的问题不同,在多数情况下,调查程序的违法对自白的任意性和可信性有一定影响。[②]

一、从真实性到任意性

就发现真实而言,即使口供不具有任意性,只要口供是真实的则都应该采信。就人权保障而言,即使口供是真实的,但是违背被告人的意志自由而取得的口供不能作为证据使用。真相并非刑事诉讼程序的“唯一”和“至上”目标。[③] 因此,随着现代刑事诉讼目的从真相发现到人权保障的转向,口供的任意性考量对口供的真实性考量具有一定优先性,也即不具有任意性的口供丧失了作为证据的资格。[④]

---

① 参见王兆鹏:《美国刑事诉讼法》(第2版),北京大学出版社2014年版,第286页。

② 参见[日]田口守一:《刑事诉讼法》(第5版),张凌、于秀峰译,中国政法大学出版社2010年版,第297页。

③ 参见 Susan Klein, Enduring Principles and Current Crises in Constitutional Criminal Procedure, *Law & Social Inquiry* Vol. 24, No. 2, 1999 (essay reviewing *The Constitution and Criminal Procedure: First Principles*, by Akhil Reed Amar). p. 534;[美]约书亚·德雷斯勒、艾伦·C.迈克尔斯:《美国刑事诉讼法精解:第二卷·刑事审判》(第4版),魏晓娜译,北京大学出版社2009年版,第28页。

④ 在英国,普通法上非正式供认(如在法庭外所做,对本人不利的陈述)因为其可能真实而被作为传闻规则的例外得以采纳,而向当局人员所做非正式供述可采为证据仍然要符合“自愿”原则。参见[英]理查德·梅:《刑事证据》,王丽等译,法律出版社2007年版,第258页。美国州和联邦自白排除法则的依据从“防止虚假”到“正当程序”的理论“进化”过程,参见[美]伟恩·R.拉费弗等:《刑事诉讼法》(上册),卞建林等译,中国政法大学出版社2003年版,第339页。

非法自白证据排除规则本来是直接规范法庭审理和限制法官自由裁量权的，当然，也可能通过证据排除活动来间接地遏制警察非法和促使警察依法执法的意味，这在某种意义上是运用行为心理学原理通过后果的惩罚来达到规范行为和预防违法的目的。其实，非法自白排除规则首当其冲就是遏制刑讯逼供，甚至2010年《排除非法证据规定》对于非法自白特别突出地、唯一地列举了"刑讯逼供"的情节。就本质而言，在刑事诉讼这一"官告民"的程序中，非法证据排除是一种审查侦查的程序合法性问题，相当于一种"民告官"的司法审查活动，其本质目标就是"证据法学"作为阻碍发现真相的科学①所体现的限制公权力的滥用。

循威格摩尔(John H. Wigmore，1863～1943年)的分类，达马斯卡进一步提出了排除规则的分类：外部排除规则是指"与事实真相的追求无关的诸多价值而排除有证明力之信息的证据排除规则"；②而内在排除规则是指"为提高事实认定的准确度而设立的排除规则"。③ 证据规则的机能就是实现这样一种过滤证据材料的作用。据此，外部排除规则主要不是聚焦于证据本身揭示真相的价值上，而集中于取证方法的争议上。这种排除规则往往为两大法系所共有，非法证据排除规则显属其类。非法证据排除规则最早出现于大陆法系纠问制中并出于可靠性考量、经过美国宪法判例启动从真实性价值向其他价值转变，尤其是以1966年在米兰达诉亚利桑那州一案的判决所确立了严格的米兰达规则标志了由排除"非任意性"供述向排除"程序违法性"(一项三问题的标准④)供述的转变，而经过"二战"后这种观点在欧洲开始推广。就口供排除的裁量标准而言，德国与美国相似，也实行法定的形式化的自动排除。非法证据排除规则属于外部排除规则，突出地

---

① 参见陈瑞华：《从"证据学"走向"证据法学"——兼论刑事证据法的体系和功能》，载《法商研究》2006年第3期。

② ［美］米尔建·R.达马斯卡：《漂移的证据法》，李学军等译，中国政法大学出版社2003年版，第16～17页。

③ ［美］米尔建·R.达马斯卡：《漂移的证据法》，李学军等译，中国政法大学出版社2003年版，第19页。

④ 1.是否向你宣读了Miranda警告？2.如果已经向你宣读了Miranda警告，你是否声明过弃权？3.你是否在头脑清醒和自愿的情形下作出声明弃权的决定？参见［美］罗纳尔多·V.戴尔卡门：《美国刑事诉讼——法律与实践》，张鸿巍等译，武汉大学出版社2006年版，第16～17、19页。

体现在其遏制警察非法行为的"威慑理论"上。[①] 但是该理论甚至都不被美国的警察所认同,因为警察"迫在眉睫"地要考虑的是逮捕罪犯是否合理,并不"从长计议"给罪犯定罪。

进一步而言,在一种普遍情形下,自白与事实不符而不可信,多是缺乏任意性,也即任意性与可信性处于一种极端的相关性。对自白可信性的判断有一种向自白任意性聚焦的可能。基于证据能力与证明力的密切相关,这也意味着口供的证明力判断问题转化为证据能力的判断。但是,随着取证方法从明显的外在身体强制向隐性的内在心理强制的转变,尤其是明显的刑讯逼供在法庭上已经踪迹难觅,因此,对于口供证据资格的判断方法从严格依法转向了探求被指控人的内心自由意志状态。

二、从"不自证己罪特权"到沉默权

侦查拘留措施可能无形之中会给"一贯"清白的犯罪嫌疑人造成一种压力和恐惧,而其意志并不自由。由此,警察预先告知犯罪嫌疑人有权保持沉默、有权聘请律师协助等如"米兰达警告"一类的预防性的保护措施意图以有形的规范形式去除被告意思不自由。虽然这可能并不会"奏效",但是增加了对非任意性自白的辨识度,把在内心不自由的状态转化为一种客观的警察违法行为。当警察询问受拘留犯罪嫌疑人前,未告知其有沉默权和律师帮助权,则讯问所得的自白原则上推定不得为证据。就程序而言,这避免了对自白任意性和非任意性的程序争点进行耗时费力的证据调查,节约了司法资源;还可能避免了法院作出错误裁判,因为禁止以非任意性的自白作为审判中的证据,这种对犯罪嫌疑人的有利推定虽然可能给侦查造成难度,并不必然会放纵真正的罪犯,反而迫使警察去寻求被告自白以外的其他形式的证据。从反面而言,这样就做到了认罪一定要体现犯罪嫌疑人、被告人的自主决策精神。由此可见,"不自证己罪特权"(privilege against self-incrimination)可算是非法自白的排除的理论基础。这种根据趋向为举世普

---

① 不管是言词证据还是实物证据的排除都可能有遏制警察不法的目的。参见王兆鹏:《刑事诉讼讲义(二)》,台北,元照出版有限公司 2003 年版,第 23 ~ 24 页;王兆鹏:《美国刑事诉讼法》(第 2 版),北京大学出版社 2014 年版,第 22、259 页。

遍之法则。

英美学者从各方面论证了不被迫自证其罪特免权存在的理由。归纳起来,大体包括以下诸条:

第一,特免权保护无辜的被告人不会因为在证人席上的不良表现而被错误定罪;

第二,特免权可以防止法庭被伪证所困扰;

第三,特免权规则可以鼓励第三方证人出庭作证,因为其不必担心因作证而使自己被定罪;

第四,特免权是对政府权力需要受到约束的承认,既然真正的自我归罪的回答不可能是被强迫的,那么,强迫也就没有意义;

第五,特免权可以防止法庭审判程序沦为臭名昭著的星座法院、高等委员会所适用的纠问式诉讼;

第六,特免权规则经过了历史的检验;

第七,特免权规则可以防止法庭审判成为无尊严、不文明的场合;

第八,特免权可以鼓励控诉方作完全彻底的独立侦查;

第九,特免权可以在尤其是涉及宗教、政治等案件中击败"恶法"和"不好的程序";

第十,特免权可以防止一个人仅仅因名声不好而被起诉;

第十一,特免权有助于防止刑讯逼供和其他不人道的方法;

第十二,特免权规则可促使政府在没有很好理由怀疑一个人犯罪的情况下不去干扰公民个人的生活。①

上述理由其实体现了"不被强迫自证其罪"法律原则从罗马法、教会法甚至是欧洲普通法等多个源头的理念,随着刑事诉讼的模式演变进程而在当今社会逐步生成的过程。

在欧洲诉讼历史上,宣誓占有重要的地位。是否有资格进行宣誓作证是衡量一个证人地位和可信度的前提。最初,宣誓仅仅赋予控告方证人,而

---

① See John Henry Wigmore, *A Treatise on the Anglo-American System of Evidence in Trials at Common Law*, Vol. 8, Peter Tillers Rev., Toronto, Little, Brown and Company, 1983. pp. 310 - 317. 转引自易延友:《刑事诉讼法:规则、原理与应用》(第4版),法律出版社2013年版,第92页。

被告方证人却不被允许宣誓作证,可见,在宣誓这一点上就体现了控方与被告方地位的不平等。随着时间的流逝,宣誓从控方的权利转移成被告人的义务,这种角色的变化仍然体现了控方和被告人之间的不平等。学者孙长永梳理不被迫自证其罪起源的三种不同观点:[①]威格摩尔指出,1641 年英国议会废除王室特别法院(星法院、高等委员会法院)和宗教法院,并禁止“职权宣誓”程序,由此在普通法院最终产生了不被迫自证其罪的特权;利维教授认为,不被强迫自证其罪特权的产生旨在保护英国弹劾主义的刑事程序不受欧洲大陆纠问主义刑事程序的侵蚀,更是李尔本与星座法院斗争的直接胜利成果。霍尔霍姆兹透过英国教会法院审判实践中早已存在的“不自我控告”的拉丁格言(*nemo teletur maxim*),将其起源追溯到大陆法系的普通法,兰博约教授则将其产生解释为 18 世纪后期辩护律师普遍参与刑事诉讼后的结果,是在当事人主义刑事程序形成的过程中逐步确立的。孙长永概括了沉默权的产生和发展的四个主要阶段:[②]

(1)英国特权法院废除“职权宣誓”程序,确立了“不自我控告”的权利;

(2)美国联邦宪法第五修正案对“不被强迫自证其罪”权利的确立;

(3)沉默权在英美两国的确认及其向审前程序的延伸;

(4)沉默权在国际人权法上的确认和发展。

笔者注意到,前面两个阶段更多的是一种思想渊源的确立,而后两个阶段更多的是一种制度的发展。

正是由于职权宣誓 = 自我控告,而宣誓作证 = 自证其罪,所以引发了对英国特权法院“职权宣誓”程序的废除。除了宣誓的程序形式之外,这主要有两个方面深厚的思想渊源:[③]

(1)没有人能在缺少控诉方的情况下受惩罚(*nemo punitur sine accusatore*)。其理由有三:其一,建立在没有控告人不能给发现通奸的妇女定罪的宗教先例的基础上,仅仅依据公众议论而没有发现特定的控告人的

---

① 参见孙长永:《沉默权制度研究》,法律出版社 2001 年版,第 11 ~ 14 页。
② 参见孙长永:《沉默权制度研究》,法律出版社 2001 年版,第 14 ~ 15 页。
③ 参见孙长永:《沉默权制度研究》,法律出版社 2001 年版,第 19 ~ 20 页。

指控和惩罚是非法的；其二，以由罗马法背景支撑的公平理念和正当程序为基础，在没有原告的情况下法官依职权主动启动刑事程序违反了正当程序，特别是事先连起诉书都不向被起诉者送达，违反自然正义原则；其三，教会法的明文规定职权宣誓程序仅用于决定个人是否适宜拥任神职时，这种调查无需控告人，但除此之外的情况下是不允许这样进行调查的。

（2）没有人负有揭发自己隐私的义务（*nemo tenetur detegere turpitudinem suam*）。反对职权宣誓者的人们对禁止要求自陷于罪的法律原则给出了两个理由。第一，我们中没有人不受到某种犯罪的污染，如果事实如此，我们所有人都有受审判的危险。允许国家官员强迫人们揭发他们的罪行就意味着活着的每个人都会遭受公开的审判。第二，强迫人们披露自己的犯罪混淆了忏悔与外部追究的界限，其核心是政府不应当侵入思想和内心深处（隐私），自我控告就像自伤自残一样是违反人道的（尊严）。

从“不自我控告”到“不被强迫自证其罪”，再到有权自由决定是否沉默有一段相当长的演变过程。在18世纪后半叶和19世纪初，刑事诉讼经历了从“让被告人开口”的审判到现代的“检验指控”审判的划时代的改变。“事实上，在强调死刑的制度下，沉默权等于是自杀权。只有当辩护律师成功改造刑事审判，使被告人有可能沉默之后，才有可能在普通法上形成真正的不被强迫自证其罪的特权。”①1696年，英国议会鉴于斯图亚特王朝极端不公正的政治审判的教训制定了《叛逆罪法》，一次性赋予叛逆罪案件中的被告人五项重要的诉讼权利：在开庭5日以前有权获得起诉书副本；有权与律师协商；有权在法庭审理中获得律师的全面辩护，即不仅可以询问和反询问证人，而且可以向陪审团发表总结辩论意见；有权让辩方证人到庭作证；有权通过法院的强制传唤权确保辩方证人到庭。被告人聘请律师的权利逐渐从叛逆罪扩展到普通重罪案件。② 由此，当事人主义模式开始显现，在无罪推定原则下，控方负担举证责任，并且要达到“排除合理疑问”程度，律师有可能建议被告人保持沉默，并且可能通过证据可采性规则来限定被告人

① John H. Langbein, The Historical Origins of the Privilege against Self-Incrimination at Common Law, *Mich. L. Rev.* Vol. 92, No. 5, Mar., 1994, pp. 1084–1085.

② 参见孙长永：《沉默权制度研究》，法律出版社2001年版，第31页。

需要回答的控方提问的范围，自白法则的形成，被告人在审判前的非任意性供述将不得在审判中作为不利被告人的证据使用。这样，原来集中于被告人一身的辩护职能与作证职能因律师的介入而分开，被告人在普通法上的沉默权开始在英国普通刑事案件的审判实践中形成。

英美法系犯罪嫌疑人/被告人的沉默权是建立在享有特殊程序保障的当事人身份和作为出庭作证的证人这样的“全有全无”的两极选择之间。如果被告人选择宣誓作证，就可能面临着接受交叉询问的程序控制和伪证罪的责任后果。美国联邦宪法第五修正案，“No person shall be... compelled in any criminal case to be a witness against himself”，其意为任何人于任何刑事案件中，不得被强迫成为对自己不利的证人。学者王兆鹏介绍，盖美国刑事被告若欲于审判中陈述意见，必须坐于证人席上，宣誓作证之后，才有资格陈述意见。若无联邦宪法第五增修条文之“不自证己罪”的规定，任何刑事被告均将随时陷于伪证（不实陈述），藐视法庭（拒绝陈述），及自我控诉（据实陈述）的三难之境（the cruel trilemma）。在此制度之下，被告于刑事审判中有权保持缄默，实乃必然之结果。[1]

总之，不同国家和不同时期对于口供作为证据的态度与特定时期的程序制度和诉讼文化紧密相关。换句话说，在法定证据制度下，口供作为最容易获得的也是最佳的印证资源常常会造成刑讯逼供。而在现代自由心证下，口供反倒要通过其他证据来印证才能作为有罪认定的根据。据此可见，印证制度到底是以口供为起点或者终点反映对被告人程序地位的不同态度。

---

① 参见王兆鹏：《美国刑事诉讼法》（第2版），北京大学出版社2014年版，第305～306、328页。这个“心理残忍性”学说，还可参见［美］阿克希尔·瑞德·艾玛、瑞尼·B.莱特：《第五修正案的基本原则：反对强迫自我归罪条款》，载江礼华、杨诚主编：《美国刑事诉讼中的辩护》，法律出版社2001年版，第249页。

第五章　口供排除程序的构造反思

2010 年 5 月 30 日“两个证据规定”的出台在学界引发一阵评论的热潮，[①]也逐渐吊高了人们对刑事诉讼

① 除了报纸上推出的相关文章之外，见诸期刊的主要有陈光中：《刑事证据制度改革若干理论与实践问题之探讨——以两院三部〈两个证据规定〉之公布为视角》，载《中国法学》2010 年第 6 期；龙宗智：《两个证据规定的规范与执行若干问题研究》，载《中国法学》2010 年第 6 期；樊崇义：《“两个证据规定”理解与适用中的几个问题》，载《证据科学》2010 年第 5 期；熊秋红：《刑事证据制度发展中的阶段性进步——刑事证据两个规定评析》，载《证据科学》2010 年第 5 期；沈德咏：《中国刑事证据制度改革发展的路径选择——以〈刑事证据两个规定〉为视角》，载《清华法学》2011 年第 5 期；陈卫东：《两个证据规定之解读》，载《中国检察官》2010 年第 21 期；陈卫东：《两个证据规定的进步与不足》，载《证据科学》2010 年第 5 期；陈卫东：《中国刑事证据法的新发展——评两个证据规定》，载《法学家》2010 年第 5 期；谢鹏程：《两个证据规定与公诉政策》，载《中国检察官》2010 年第 23 期；宋英辉：《检察机关贯彻“两个证据规定”的几个问题》，载《中国检察官》2011 年第 1 期；汪海燕：《评关于非法证据排除的两个〈规定〉》，载《政法论坛》2011 年第 1 期；万毅：《论“刑讯逼供”的解释与认定——以“两个〈证据规定〉”的适用为中心》，载《现代法学》2011 年第 3 期；万毅：《论瑕疵证据——以“两个〈证据规定〉”为分析对象》，载《法商研究》2011 年第 5 期；林喜芬：《论“两个证据规定”的三大突破与五个局限——以非法言词证据的证据能力为重心》，载《现代法学》2011 年第 2 期。此后也有不少对“两个证据规定”实施情况的调研，如陈卫东：《“两个证据规定”实施状况的真实调研》，载《法制日报》2012 年 3 月 7 日，第 10 版；陈卫东等：《“两个证据规定”实施情况调研报告——侧重于三项规定的研究》，载《证据科学》2012 年第 1 期；万毅等：《“两个证据规定”运行情况实证调研——以 S 省 G 市地区法院为考察对象》，载《证据科学》2012 年第 4 期。2012 年 2 月 25 日，中国人民大学诉讼制度与司法改革研究中心和海口市中级人民法院还主办了“两个证据规定”实施状况评估研讨会，参见《专家学者热议“两个证据规定”的实施》，载《中国审判》2012 年第 4 期。

非法证据排除的胃口。或许是这次“纸面上的法”之成功推出,从此拉开了有关非法证据排除规则包括其中的口供排除规则三令五申的序幕。然而正如笔者一开始针对“两个证据规定”的规范及其向刑事诉讼立法的上升所作出的判断:在高举人权保障大旗下的刑事诉讼立法修改淡化了刑事诉讼构造的路径选择,但是,基于一种结构缺陷,我国立法所确立和完善的审判前供述排除规则很容易沦为“纸面上的法”而难以转为“行动中的法”。一方面,因为没有庭前法官和庭审法官的分离,法官和陪审团的分权,一元化的法庭可能会造成非法获取的口供从大门排除又从窗户跳进,而“口供排除”和“宣读口供”的两阶段在质证上存在叠床架屋,更有为普遍地采纳审判前供述这一传闻证据“背书”的反其道而行之的趋势。另一方面,控辩不平等导致庭审最终落入长于法律辩论而轻视事实调查的旧习,而法官也陷入底是积极调查还是消极听审的内在职责冲突之中。因此,我们设想以案例指导跳脱立法中心主义的虚无缥缈,以配套程序摆脱实质判断标准的人言人殊。当然,笔者认为“纸上谈兵”的立法大规模地出台和反复重申其实更需要以一种司法逐案判断的方式来“滴水穿石”。下文主要是笔者当时对口供排除的程序规则的整体构造所进行的分析,现在看来这种判断仍然有现实意义。

第一节　引言:从标准重回主义

2010 年 5 月 30 日,“两个证据规定”的出台没有给人带来强烈的预期。其中的《排除非法证据规定》主要针对审判前供述、未到庭证人的书面证言、未到庭被害人的书面陈述等言词证据和物证、书证等实物证据的区分采用了不同的排除标准,确立了排除非法证据尤其是审判前供述的程序机制。这标志着非法证据排除规则从标准是非的层面实质性地上升到操作规程的层面。上一章笔者分析指出,口供排除规则经历从真实性判断到自愿性判断的历程,其中自愿性的识别标准又从探寻难以言说的意志自由转向判断外显的程序违法。但是,因应现代取证方式从身体强制向心理强制的变化,外显的程序违法逐渐减少并且可能为事后的强词夺理所遮掩。因此,对庭审前供述可采与否又必须重新注重探寻是否在意志自由的情形下作出和进一步探求其真实与否。就我国的庭审调查方式而言,因为物证获取技术的入不敷出以及污点证人制度、秘密侦查措施和辩诉交易制度的尚付阙如而更侧重于人证方法,又由于证人不出庭而调查案件事实的人证方法或者被缩小为被告人的"自证其罪",或者程序倒退为"案卷确认"。由此,新确立的口供排除规则在解决老问题和面对新情况时左支右绌。

2011 年 8 月 24 日,《刑事诉讼法修正案(草案)》(以下简称《草案》)提交全国人大常委会初次审议,12 月 26 日提交全国人大常委会进行第二次审议。2012 年 3 月 14 日,第十一届全国人民代表大会第五次会议通过《关于修改〈中华人民共和国刑事诉讼法〉的决定》。从《草案》到该决定的立法过程引发了公众参与热情。《草案》规定了"严禁刑讯逼供和以其他非法方法收集证据,不得强迫任何人证实自己有罪",到新《刑事诉讼法》最终明确为"严禁刑讯逼供和以威胁、引诱、欺骗以及其他非法方法收集证据,不得强迫任何人证实自己有罪"。不过,2012 年《刑事诉讼法》仍然保留了 1996 年《刑事诉讼法》"应当如实回答"内容,并试图增加"坦白从宽"以缓和如实回答的义务性,即"侦查人员在讯问犯罪嫌疑人的时候,应当告知犯罪嫌疑人如实供述自己罪行可以从宽处理的法律规定"。此外,2012 年《刑事诉讼法》还对羁押犯罪嫌疑人的讯问地点以及讯问过程全程录音录像作出了规定等。有关非法证据的内涵、排除程序等《排除非法证据规定》之中的相关内容被吸收进 2012 年《刑事诉讼法》之中,增加 5 条,作为 2012 年《刑事诉讼法》第 54、55、56、57、58 条,即 2018 年《刑事诉讼法》第 56、57、58、59、60 条。

正是因为寄望于通过法律法规的出台来包治百病,随着"立法秀"[①]的幕起幕落,学者开始对我国立法沦为"纸上谈兵"的司法常态形成了新一波的轮番轰炸,而凭着"批评法律的偏执",[②]重新建构法律或者规则。笔者设想,如果规则制定者真的如"墙头草"似的对草根意见的持续吸

① 汪海燕:《评关于非法证据排除的两个〈规定〉》,载《政法论坛》2011 年第 1 期。
② 刘连泰:《批评法律的"偏执"》,载《人民法院报》2010 年 10 月 1 日,第 7 版。

纳,要不是因为立法程序的限制,那么,法律会一天一个样子,或者翻天覆地,或者翻来覆去。可见,在批评立法纸上谈兵之时,我们又提倡另外一种纸上谈兵,即着力于理论地阐释原则,虽然这有可能沉溺于"知识分子的自淫",不屑于提出法律建议而脱离司法实践。这是因为原则上合理的观点可能会指导形成含义清晰的政策,但是这一政策并不能被司法实践所待见。甚至,由清晰原则表述的政策含义可能并非是清晰的。[①] 这样的分析可能存在这样一种野心,包含了一种凸显和镶嵌的双阶过程。一是摆脱了一种法条混乱和众说纷纭的局面,从社会背景或者其他背景中提炼出核心观念并对其内涵、展开及其真实性、有效性进行论证,是为凸显;二是为法律人(既包括公检法等法律操作人员,也包含不得不与法律打交道的当事人)进行制度评判和观点争论提供语言工具,把对核心概念的精细区分或者不同寻常的解释作为一种法律人交流的背景知识,是为镶嵌。

从《排除非法证据规定》到《草案》再到上述决定是对司法改革成果的总结、提炼、巩固和各方主体参与的争鸣、博弈、共识的过程。其实非法证据排除规则甚至要回溯到1998年最高人民法院和最高人民检察院所各自出台的司法解释。正如陈瑞华所言,2010年在"两个证据规定"制定过程中,改革者不仅重视非法证据排除规则中的实体性部分,而且对带有程序保障性的实施性规则作出了系统的规定。[②] 这是我国非法证据排除规则从文本走向实践的一个里程碑式的进步。这些改革成果最终进入了2012年修改的《刑事诉讼法》,然而本次修法并没有激起多少刑事诉讼模式之争。比较而言,1996年的《刑事诉讼法》修改,其路径选择就是在职权主义因素之中加入当事人主义因素,甚至1996年修法后和一直持续进行的刑事诉讼改革

---

① 这里借用了政治哲学的概念分析及其与政策指导关系,参见[英]亚当·斯威夫特:《政治哲学导论》,萧韶译,江苏人民出版社2006年版,第7页。

② 参见陈瑞华:《非法证据排除规则的中国模式》,载《中国法学》2010年第6期。

实践中也一直存在我国刑事诉讼模式的称谓和走向之争。① 在 2012 年修法之前已经有多个民间立法版本。② 概而言之，这些版本有更倾向于英美当事人主义的诉讼模式，其中关于采用检警一体化、司法令状制、交叉询问制等立法建议都可能要对当前的诉讼架构有所调整。尽管 2012 年最终的立法成果也意图突出“庭审中心主义”理念和强化辩护职能、强化权力制约，但是并没有纠缠于横向的和纵向的诉讼构造如何选择的问题，而更着眼于各项法律条文中的权利与权力之间、不同权力之间的博弈与共识，③尤其是后来临门一脚、急追直上的“人权保障”条款更是聚焦了专家学者和普通

---

① 学者左卫民对我国刑事诉讼改革和立法的模式进行了坚持不懈的探索。典型的文章有，左卫民、万毅：《我国刑事诉讼制度改革若干基本理论问题研究》，载《中国法学》2003 年第 4 期。该文以传统/现代为分析框架，基于两大法系刑事诉讼制度的共同性原理与价值，将之称为“现代性的刑事诉讼制度”；另外，通过初步梳理域内外语境中“职权主义”使用情况发现，当下英美及欧陆学界均没有可与中文“职权主义”在语义上完全对应的术语，中文世界的“职权主义”概念具有发展性、复杂性与独特性，既是日本、欧陆与英美三重影响下的演变之物，又是分析外来制度与构建、评判本土模式的双重武器。参见左卫民：《职权主义：一种谱系性的“知识考古”》，载《比较法研究》2009 年第 2 期。对于我国刑事诉讼模式改革的路径选择，左卫民的观点也经历了一个从传统到现代性转型（价值之争）的观点，到提倡超越某种在很大程度上已经固化的“新意识形态法学”的研究思路，最终转向为中国道路的实践阐释和本土构建（方法之争）。具体参见左卫民：《范式转型与中国刑事诉讼制度改革——基于实证研究的讨论》，载《中国法学》2009 年第 2 期；左卫民：《中国刑事诉讼模式的本土构建》，载《法学研究》2009 年第 2 期；左卫民：《迈向实践：反思当代中国刑事诉讼知识体系》，载《中外法学》2011 年第 2 期；左卫民：《刑事诉讼制度变迁的实践阐释》，载《中国法学》2011 年第 2 期。在刑事诉讼法立法修改过程中左卫民延续了其关于改革路径的思考，甚至以一种程序司法化的技术来透视《刑事诉讼法修正案（草案）》。参见左卫民：《司法化：中国刑事诉讼修改的当下与未来走向》，载《四川大学学报》（哲学社会科学版）2012 年第 1 期。

② 中国政法大学陈光中教授于 2004 年主持完成的课题研究成果，《中华人民共和国刑事诉讼法再修改专家建议稿与论证》，中国法制出版社 2006 年版。西南政法大学徐静村教授于 2004 年主持的司法部“刑事诉讼法再修改”课题研究成果，《中国刑事诉讼法（第二修正案）学者拟制稿及立法理由》，法律出版社 2005 年版。中国人民大学陈卫东教授 2004 年主持的欧盟“中华人民共和国刑事诉讼法再修改”项目，课题研究成果《模范刑事诉讼法典》，中国人民大学出版社 2005 年版，“模范”二字标榜其前瞻性与理想性。

③ 学者万毅认为，草案着力凸显被追诉人的程序主体地位，完善了一审程序，在一定程度上有助于确立“一审中心主义”，克服传统的“侦查中心主义”的结构性弊病。但是，处于问题核心的侦查程序本身却并未发生任何结构性改变。参见万毅：《完善刑诉法修正案草案的三点意见》，载《检察日报》2011 年 10 月 10 日，第 3 版。

百姓的关注。① 然而,对诉讼模式的选择避而不谈并不能掩盖诉讼模式对诉讼主体之间权利义务配置的主导作用。② 因此本文不是更多地讨论非法证据的种类和范围、排除后果、法官在排除非法证据中的裁量标准、排除规则适用中的例外等规则,而集中于排除非法证据的启动方式、司法裁判方式、证明责任分配以及相关救济机制等内容,并且试图探究法律条文背后的文化因素对规则落实的影响。

基于西方两大法系的传统和制度差异,美国学者米尔吉安·R. 达马斯卡(Mirjan R. Damaska)对组织结构和程序结构可能影响证据制度的实施效果问题作过比较精辟的讨论。③ 在我国热切呼吁确立非法证据排除规则的当下,随着《刑事诉讼法》再修正迈出了坚定的步伐,这一问题一直隐而不彰,甚至可能被认为是吹毛求疵。下文笔者意图运用结构这一理论根据,贯穿组织和程序两个法律领域,④根据有无庭前法官和庭审法官的分离、法官和陪审团的分权,以及控辩对抗能力和法官庭审中权力配置情况来分析口供排除规则的运行方式和预防效果。概言之,就审判组织结构而言,因为在我国刑事诉讼中不存在庭前法官和审判法官的分离、法官和陪审团的分权,被排除的非法口供的证明力有一种从大门排除而从窗户跳进的可能。从诉讼程序构造而言,由于控辩对抗能力的强烈差异以及法官一定程度的职权作用,也使非法证据排除的调查程序沦为一种官方掌握话语霸权的意见之争。

有必要首先申明,笔者并无意否定我国《刑事诉讼法》再修改是"一次

---

① 2012 年 3 月 4 日 11 时,在十一届全国人大五次会议新闻发布会上,大会发言人李肇星透露了一个令人振奋的消息,考虑到刑事诉讼制度关系公民的人身自由等基本权利,修正案草案将"尊重和保障人权"写入刑事诉讼法总则第 2 条。参见《保护人权原则写入刑诉法草案》,载新华网:http://news.163.com/12/0304/11/7ROFRG8M0001124J.html,最后访问日期:2012 年 3 月 4 日。

② 参见周成泓:《刑事证据调查与诉讼模式——一个回到原点的研究》,载《甘肃政法学院学报》2012 年第 1 期。

③ 参见[美]米尔吉安·R. 达马斯卡:《比较法视野中的证据制度》,吴宏耀等译,中国人民公安大学出版社 2006 年版,第 252 ~ 260 页。

④ 以组织法和程序法两种规范作为司法制度的分析工具的想法,最初源于林钰雄:《检察官论》,台北,新学林出版股份有限公司 1999 年版;参见陆而启:《智识互转:印证规范解析》,载《证据科学》2011 年第 4 期;关于组织与程序相互影响的例证,参见陆而启:《事实发现:能动与回应之间》,载《政法论丛》2010 年第 4 期。

中国特色社会主义司法制度的健全和完善”,然而,证据规则必然要牵涉控辩审三方关系的庭审结构问题,[1]这里重提“主义之争”旧话,更多的是想使接轨的制度最终能够在我国得到有效落实。通过分析可知,一种法律制度的生命力单靠法律条文的字面接轨反而不如在实践中点滴积累有意义,单靠完善事后责任承担机制反而不如强化同步的预防措施更有效。同样在立法和司法解释大跃进的背景之下,笔者甚至提出在一种“反对立法修改、[2]反对司法解释”的保守姿态下,反而更为激进的措施,就是通过司法判例来逐步落实刑事诉讼制度已经确立的各项原则,甚至通过司法实践来填补制度缺陷和形成理性共识,并收到水滴石穿的制度变迁成效。通观2012年《刑事诉讼法》总则“第一章任务和基本原则”的修改,只有两条变化:(1)第2条明确了“尊重和保障人权”的任务;(2)第14条在原有的“保障诉讼参与人依法享有的诉讼权利”的基础上突出了“保障犯罪嫌疑人、被告人和其他诉讼参与人依法享有的辩护权”,在第11条“人民法院有义务保证被告人获得辩护”之外,使辩护权的保障更为周延。换句话说,我国《刑事诉讼法》所确立的基本原则基本上没有什么大变动,制度的细枝末节完全可以“通过司法来实现正义”。

第二节　程序分层:程序裁判 vs 定案说理

虽然根据《排除非法证据规定》法庭的非法证据排除有开庭前和开庭时两个动议阶段,但是非法证据排除只是庭审法官主持的“审判中的审判”,而没有庭前法官和庭审法官的区别。1996年《刑事诉讼法》修改的一个突出变化就是辩护律师介入的提前和阻断侦审连续而采用复印件主义,在此种格局之下,律师到法院阅卷的范围相应地受限。因此,有关“证据开示”的讨论一时甚嚣尘上。2007年修改的《中华人民共和国律师法》(以下

---

① 其实有必要提及的是,在我国,李心鉴博士首开从构造角度的分析非法证据排除规则的先河。参见李心鉴:《刑事诉讼构造论》,中国政法大学出版社1992年版,第九章证据法则。

② 参见易延友:《刑事诉讼法何需修改》,载搜狐博客:http://yiyanyouvip.blog.sohu.com/193220482.html,最后访问日期:2012年4月14日。

简称《律师法》)第34条在某种意义上就是要解决律师阅卷权的范围问题,为了弥补审判阶段阅卷的范围有限和时间短促,规定了自审查起诉阶段的律师阅卷权。尽管根据2012年《刑事诉讼法》第172条,诉审衔接关系重回了卷证移送的老路,然而,为强化辩护准备能力,2012年《刑事诉讼法》第38条吸收了《律师法》的相关内容,作出规定,“辩护律师自人民检察院对案件审查起诉之日起,可以查阅、摘抄、复制本案的案卷材料”,这相当于对多年来理论研讨和实践探索的、作为1996年修法后遗症的证据开示制度在《刑事诉讼法》的再次修改之中得到了立法确认。

一、庭前程序对证据合法性问题的解决

证据开示制度的价值主要是互通证据信息的有无,(不仅仅限于阅卷权)为庭审活动做好准备,也因此证据开示制度具备双重功能:一是固定证据、明确争点,2012年《刑事诉讼法》增加规定了辩护人有权申请人民检察院、人民法院调取未提交的在侦查、审查起诉期间公安机关、人民检察院收集的“证明犯罪嫌疑人、被告人无罪或者罪轻的证据材料”(第39条)和辩护人对“有关犯罪嫌疑人不在犯罪现场、未达到刑事责任年龄、属于不负刑事责任的精神病人的证据”(第40条)及时告知控方,也就是在阅卷权之外,还就某些特定信息明确规定了一种双向的证据开示制度;二是提出排除动议,解决证据的合法性问题。证据开示的动机有两种:一是准备在法庭上出示的证据展示给对方从而使对方也有准备的时间,这基于对等性的平等武装要求;二是控方不准备出示而对辩方有利的证据也要展示,这是基于“有利于被告人”的倾斜性政策的要求。证据开示程序对于证据获得证据能力有两方面的意义:一是经过证据开示程序本身而使证据具备在法庭出示的证据能力,意图避免“突然袭击”现象;二是审查取证程序是否违法而考察证据是否有资格在法庭出示,体现“证据裁判”原则。

(一)排除非法证据的程序启动

作为证据开示的类似程序,根据2010年《排除非法证据规定》,非法证据排除的提出时机,也就是辩方对审判前供述的设疑有两个时机:一是起诉书副本送达后开庭审判前(第4条),二是被告人及其辩护人在开庭审理前或者庭审中,甚至“法庭辩论结束前,被告人及其辩护人提出被告人审判前

供述是非法取得的，法庭也应当进行调查”（第 5 条），并且被告人陈述被要求附证据，“提供涉嫌非法取证的人员、时间、地点、方式、内容等相关线索或者证据”（第 6 条）。当然，这只是决定能否开启排除程序。总体而言，这里对辩护方的非法证据申请有一种“权利大放送”的意思。

2012 年《刑事诉讼法》第 54 条第 2 款开宗明义地规定：“在侦查、审查起诉、审判时发现有应当排除的证据的，应当依法予以排除，不得作为起诉意见、起诉决定和判决的依据。”这结合相关的具体条款可以作这样的解释，除了说明了一种实体决策的定案说理方式，还因为其“发现”而蕴含了排除非法证据程序启动的职权性。从程序启动方式而言，第 56 条明确了法庭审理过程中“审判人员”依职权（第 1 款）和“当事人及其辩护人、诉讼代理人”依申请（“应当提供相关线索或者材料”）（第 2 款）两种不同的提起非法证据排除调查程序的方式。

当然，在司法实践中主要是由被告人及其辩护人申请排除非法证据。2017 年《严格排除非法证据规定》第 23、24 条规定了被告人及其辩护人相应的权利和义务。

第 23 条第 1 款规定：“人民法院向被告人及其辩护人送达起诉书副本时，应当告知其有权申请排除非法证据。”

第 2 款规定：“被告人及其辩护人申请排除非法证据，应当在开庭审理前提出，但在庭审期间发现相关线索或者材料等情形除外。人民法院应当在开庭审理前将申请书和相关线索或者材料的复制件送交人民检察院。”

这两款是 2012 年《刑诉解释》第 97 条、第 98 条的重申。“告知—申请—送交”的三个“应当”既设定了法院的义务，也限缩了辩护方的申请时机。当然，如果被告人及其辩护人在被驳回申请后收集到新的线索或者材料，则可以再次提出申请，这样既为被告人方提供了必要的程序救济，充分维护被告人的诉讼权利，也有助于确保程序公正和裁判结果的可接受性。

第 24 条规定了法庭对被告人及其辩护人所提申请的审查方式：“被告人及其辩护人在开庭审理前申请排除非法证据，未提供相关线索或者材料，不符合法律规定的申请条件的，人民法院对申请不予受理。”

（二）庭前会议对证据收集合法性争议的处理

有学者指出，2010 年《排除非法证据规定》第 5 条本身也明确了审前非法供述的庭审调查方式：(1)在开庭前或者开庭时提出审前非法供述之诉，法庭应当“先行调查”；(2)在庭审中，提出审前非法供述之诉，法庭应当“适时调查”。[①] 必须注意的是，法条里的“先行调查”是“当庭”调查，也是一种更为常态的工作方式，并不是指从庭审提前到庭前阶段。随着时间推移，2012 年《刑事诉讼法》第 182 条第 2 款规定：“在开庭以前，审判人员可以召集公诉人、当事人和辩护人、诉讼代理人，对回避、出庭证人名单、非法证据排除等与审判相关的问题，了解情况，听取意见。”一个独立的庭前准备会议的环节初具规模，虽然主要是“听取意见”而并不能作出决策。

为避免因被告方当庭突然提出排除非法证据申请导致庭审中断，影响审判顺利进行，2017 年《严格排除非法证据规定》第 25、26 条规定了庭前会议对证据收集合法性争议的处理机制。具体内容如下：

(1)明确应当召开庭前会议的情形。《严格排除非法证据规定》第 25 条第 1 款规定：“被告人及其辩护人在开庭审理前申请排除非法证据，按照法律规定提供相关线索或材料的，人民法院应当召开庭前会议……”这还是对 2012 年《刑诉解释》第 99 条规定的重申：“开庭审理前，当事人及其辩护人、诉讼代理人申请排除非法证据，人民法院经审查，对证据收集的合法性有疑问的，应当依照刑事诉讼法第一百八十二条第二款的规定召开庭前会议，就非法证据排除等问题了解情况，听取意见……”这样只要被告人及其辩护人能够按照法律规定提供相关线索或材料的，召开庭前会议就是一个必经的程序。根据《庭前会议规程》第 3 条第 2 款的规定，被告人申请参加庭前会议或者申请排除非法证据等情形的，人民法院应当通知被告人到场；有多名被告人的案件，主持人可以根据案件情况确定参加庭前会议的被告人。

(2)明确庭前会议的证明方式。《严格排除非法证据规定》第 25 条第 1 款还规定：“……人民检察院应当通过出示有关证据材料等方式，有针对性地对证据收集的合法性作出说明。人民法院可以核实情况，听取意见。”将 2012 年《刑事诉讼法》规定的“了解情况”调整为“核实情况”，强调法院有

---

① 参见龙宗智、夏黎阳主编：《中国刑事证据规则研究：以刑事证据的“两个规定”为中心》，中国检察出版社 2011 年版，第 79 页。

效梳理争点,明确争议。出于争议需要明确,或者出现新的争议,人民检察院需要补充收集证据等情况,《庭前会议规程》第 6 条规定:“根据案件情况,庭前会议可以在开庭审理前多次召开;休庭后,可以在再次开庭前召开庭前会议。”

(3)明确控辩双方撤回证据或者申请的情形。为强化庭前会议的有效性,避免控辩双方随意反悔,《严格排除非法证据规定》第 25 条第 2、3 款规定:“人民检察院可以决定撤回有关证据,撤回的证据,没有新的理由,不得在庭审中出示。被告人及其辩护人可以撤回排除非法证据的申请。撤回申请后,没有新的线索或者材料,不得再次对有关证据提出排除申请。”《庭前会议规程》第 4 条规定:“被告人不参加庭前会议的,辩护人应当在召开庭前会议前就庭前会议处理事项听取被告人意见。”

(4)明确庭前会议对证据合法性争议的处理。为实现法庭集中高效审理,最高人民法院《关于全面推进以审判为中心的刑事诉讼制度改革的实施意见》第 9 条第 1 款对庭前会议中控辩双方达成的合意决定赋予约束力,规定:“控辩双方在庭前会议中就相关事项达成一致意见,又在庭审中提出异议的,应当说明理由。”对于双方未能达成一致意见的是否进入法庭调查程序,《严格排除非法证据规定》第 26 条规定:“公诉人、被告人及其辩护人在庭前会议中对证据收集是否合法未达成一致意见,人民法院对证据收集的合法性有疑问的,应当在庭审中进行调查;人民法院对证据收集的合法性没有疑问,且没有新的线索或者材料表明可能存在非法取证的,可以决定不再进行调查。”2017 年《排除非法证据规程》第 15 条修正了上述规定,庭前会议未达成一致意见,庭审必须进行调查,但是对能够排除非法取证情形且无新线索材料的可以简化。① 笔者认为,这主要是因为取证行为的非法程度除了作为非法证据排除问题,还可能作为证据材料不真实的线索和证据问题。

2012 年《刑事诉讼法》第 58 条规定:“对于经过法庭审理,确认或者不能排除存在本法第五十四条规定的以非法方法收集证据情形的,对有关证

---

① 关于庭前会议与庭审之间对排除非法证据的程序衔接的新进发展,具体参见本书第三章第一节“引言:质证规范与证人出庭”。

据应当予以排除。”单从条文中并看不出存在所谓的独立的中间判决，一般而言，只是对此问题在对被告人实体问题进行认定时一并解决，因而更不存在单独的程序性上诉审查的问题。最终，对证据合法性的审查不是在庭审前以“零售”的方式解决，而是延续到庭审中由庭审法官一并“批发”地解决，也就不存在开庭前没有提出异议时的失权问题，下文还将详述证明标准。

比较而言，在美国联邦法院中，非法证据排除规则的动议必须在审前提出，法庭应当在对事实的审判之前先行举行非法证据排除的听审。如果被告人在无特殊理由的情况下没有在审前提出动议，那么法院将认为其放弃了该项权利。在审判过程中的排除证据动议，由联邦法院的法官凭自由裁量权决定是否接受，被告人可以在上诉程序中质疑法官作出的拒绝决定，但是必须证明法官滥用了自由裁量权并且对被告人造成了实质损害。① 这体现对当事人自主权利的尊重和对庭审程序的效率追求，当然对于迟发的动议如何对待各州宽严不一，而允许有例外的听审。进一步而言，在美国，绝大多数的证据方面的裁判是典型的、不可上诉的中间裁判（interlocutory order），对此类裁判的审查，可能会带来对法官和陪审团而言无法接受的庭审中断，以及带来担心不利判决结果的当事人的恶意拖延，又由于没有完整的庭审记录而其上诉法庭的裁决结论会很不稳定，也即证据裁判的重新审查往往都在对案件的判决作出后才能被提出。② 不过，对非法证据排除动议程序可以例外地进行中间上诉（interlocutory appeal）。必须注意的是，就传统而言，在美国非法证据排除规则与自白证据不同，分别针对非法搜查扣押获得的物证和被告人陈述证据。例如，我国台湾地区就对自白和被告以外之人陈述的证据能力问题分别适用自白任意性规则和传闻法则。传闻法则也旨在排除审判外入罪陈述证据能力。③ 然而，美国联邦最高法院及各

① 参见杨宇冠：《非法证据排除规则及其在中国确立问题研究》，载《比较法研究》2010 年第 3 期。

② 参见［美］米勒、柯克帕特里克：《证据法：案例与难点》（影印本），中信出版社 2003 年版，第 56 页。转引自陈卫东、刘中琦：《我国非法证据排除程序分析与建构》，载郎胜主编：《刑事辩护与非法证据排除》，北京大学出版社 2008 年版，第 59 页。

③ 参见张明伟：《改良式的证据法则与刑事诉讼》，台北，五南图书出版股份有限公司 2008 年版，第 3 页。

级法院经过长期实务运作,已经建立一套严格的取证程序规则,从而如有违反该程序规则所取得的自白或不利己的陈述,亦适用证据排除法则,使依排除法则所得排除的证据种类,由最初之有形证据,扩及于无体的通讯,进而更含陈述证据在内。证据排除法则亦渐由原仅适用于违反宪法修正案第 4 条的搜索、扣押规定,进而扩及于违反宪法修正案第 5 条有关不自证其罪的规定,及宪法修正案第 14 条正当程序的规定。[①] 学者郑旭引用美国《乔治敦大学法律杂志》第 32 版刑事诉讼年度评论,其中对排除规则定义,也是一种广义的理解,包括违反第四、五、六修正案的排除规则,这种广义理解在美国还有其他文献支持。[②] 纵使是非法证据排除的考量标准基于不同的宪法条款,关于口供和"毒树之果"的复杂关系,口供作为"毒树",从而是发现其他证据的线索;或者口供是由违法的拘留逮捕措施产生毒果(例如,针对拘留讯问的米兰达规则),具体如何采纳也需要结合具体情形考量。但是,在排除程序上,两者的庭审结构是一致的。

二、对审判前供述的双阶审查程序

关于审判时可否朗读侦查中讯问笔录,我们先来看直接审理原则的内涵:(1)要求法官始终在场;(2)禁止朗读讯问笔录;(3)调查程序是法官自由心证前提。可见朗读侦查中的讯问笔录与直接言词原则的要求不符。而德国的侦查法官保全证据制度可算是直接审理的例外。侦查法官是为适用宪法或者法律明定的法官保留原则,在侦查阶段受侦查机关之申请而决定特定侦查措施的法官,他还可以依侦查机关的申请而讯问被告、证人或鉴定人,以便保全供述证据。这一定程度上有助于保证辩护律师申请调查取证的义务主体的中立性。[③] 德国侦查法官制度更侧重于在取证环节对非法讯问的提前预防从而保障进入庭审的证据合法。根据《德国刑事诉讼法典》第 254 条的规定,为了对被告之一项记忆的调查及为了对其新旧陈述间矛盾情形的澄清,其在法官讯问时所做的讯问笔录可以被朗读,这里朗读的笔

---

① 参见林辉煌:《论证据排除——美国法之理论与实务》,台北,元照出版有限公司 2003 年版,第 19 页。

② 参见郑旭:《非法证据排除规则》,中国法制出版社 2009 年版,第 6 页。

③ 参见林钰雄:《刑事法理论与实践》,台北,学林文化事业有限公司 2001 年版,第 61 页。

录在法官(指侦查法官)讯问时作出,在侦查程序中引入侦查法官来讯问被告。一方面,有独立审判、法定法官和听审原则的三重保障,尤其是在听审原则的支配下尽可能维护被告的请求资讯权、请求表达权和请求照顾权,《德国刑事诉讼法典》第168c条还就法官讯问时辩方的在场权特别明文规定;另一方面,在侦查程序中形成与审判阶段相同的审检辩三面构造有防范滥权和保障民权的功能。① 当然,该条规定之意义也存在争议,该"朗读"作为禁止朗读之例外虽然合法,但其内容未必为真;宣读的自白可以用以恢复记忆或者质疑矛盾,也是一个法官自由心证可以依据的书证,②从而可能产生定罪偏见。这时对口供的排除,就不具有预防效果,而更侧重于对案件事实认定的定案说理。

再回到我国,根据2010年《排除非法证据规定》第10条:

经法庭审查,具有下列情形之一的,被告人审判前供述可以当庭宣读、质证:

(一)被告人及其辩护人未提供非法取证的相关线索或者证据的;

(二)被告人及其辩护人已提供非法取证的相关线索或者证据,法庭对被告人审判前供述取得的合法性没有疑问的;

(三)公诉人提供的证据确实、充分,能够排除被告人审判前供述属非法取得的。

对于当庭宣读的被告人审判前供述,应当结合被告人当庭供述以及其他证据确定能否作为定案的根据。

从整个条文来看,宣读庭前口供好像更侧重于其实质上定罪作用,当然还需要进一步满足其程序质证功能。因此,"排除程序"和"宣读口供"在质证上存在叠床架屋,其表面的合理性也许是对审判前供述的证据能力的审查和证明力进行分别审查,前者审查证据能力问题,质疑取证程序的合法性;而后者审查证明力问题,确认口供的真实性。这样的第二重"宣读口

① 林钰雄将侦查法官前的讯问笔录作为一种直接审理之不时之需的例外,如被告因故未能在审判日供述而以朗读讯问笔录替代。参见林钰雄:《刑事法理论与实践》,台北,学林文化事业有限公司2001年版,第61~62页。

② 参见[德]克劳思·罗科信:《刑事诉讼法》(第24版),吴丽琪译,法律出版社2003年版,第433页。

供”程序建立在作为一种传闻证据的审判前供述具有合法的证据能力基础之上。具体到该条第1项，这完全可见口供在庭审之中的横行无阻，而不需要有如同德国侦查法官的保全程序。

笔者曾经指出遍览我国《刑事诉讼法》，找不到宣读审判前口供的相关规定，[①]然而，1999年施行的《人民检察院刑事诉讼规则》第336条规定："被告人在庭审中的陈述与在侦查、审查起诉中的供述一致或者不一致的内容不影响定罪量刑的，可以不宣读被告人供述笔录。被告人在庭审中的陈述与在侦查、审查起诉中的供述不一致，足以影响定罪量刑的，可以宣读被告人供述笔录，并针对笔录中被告人的供述内容对被告人进行讯问，或者提出其他证据进行证明。"其中第1款也基本上尊重了直接审理原则要求，第2款规定了以宣读审判前供述为基础的口供质证方式，"以审判前供述质疑庭审陈述"（以供诱供）和"以证据证明审判前供述"（以证印供）两种方式。前者是主要通过庭审中的思想教育和感化措施要求被告人最终改口承认庭前供述的真实性，而另一种是用其他证据来质疑庭审的翻供从而证明庭前供述的真实性，这两种方式都笼罩在"宣读被告人供述笔录"的"自证其罪"的攻势之下。可见，我国《刑事诉讼法》虽然一直强调仅有口供不能定罪，但是从侦查阶段的所谓"坦白从宽"开始（2012年《刑事诉讼法》新增的第118条第2款），诉讼程序的重心，还是围绕着口供打转。更值得警醒的是，虽然2012年《刑事诉讼法》已经从文本上完善了辩护制度，但是被告人在审前程序中辩护权利保障不济的现实情况下，审判前供述这种传闻证据单靠法庭反复审查，并且很难通过有效对抗来发现真实，而极有可能诱发冤假错案。而2010年《排除非法证据规定》第11条规定："对被告人审判前供述的合法性，公诉人不提供证据加以证明，或者已提供的证据不够确实、充分的，该供述不能作为定案的根据。"由此可见，"定案根据"已经明确了排除规则的最终决定方式只不过是判决说理的一个内容。总体而言，《排除非法证据规定》对非法证据调查裁决结果的固定，采取的是间接的裁判做法，主要表现在《排除非法证据规定》第2、3、12条和第14条中"不能作为定案的根据"的规定，根据上述讨论

---

① 参见陆而启：《智识互转：印证规范解析》，载《证据科学》2011年第4期。

的第10条第2款规定的内容，法庭对庭前取得证供的合法性裁判仍然是间接性裁判。[①]

第三节 法庭结构：一元化法庭 vs 二元分化法庭

就法庭组成而言，一般认为，我国的法庭审判组织有独任庭、合议庭和审判委员会三种，而合议庭是审判组织的主要形式，承担了大量案件的审判工作，但是，在我国并不存在专业法官和陪审团的二元分权结构，一元化的法庭对非法口供的审查可能会使法庭在实际上认同口供的证明力，而只有“口非心是”的排除效果。那么，倒过来，通过侦查和审查起诉阶段的预先阻隔是否会有好的效果呢？

一、一元化的法庭组织难以阻隔事实裁决者的心证污染

英美法系证据法的排除规则的预防效果之所以有效，就是建立在二元庭审结构上的。达马斯卡断言，陪审团审判是清晰与模糊、透明与隐晦的荒谬混合，并指出一个奇特的现象，与民主政体下决策和行为以给出理由的合法性原理不同，英美证据法的陪审团裁决有着事实认定前奏的透明清晰（证据被严格审查并以排除规则过滤以及法官对陪审团的指示）与尾声的含糊隐晦（陪审团事实认定无需说理）共存现象。[②] 美国排除证据听审程序一般都是在审前进行，利于辩方安排辩护策略或者达成辩诉交易；由法官主持，没有陪审团参加，被排除的证据不能在庭审中出示，这样陪审团定罪时达到“排除”效果。[③] 传统的英美审判法庭，信息的证明潜力由法官预先裁决，各孤立信息与争议事实的推理锁链得到律师的重视；证据载体的可靠性

① 参见龙宗智、夏黎阳主编：《中国刑事证据规则研究》，中国检察出版社2011年版，第116页。

② 参见[美]米尔建·R.达马斯卡：《漂移的证据法》，李学军、刘晓丹译，中国政法大学出版社2001年版，第56页。

③ 参见杨宇冠：《非法证据排除规则及其在中国确立问题研究》，载《比较法研究》2010年第3期。

专属陪审团决定,更突出了法官站在事实认定堡垒的大门口以证据规则调整证据价值的预防效果。如前所述,《排除非法证据规定》设立了对口供(主要是审判前供述)两阶段质证程序,我们不管已经被庭审法官裁量容许宣读的口供再由庭审法官主持进行质证程序是否重复或者多此一举,而由于口供的证据能力和证明力的相互交叉,更主要的是由于前后两个程序的主体一致,在“诉中诉”的“排除程序”中即使非法证据被排除了也污染了庭审法官的心证。正如德国学者所言,“排除证据需要法官从他们的头脑中删去特定的事实,并且将判决建立在一种假定的事实上,而不是他们所了解的事实。即使法官愿意遵守法律的要求,不考虑被排除的信息,但让他去作出他知道与案件的‘真正’事实没有联系的决定在心理上是困难的。从而,法官试图达到能够与‘真正’事实相协调的判决,并且知道他们必须不能在判决的口头或者书面解释中提及这些事实。从这方面讲,排除证据只不过是为法庭论证判决增加困难”。① 可见,过于夸大专业法官抵御偏见的能力,容易落入“靠人而不是靠制度”的困境之中。学者郑旭明确提出了非法证据排除对诉讼的影响有美国模式和德国模式两种。美国模式要求被排除的证据不得在事实审理者面前提出,而德国模式要求被排除的证据不能作为定案的根据(被排除的证据仍然包含在卷宗中)。而前者较后者更具有实质性效果,因此他更赞赏美国模式。②

如前所述,大陆法系国家如德国排除规则可能并不在于追求这种预防效果,而更强调事实裁决者对事实认定的裁判说理。“由于在非陪审团审判架构下,证据容许性已不具有防止事实认定者(职业法官)接触系争证据之功能,因此在台湾证据能力之概念应为容许系争证据出现于裁判书而成为裁判理由之资格要件,而与英美法系之证据能力概念不同。”③这正好与以下这种观点相契合,即在美国有许多案件是由法官审解决的(甚至有统计数据说美国的辩诉交易解决的案件到90%以上),退一步讲,即使是陪审

① [德]托马斯·魏根特:《德国刑事诉讼程序》,岳礼玲、温小洁译,中国政法大学出版社2004年版,第188页。

② 参见郑旭:《非法证据排除规则》,中国法制出版社2009年版,第10~12、203页。

③ 张明伟:《改良式的证据法则与刑事诉讼》,台北,五南图书出版股份有限公司2008年版,第5页。

团审理的案件也可能存在非法证据为陪审团成员知悉而依靠法官指示陪审团对此进行排除的情形,所以,是否存在二元分化法庭并不重要。然而,事实并非如此。反驳此观点就是要走极端,而不是要面面俱到、滴水不漏。在我国影响较大的冤假错案恰恰是一些死刑案件,同样,美国对于死刑等重罪案件的常规制度仍然以陪审团来进行审判,而基于反对强迫自证其罪原则、沉默权规则以及反对传闻规则、交叉询问制度,庭前非法口供本身就很少,再加上审前排除程序的过滤而有"漏网之鱼"进入审判法庭更是微乎其微,即使法官的指示成了"耳边风"不能清除非法证据的证明力对陪审员心证的污染,然而陪审团的评议机制也可能会有净化的作用,还有对抗制程序对当事人参与诉讼活动积极性的调动也不可忽视。

需要注意的是,自2004年8月28日到2018年4月27日历时14年,我国人民陪审员制度完成了从《关于完善人民陪审员制度的决定》单行决定到《中华人民共和国人民陪审员法》(以下简称《人民陪审员法》)的蜕变。其间2013年党的十八届三中全会决定指出,要广泛实行人民陪审员制度,拓宽人民群众有序参与司法的渠道。2014年党的十八届四中全会决定进一步提出,完善人民陪审员制度,保障公民陪审权利,提高人民陪审制度公信度,逐步实行人民陪审员不再审理法律适用问题,只参与审理事实认定问题。2015年4月在中央全面深化改革领导小组的领导下、全国人大常委会的授权下最高人民法院、司法部正式启动在北京、河北、黑龙江、江苏、福建、山东、河南、广西、重庆、陕西10个省(区、市)选择50个法院开展人民陪审员制度改革试点工作。2018年4月27日,全国人大常委会通过《人民陪审员法》。《人民陪审员法》完善了公民担任人民陪审员条件,突出变化是一升一降,降低了人民陪审员的学历门槛(高中以上文化程度),提升了年龄门槛(28岁),确定了人民陪审员名额不低于法官的3倍,实行"随机抽选拟任"以及5年任期不连任制度,依据《人民陪审员法》,人民陪审员和法官组成合议庭,有两种模式:一是三人合议庭,二是七人合议庭。关于三人合议庭,法律没有明确人民陪审员与法官的比例构成;因此,可以是法官与人民陪审员"2+1"模式,也可以是法官与人民陪审员"1+2"模式。关于七人合议庭,法律明确规定法官与人民陪审员"3+4"模式。"人民陪审员参加三人合议庭审判案件,对事实认定、法律适用,独立发表意见,行使表决权。”“人民陪审员参加七人合议庭审判案件，对事实认定，独立发表意见，并与法官共同表决；对法律适用，可以发表意见，但不参加表决。”从《人民陪审员法》的内容来看，陪审员的信息输入主要来自于庭审，但是此前2015年4月24日最高人民法院、司法部联合印发的《人民陪审员制度改革试点方案》，在其主要内容“（四）完善人民陪审员参审案件机制”中特别提及“探索重大案件由3名以上人民陪审员参加合议庭机制。健全人民陪审员提前阅卷机制，人民法院应当在开庭前安排人民陪审员阅卷，为人民陪审员查阅案卷、参加审判活动提供便利。保障人民陪审员在庭审过程中依法行使权利，经审判长同意，人民陪审员有权参与案件共同调查、在庭审中直接发问、开展调解工作等”。因此，如果不改变庭审中的信息输入方式，仅仅改变信息输出的方式（仅表决事实问题）则同样难以让陪审员保持清纯的心证，并足以制约职业法官。

二、侦查、审查起诉阶段对非法证据过滤机制的难题

2012年《刑事诉讼法》第54条第2款甚至明确了“在侦查、审查起诉、审判时发现有应当排除的证据的，应当依法予以排除，不得作为起诉意见、起诉决定和判决的依据”。虽然该条未明确主语，但是大体上可以认为是明确了侦查、起诉和审判各个机关通过审查而排除非法证据的主动性职责。其中不明确之处有：第一，三个阶段的排除是一种自查自纠吗？如果不是一种自查自纠，那么，第二，三机关排除职责的拾遗补缺形成了一种倒逼的问责制度。例如，2012年《刑事诉讼法》第171条第1款规定：“人民检察院审查案件，可以要求公安机关提供法庭审判所必需的证据材料；认为可能存在本法第五十四条规定的以非法方法收集证据情形的，可以要求其对证据收集的合法性作出说明。”第55条规定：“人民检察院接到报案、控告、举报或者发现侦查人员以非法方法收集证据的，应当进行调查核实。对于确有以非法方法收集证据情形的，应当提出纠正意见；构成犯罪的，依法追究刑事责任。”第57条规定了非法证据排除法庭调查的控诉方举证责任，以及“有关侦查人员或者其他人员”出庭说明情况的义务。必须指出的是，在我国这种倒逼的归责机制，反而会招致前面环节中的专门机关的一意孤行和文过饰非，所谓的“久拖不决”往往就是这种归责机制引发的必然现象。

最终,我们面临的问题是,能否通过侦查、检察机关的过滤而使法官保持纯洁的心证呢?这明显地过于理想化了,侦查机关自己去排除非法获取的证据与一种心理惯性不符,甚至冒险违法取证而有额外的收益。也有人提出,我国检察机关如果在刑事诉讼庭审之前的各个阶段、包括监督侦查、批捕和审查起诉阶段举行以侦查人员和被告人及其律师参加的听证程序预先排除非法证据,那么非法证据将不会出现在庭审之中,从而实际上达到了"排除非法证据"的效果,还可能有利于侦查部门调整侦查布局,更有效地打击犯罪、保障人权。① 这在结构上是解决了庭审组织一元化的问题,但是,我国检察机关更可能"照单全收"侦查取得的证据,不单是基于检警机关的同质性和检察机关的自利性,更主要的是出于对于认识论上事实的客观性要求证据材料的全面性。检察机关捕、诉阶段的任务,多采"自由证明",毕竟不同于要严格证明的法院审判,所以对证据的要求不会过于严格;②此外,检察机关面临这样的进退两难局面:一方面,检察机关提交非法证据有污染法官心证的嫌疑;另一方面,检察机关排除非法证据或者有隐瞒无罪证据和侦查机关违法之动机,或者有弱化辩护能力之效果。③ 对审判之外的程序,美国也存在以能否达到吓阻目的而作利益衡量上的判断,因为有审判把关,排除证据效果微小或者为臆测性质,却妨碍侦查,所以违法取得的证据于侦查程序中无需排除。④

总体而言,三阶段的证据排除最终效果就是作为一种决策说理的根据。

---

① 参见杨宇冠:《非法证据排除规则及其在中国确立问题研究》,载《比较法研究》2010年第3期。

② 证明程序分为自由证明程序和严格证明程序,证明程度分为自由证明程度和严格证明程度。严格证明法则包括严格证明程序与严格证明程度,严格证明程序之共通原则即为直接、言词、公开与集中主义,严格证明程序系由法定证据方法与法定调查程序所组成。以我国台湾地区"刑事诉讼法"所规定之审判程序观之,通常程序(直接、言词、公开、集中)属于严格证明程序,其余的简式程序(言词、公开、集中)、简易程序(书面审理)与协商程序(书面审查)皆适用自由证明程序,直接原始乃严格证明程序之核心内涵。参见李知远:《例解刑事诉讼法》,台北,五南图书出版股份有限公司2006年版,第353、355~356页。据此可知,审判定罪(作为严格证明对象)环节通常采用严格证明法则,要采用由法定证据方法与法定调查程序所组成的严格证明程序。

③ 参见陆而启:《刑事诉讼法治的困境与出路——一个皮格马利翁效应的神话》,载《法学家》2005年第3期。

④ 参见王兆鹏:《美国刑事诉讼法》,北京大学出版社2005年版,第53页。

而基于卷证完整性的考虑，并没有阻隔心证的效果。

1. 要求后面的机关对“固定在卷”的证据“视而不见”。在实践中，我国刑事诉讼程序主要是靠“案卷”尤其是“侦查卷宗”来前后衔接，并且大部分案件结果最终都是由侦查终结制作完成的“侦查卷宗”决定的。侦查卷宗装订完整，按照顺序编制页码，并且在卷宗封面的装订处加贴封条，防止调换证据，这样，基本上后一阶段的办案人员对前面的非法证据包括非法供述都要有一个全面透彻的了解，如果不了解，反而是审查有失偏颇、片面，并且还要在决策（审理报告）中说明排除了基于何种理由何种证据。目前，这种审理报告主要存于各机关的内卷，与“侦查卷宗”不同，无需随案移送，或者送交各方当事人。2012 年《刑事诉讼法》实施后，各阶段对非法证据排除的结论和理由必然要周知各方主体。

2. 居于前面的专门机关在意见传递上的“物极必反”。换句话说，在前面的专门机关如果作出了排除非法证据的决定，这样就通过传送带式流水作业传递给下一个机关。但是任何后一机关在非法证据排除上的拾遗补阙，都可能意味着对前面的专门机关的问责。因此，前面的机关就会极力补救、解释或者“说明情况”，导致后面机关难以痛下杀手。既然在制度上入不敷出，必然要通过司法机关凭着对法律的忠诚行事了。

三、审前阶段排除规则的新发展

我国《刑事诉讼法》规定了侦诉审三阶段的非法证据排除活动，但是没有明确的排除程序。作为对 2010 年《排除非法证据规定》的总结提升，2017 年《严格排除非法证据规定》对非法证据排除程序的规范创新和实践经验做了一个集大成式的规定。具体来看有以下几种主要的程序规范。

（一）规范侦查行为与侦查阶段非法证据排除

非法证据排除规则本身就具有一定的吓阻不法的目的，由此，《严格排除非法证据规定》有针对性地重申和明确了侦查取证的收押、提讯、讯问录音录像等程序规范，以预防刑讯逼供等违法行为。

例如，《严格排除非法证据规定》第 8 条对取证程序作出总的原则性要求，要求侦查机关应当依法全面取证。

《严格排除非法证据规定》第 9 条对讯问地点作出了严格规范：“拘留、

逮捕犯罪嫌疑人后,应当按照法律规定送看守所羁押。犯罪嫌疑人被送交看守所羁押后,讯问应当在看守所讯问室进行。因客观原因侦查机关在看守所讯问室以外的场所进行讯问的,应当作出合理解释。"由此可见,在看守所外进行讯问主要有两种情形:[①]一是羁押前滞留在"讯问室"外讯问。拘留、逮捕犯罪嫌疑人后,因客观原因侦查机关在看守所讯问室以外的场所进行讯问的,应当作出合理解释。这里提到的客观原因,因犯罪嫌疑人身患严重疾病或者抓捕过程中受伤,需要进行紧急治疗,无法送看守所羁押,但又需要立即进行讯问等情形。二是羁押期间提押到"看守所"外。在司法实践中,有的案件出于侦查需要将犯罪嫌疑人提押到看守所外起赃、辨认,为防止在此期间有刑讯逼供等非法取证情形,要确保提押仅限于起赃、辨认等目的,严格禁止将犯罪嫌疑人提到看守所外讯问,必要时应当全程同步录音录像,保证起赃、辨认过程的合法性和客观性。

《严格排除非法证据规定》第10、11条重申了《刑事诉讼法》和《高检规则》、《公安机关办理刑事案件程序规定》以及2014年《公安机关讯问犯罪嫌疑人录音录像工作规定》等对讯问录音录像的核心规范要求。其中,第10条第1款规定:"侦查人员在讯问犯罪嫌疑人的时候,可以对讯问过程进行录音录像;对于可能判处无期徒刑、死刑的案件或者其他重大犯罪案件,应当对讯问过程进行录音录像。"另外,根据2012年《高检规则》第201条第1款的规定,人民检察院立案侦查职务犯罪案件,在每次讯问犯罪嫌疑人的时候,应当对讯问过程实行全程录音、录像,并在讯问笔录中注明。《严格排除非法证据规定》第11条规定:"对讯问过程录音录像,应当不间断进行,保持完整性,不得选择性地录制,不得剪接、删改。"第12条规定了对讯问笔录的制作:"侦查人员讯问犯罪嫌疑人,应当依法制作讯问笔录。讯问笔录应当交犯罪嫌疑人核对,对于没有阅读能力的,应当向他宣读。对讯问笔录中有遗漏或者差错等情形,犯罪嫌疑人可以提出补充或者改正。"

《严格排除非法证据规定》第13条还分两款对提讯登记和收押体检制度做了严格规范。一要严格执行提讯登记制度。看守所应当对提讯进行登

---

① 参见董坤:《非法证据排除规则若干新问题释疑》,载《兰州大学学报》(社会科学版)2018年第2期。

记,写明提讯单位、人员、事由、起止时间以及犯罪嫌疑人姓名等情况。这种手续性的规定也起到一定程度的预防不符合法律规定的作用。二要严格执行收押体检制度。看守所收押犯罪嫌疑人,应当进行身体检查。检查时,人民检察院驻看守所检察人员可以在场。检查发现犯罪嫌疑人有伤或者身体异常的,看守所应当拍照或者录像,分别由送押人员、犯罪嫌疑人说明原因,并在体检记录中写明,由送押人员、收押人员和犯罪嫌疑人签字确认。这两种手续性的登记资料还可以在此后对供述合法性发生争议时可以作为程序性的证明材料。

侦查阶段的非法证据排除可以说并不是法官的认证活动,是侦诉人员对证据合法性的保证。《严格排除非法证据规定》规定的侦查阶段非法证据排除程序主要有:

1. 重大案件侦查终结前对讯问合法性进行核查制度。《严格排除非法证据规定》第 14 条第 3 款重申了 2016 年"两高三部"《关于推进以审判为中心的刑事诉讼制度改革的意见》提出的探索建立重大案件侦查终结前讯问合法性核查制度的要求,规定:"对重大案件,人民检察院驻看守所检察人员应当在侦查终结前询问犯罪嫌疑人,核查是否存在刑讯逼供、非法取证情形,并同步录音录像。经核查,确有刑讯逼供、非法取证情形的,侦查机关应当及时排除非法证据,不得作为提请批准逮捕、移送审查起诉的根据。"因驻所检察人员的身份具有相对中立性,而其核查讯问合法性具有主动性、亲历性、便利性,有利于将监督关口前移,解决刑讯逼供发现滞后、调查取证困难、证据易于灭失等问题。《排除非法证据规程》第 11 条将"重大案件"列举为,"可能判处无期徒刑、死刑或者黑社会性质组织犯罪、严重毒品犯罪等重大案件",该条还对核查结果以及核查不符合程序对审判阶段的排除程序带来的后果做了规定。在核查询问时,被告人明确表示侦查阶段没有刑讯逼供等非法取证情形,在审判阶段申请排除非法证据,应当说明理由。人民法院经审查对证据合法性没有疑问的,可以驳回申请。未经核查或者未对核查询问过程同步录音录像,被告人及其辩护人在审判阶段申请排除非法证据,并提供相关线索或者材料,人民法院对证据收集的合法性有疑问的,应当依法进行审查。

2. 人民检察院依申请排除。《严格排除非法证据规定》第 14 条第 1 款规定，犯罪嫌疑人及其辩护人在侦查期间可以向人民检察院申请排除非法证据。对犯罪嫌疑人及其辩护人提供相关线索或者材料的，人民检察院应当调查核实。调查结论应当书面告知犯罪嫌疑人及其辩护人。对确有以非法方法收集证据情形的，人民检察院应当向侦查机关提出纠正意见。第2款规定，侦查机关对审查认定的非法证据，应当予以排除，不得作为提请逮捕、移送审查起诉的根据。

3. 侦查机关依职权排除。《严格排除非法证据规定》第15条规定："对侦查终结的案件，侦查机关应当全面审查证明证据合法性的证据材料，依法排除非法证据。排除非法证据后，证据不足的，不得移送审查起诉。侦查机关发现办案人员非法取证的，应当依法作出处理，并可另行指派侦查人员重新调查取证。"对办案人员非法取证的情形，更换侦查人员重新调查取证，不仅符合法律精神和规范要求，也可以避免在后续诉讼阶段产生证据合法性争议。

（二）审查逮捕、审查起诉阶段排除非法证据的基本程序

1. 讯问时的权利告知。《严格排除非法证据规定》第16条规定："审查逮捕、审查起诉期间讯问犯罪嫌疑人，应当告知其有权申请排除非法证据，并告知诉讼权利和认罪的法律后果。"这里的告知活动虽然意在促使犯罪嫌疑人尽早提出排除非法证据申请，进而尽早解决证据合法性争议，但是也可能对接了《严格排除非法证据规定》第5条第2款设立了重复性供述排除规则的例外情形，补救了以前的违法侦查活动。

2. 依申请或者依职权排除。《严格排除非法证据规定》第17条第1款规定，审查逮捕、审查起诉期间，犯罪嫌疑人及其辩护人申请排除非法证据，并提供相关线索或者材料的，人民检察院应当调查核实。调查结论应当书面告知犯罪嫌疑人及其辩护人。第2款规定，人民检察院在审查起诉期间发现侦查人员以刑讯逼供等非法方法收集证据的，应当依法排除相关证据并提出纠正意见，必要时人民检察院可以自行调查取证。结合2012年《高检规则》第69条规定："对于非法证据的调查核实……在审查起诉、审判阶段由公诉部门负责……"人民检察院对非法证据调查核实的方式，可以讯问犯罪嫌疑人，询问办案人员，询问在场人员及证人，听取辩护律师意见，调取讯问笔录、讯问录音、录像，调取、查询犯罪嫌疑人出入看守所的身

体检查记录及相关材料,以及进行伤情、病情检查或者鉴定,等等。

3. 对非法证据的处理。《严格排除非法证据规定》第 17 条第 3 款规定,人民检察院对审查认定的非法证据,应当予以排除,不得作为批准或者决定逮捕、提起公诉的根据。被排除的非法证据应当随案移送,并写明为依法排除的非法证据。这里所谓"审查认定的非法证据",包含了《刑事诉讼法》第 58 条规定的两种情形:一是人民检察院经审查确认以非法方法收集证据情形的;二是人民检察院经审查不能排除以非法方法收集证据情形的。

4. 排除非法证据后对案件的处理。《严格排除非法证据规定》第 18 条第 1 款规定:"人民检察院依法排除非法证据后,证据不足,不符合逮捕、起诉条件的,不得批准或者决定逮捕、提起公诉。"

第四节　控辩对抗:失衡 vs 平等

非法证据排除规则破天荒地采用一种形式意义上的对抗程序来排除非法证据。对审判前供述之非法性的审查程序,《排除非法证据规定》大体上确立了如下步骤:"(1)辩方(被告人及其律师)动议(第 4、5、6 条)—(2)法官的初步审查(设疑不能时审判前供述可以进入法庭调查)(第 10 条第 1 款第 1、2 项)—(3)控方举证(第 7 条第 1、2、3 款)—(4)双方质证辩论(第 7 条第 4 款)—(5)存疑时法庭补充调查(第 8 条)—(6)法庭实质处理"(成功去疑宣读审判前口供:第 10 条第 1 款第 3 项,第 2 款;去疑不能时审判前供述不能作为定案的根据:第 11 条)的对抗制形式,甚至还赋予了"法庭对于控辩双方提供的证据有疑问的,可以宣布休庭,对证据进行调查核实。必要时,可以通知检察人员、辩护人到场",即法庭的补充调查权。《排除非法证据规定》所设定的非法证据排除程序。一方面,不能摆脱我国庭审程序本身控辩不平等的"原罪";另一方面,举证手段和举证责任的配置甚至加深和恶化了排除程序中控辩不平等的处境。

一、排除程序延续了庭审程序的控辩不平等

控辩失衡是我国刑事诉讼中一种司空见惯的现象,我们对被告人的权

利配置还突出地存在观念上的错位。

(一)作为排除动议者的被告人权利的先天缺陷

陈瑞华指出,2007年《律师法》修改规定的会见权仍然是从外围用力,只能由律师申请会见,而没有赋予被告人主动要求会见律师的权利;同样,阅卷权最大的悲剧在于不让被告人本人阅卷,其实,阅卷权是律师的权利,更是被告人的权利。① 孙长永指出,在对抗制庭审方式之下,由实质上处于原告一方当事人地位的公诉人"强制"讯问处于对方当事人地位的被告人,是违反控辩平等的基本原则的。即使在职权主义刑事庭审中,公诉人也只能在被告人表示愿意陈述的情况下,在法官审问被告人之后作补充询问。然而,在我国被告人被作为追究的对象和怀有敌意的"控方证人"对待。② 被告人的质疑和翻供常常因为违背"如实供述"义务给法官作出以"认罪态度不好"从重处罚的裁量提供了口实。美国法院要求被告人在提出排除证据的动议时,必须详细说明要求排除哪些证据以及排除这些证据的法律基础。③ 这与我们让提出排除动议的辩护方承担"初步责任"相似,但是,因为被告人没有主体性地位的保障和充分的辩护权保障而这种程序性辩护只能是无源之水。就非法口供而言,作为"非法取证被害人"的被告人不管是从侵害对象上的"个人亲身权利"标准还是从证据指向上的"不利法律后果"标准都是当然的动议提出者,④如果被告人的律师帮助权不能得到充分保障和实现的话,"被打怕了"的被告人有多大的胆量进行设疑一直是个悬而未决的问题。⑤ 尤其是非法证据排除的听审采对质辩论程序,更是加剧了律师代理的要求。

(二)辩护人在非法证据排除程序中的作用

《严格排除非法证据规定》第四部分"辩护"规定了被告方申请排除非

① 参见陈瑞华2008年10月29日在西北政法大学雁塔校区模拟法庭的讲座:《刑事辩护的四种形态》;封利强:《会见权及其保障机制研究——重返会见权原点的考察》,载《中国刑事法杂志》2009年第1期。

② 参见孙长永:《刑事庭审方式改革出现的问题评析》,载《中国法学》2002年第3期。

③ 参见杨宇冠:《非法证据排除规则及其在中国确立问题研究》,载《比较法研究》2010年第3期。

④ 参见陈卫东、刘中琦:《我国非法证据排除程序分析与建构》,载郎胜主编:《刑事辩护与非法证据排除》,北京大学出版社2008年版,第30页。

⑤ 参见张建伟:《法律皇帝的新衣》,中国法制出版社2007年版,第91~92页。

法证据时享有的相关权利。

1. 犯罪嫌疑人、被告人有申请法律援助的权利。《严格排除非法证据规定》第 19 条规定:“犯罪嫌疑人、被告人申请提供法律援助的,应当按照有关规定指派法律援助律师。法律援助值班律师可以为犯罪嫌疑人、被告人提供法律帮助,对刑讯逼供、非法取证情形代理申诉、控告。”2017 年 8 月,最高人民法院、最高人民检察院、公安部、国家安全部、司法部联合下发了《关于开展法律援助值班律师工作的意见》,对法律援助值班律师运行模式进行明确,其中第 2 条规定,法律援助值班律师的基本职责之一是对刑讯逼供、非法取证情形代理申诉、控告。需要注意的是,2018 年 10 月 26 日修改的《刑事诉讼法》新增的第 36 条将值班律师的职能限定于“提供法律咨询、程序选择建议、申请变更强制措施、对案件处理提出意见等法律帮助”,而不含有“代理申诉、控告”的内容。2017 年 10 月 11 日,最高人民法院、司法部联合出台了《关于开展刑事案件律师辩护全覆盖试点工作的办法》,律师刑事辩护全覆盖工作在北京、上海、浙江、安徽、河南、广东、四川、陕西 8 个省(直辖市)试点,试点省(直辖市)可以在全省(直辖市)或者选择部分地区开展试点工作。试点期限为一年。该办法包括以下内容:被告人具有《刑事诉讼法》第 34 条、第 267 条规定应当通知辩护情形,没有委托辩护人的,人民法院应当通知法律援助机构指派律师为其提供辩护;除此之外,其他适用普通程序审理的一审案件、二审案件、按照审判监督程序审理的案件,被告人没有委托辩护人的,人民法院也应当通知法律援助机构指派律师为其提供辩护。同时,适用简易程序、速裁程序审理的案件,被告人没有辩护人的,人民法院应当通知法律援助机构派驻的值班律师为其提供法律帮助;在法律援助机构指派的律师或者被告人委托的律师为被告人提供辩护前,被告人及其近亲属可以提出法律帮助请求,人民法院应当通知法律援助机构派驻的值班律师为其提供法律帮助。① 由此可知,除了《刑事诉讼法》所规定的通知辩护范围之外,该办法侧重规范的诉讼环节主要是在人民法院的审判阶段。大体而言,对普通程序的一审、二审和审判监督程序确立了

---

① 参见蒋安杰、刘子阳:《刑事案件律师辩护全覆盖试点是创新之举》,载《法制日报》2017 年 10 月 12 日,第 1、3 版。

以“被告人没有委托辩护人”为前提(或者条件)的通知指派律师提供辩护;对简易、速裁程序也确立了以“被告人没有辩护人”为前提(或者条件)的通知值班律师提供法律帮助。由此法律援助参诉律师的方式和职能就有“法援辩护律师”提供辩护和“法援值班律师”提供法律帮助两种,这两种形式具有广覆性、补充性,受通知指派提供“法援”的职权性。此外,还存在一种应申请的、前置性(也可能是应急性的)在法援辩护律师没有到位的情形下的通知值班律师提供法律帮助。《庭前会议规程》第3条第3款规定:“被告人申请排除非法证据,但没有辩护人的,人民法院应当通知法律援助机构指派律师为被告人提供帮助。”《排除非法证据规程》第8条第2款规定:“被告人申请排除非法证据,但没有辩护人的,人民法院应当通知法律援助机构指派律师为其提供辩护。”

2. 犯罪嫌疑人、被告人申请排除非法证据的,应当提供相关线索或者材料。《严格排除非法证据规定》第20条规定:“犯罪嫌疑人、被告人及其辩护人申请排除非法证据,应当提供涉嫌非法取证的人员、时间、地点、方式、内容等相关线索或者材料。”为防止滥用申请权,该条对被告人设定了一定的初步的举证责任。根据2017年《排除非法证据规程》第5条的规定,“线索”是指内容具体、指向明确的涉嫌非法取证的人员、时间、地点、方式等;“材料”是指能够反映非法取证的伤情照片、体检记录、医院病历、讯问笔录、讯问录音录像或者同监室人员的证言等。

3. 被告方的相关诉讼权利。一是查阅、摘抄、复制证据材料的权利。《严格排除非法证据规定》第21条规定:“辩护律师自人民检察院对案件审查起诉之日起,可以查阅、摘抄、复制讯问笔录、提讯登记、采取强制措施或者侦查措施的法律文书等证据材料。其他辩护人经人民法院、人民检察院许可,也可以查阅、摘抄、复制上述证据材料。”二是申请调取相关证据材料的权利。《严格排除非法证据规定》第22条规定:“犯罪嫌疑人、被告人及其辩护人向人民法院、人民检察院申请调取公安机关、国家安全机关、人民检察院收集但未提交的讯问录音录像、体检记录等证据材料,人民法院、人民检察院经审查认为犯罪嫌疑人、被告人及其辩护人申请调取的证据材料与证明证据收集合法性有联系的,应当予以调取;认为与证明证据收集的合法性没有联系的,应当决定不予调取并向犯罪嫌疑人、被告人及其辩护人说明理由。”

二、庭审阶段排除程序本身配置控辩失衡

其实证明侦查人员非法取证是一个世界性难题,突出问题是证明资源本身掌控在侦查机关和公诉机关的手中,犯罪嫌疑人、被告人虽然可能从自己的身体和心理方面提供一定的线索和材料,但是很难达到直接证实有非法取证行为,常常被“查无实据”所掩盖。尽管侦控机关销毁或者隐匿相关的证据资料,甚至公诉机关也未能完全尽到举证责任,但是诉讼程序还是会继续推进,并不会因为“真伪不明”而推定侦查行为的无效。相反的是,侦查行为天然地具有推定依法行使的有效性。

(一)举证责任

根据《排除非法证据规定》所确立的具体程序,首先由辩护方承担提出刑讯逼供指控的初始推进性证明责任,即用合理陈述、伤痕、验伤报告,证人证言等证据证明很可能有刑讯逼供发生(第一步设立疑问,这属于证明责任由控方到辩方的转移),由法官进行初步审查;然后是公诉机关承担证明警察在侦查过程中没有刑讯逼供行为的事实(第二步排除疑问,这属于证明责任由辩方到控方的倒置),还可进行质证辩论,由法官作出最终处理。辩护方的设疑手段有限,甚至靠灵活机智和有心保存的证据线索,也被指责为纠缠细节,法官通常也会对所举证据线索视而不见。2012 年《刑事诉讼法》第 57 条吸收了《排除非法证据规定》中关于控诉方承担取证合法性的举证责任的内容,“在对证据收集的合法性进行法庭调查的过程中,人民检察院应当对证据收集的合法性加以证明”。(第 1 款)但是,就举证方式和内容有一些语词上的变化,“现有证据材料不能证明证据收集的合法性的,人民检察院可以提请人民法院通知有关侦查人员或者其他人员出庭说明情况;人民法院可以通知有关侦查人员或者其他人员出庭说明情况。有关侦查人员或者其他人员也可以要求出庭说明情况。经人民法院通知,有关人员应当出庭”。(第 2 款)只有对比才能明白,《排除非法证据规定》第 7 条和 2012 年《刑事诉讼法》第 57 条(2018 年第 59 条)相比有一些细微的变化:

1. 举证顺序和内容的变化。2010 年《排除非法证据规定》所规定的举

证顺序,笔者将之概括为从“书证、人证”到“对质或者传闻”:《排除非法证据规定》第7条,把“讯问人员出庭”(对质)作为“提供讯问笔录、原始的讯问过程录音录像或者其他证据(书证),提请法庭通知讯问时其他在场人员或者其他证人出庭作证(人证),仍不能排除刑讯逼供嫌疑的”一记“撒手锏”式后续措施。《排除非法证据规定》对公诉人的举证给予了极大的宽容,当庭不能举证的,可以依法建议法庭延期审理。该条第3款单独规定:“公诉人提交加盖公章的说明材料,未经有关讯问人员签名或者盖章的,不能作为证明取证合法性的证据。”其实这才是赋予公诉人的一个真正“回马枪”,即“经有关讯问人员签名、盖章和加盖公章的说明材料”(传闻)。我们必须注意到“讯问人员”出庭其实是双方对质询问的要求,如果提交说明材料,对质必然会落空。

2012年《刑事诉讼法》则表述为“现有材料→出庭说明情况”本质上还是体现了“书面审”优先,“现有证据材料不能证明证据收集的合法性的”,然后通过检察院提请、法院通知、自行要求等多渠道的方式让“有关侦查人员或者其他人员出庭说明情况”。学者万毅对浙江省宁波市鄞州区的章国锡涉嫌受贿(全国首例非法证据排除案)分析认为,在被告人尽到“争点形成责任”后,然而,控方在庭审中明确告知法庭:因为审讯录像涉及机密问题,当庭播放不利于保密,故不能移送法院。控方也明确表示侦查人员不出庭,只是当庭提交了侦查机关盖章的和侦查人员签名的关于依法办案、文明办案,没有刑讯逼供、诱供等违法情况的说明。由于控方既不按规定向法庭提供录音录像,也不通知侦查人员出庭作证,没有尽到举证责任。[①] 笔者认为,控方“当庭提交了侦查机关盖章的和侦查人员签名的关于依法办案、文明办案,没有刑讯逼供、诱供等违法情况的说明”是符合《排除非法证据规定》第7条要求的,尽管存在着举证顺序问题,第2款作为对质前提的“讯问人员或者其他人员出庭”可能被对第3款进行“反面”解释,而为说明这种传闻提供了一个合法的身份。这也相应地说明了辩护方的无能为力。

2. 拒不出庭的责任变化。对有关人员的出庭义务,2010年《排除非法证据规定》第7条第2款要求:“经依法通知,讯问人员或者其他人员应当

① 参见万毅:《“全国首例非法证据排除案”法理研判》,载《证据科学》2011年第6期。

出庭作证。”2012 年《刑事诉讼法》也要求，“经人民法院通知，有关人员应当出庭”。同时，2012 年《刑事诉讼法》设定了证人出庭义务和强制证人出庭（第 187 条、第 188 条），严格来讲，《排除非法证据规定》第 7 条中的“讯问人员或者其他人员应当出庭作证”的情形也同理适用，从而使“拒不出庭”有了后果机制。虽然《排除非法证据规定》将“讯问人员或者其他人员出庭”任务明确为“作证”，然而 2012 年《刑事诉讼法》将“有关侦查人员或者其他人员出庭”任务表述悄然改变为“说明情况”，这就将其与 2012 年《刑事诉讼法》中“证人”区别开来。2012 年《刑事诉讼法》第 187 条第 2 款规定：“人民警察就其执行职务时目击的犯罪情况作为证人出庭作证，适用前款规定。”可能从逻辑上得出在非法证据排除程序中“有关侦查人员或者其他人员”都没有被强制出庭的义务，也即第 188 条强制出庭之“证人”，只针对第 187 条中的证人或者作为目击证人的人民警察，而不包括 2012 年《刑事诉讼法》第 57 条所规定就证据收集合法性出庭说明情况的“有关侦查人员或者其他人员”。该条只是要求“有关人员应当出庭”，显然没有后续措施和拒不出庭的后果机制，并未明确可以采用强制手段。甚至 2017 年 2 月 17 日最高人民法院发布的《关于全面推进以审判为中心的刑事诉讼制度改革的实施意见》第 1 条特别明确“不得以侦查人员签名并加盖公章的说明材料替代侦查人员出庭”。因此，是否可以强制有关侦查人员出庭，可能还要具体依靠司法者的解释，因为《排除非法证据规定》本身并不是无效解释。

3. 法庭审理方式的变化。如前所述，《排除非法证据规定》对非法证据排除的审理程序有两个特点：第一，采用了“口供排除审查 + 宣读口供”双阶“质证”程序；第二，法官对非法证据的“初步审查 + 实质处理”两个层次。再来看 2012 年《刑事诉讼法》，该法第 58 条规定：“对于经过法庭审理，确认或者不能排除存在本法第五十四条规定的以非法方法收集证据情形的，对有关证据应当予以排除。”可见，2012 年《刑事诉讼法》把《排除非法证据规定》中精巧的制度设计简化为“法庭审理”，尤为突出的是，抹去了所谓“举证—出庭作证—质证、辩论”的规定，而如何排除非法证据可能更悬于法官的一念之间。不过，即使退回到《排除非法证据规定》之中，所列举的控诉方所举证据和举证方式往往会置辩护方无辩可驳的境地，不管是原始侦查讯问笔录、讯问全程的录音录像、情况说明，甚至其他在场人员、其他证人以及讯问人员出庭作证都有对被告人翻供的一种“禁反言”的提示意味。就此而言，非法证据排除双方的“面对面”只可能是自说自话。

（二）证明标准

《排除非法证据规定》第10条第1款第3项规定：“公诉人提供的证据确实、充分，能够排除被告人审判前供述属非法取得的。”以“证据确实、充分”为标准，这在一定程度上可以通过加重控诉机关的责任来平衡被告人的设疑能力和举证能力。而在德、日国家，刑事诉讼法分别将事实问题和程序法问题设置为“严格证明”和“自由证明”的对象。“对被告是否曾被施以法律禁止之讯问方法被讯问时，亦可以自由证明之方式认定之，因为此只关系一纯粹对诉讼程序错误之认定问题。”①美国在将非法证据类型化的基础上讨论证明标准问题，对于自白的合法性证据标准，美国联邦最高法院以优势证明标准否定了排除合理怀疑标准的统一适用。② 就整个刑事诉讼证明标准而言，2012年《刑事诉讼法》第53条已经把“证据确实、充分”明确为“排除合理怀疑”，同时也对非法证据排除的证据标准，作出一定的缓和，《草案》规定，“对于经过法庭审理，确认属于以非法方法收集证据的，或者存在重大疑点，不能排除以非法方法收集证据可能性的”，就可以对有关证据作出排除的处理。2012年《刑事诉讼法》第58条规定：“对于经过法庭审理，确认或者不能排除存在本法第五十四条规定的以非法方法收集证据情形的，对有关证据应当予以排除。”在讨论《草案》内容时，陈光中先生指出，“原来的高标准在实践中是行不通的，实务中一直以来也极其罕见能够排除的案件。现在降下来更务实一点。但现在的表述有很大问题，举证责任没有倒置给控方，变成由法庭来确认”。③ 现在的这种表述的确不是从检察官排除对合法取证的疑问角度而言，而是从法官对非法取证的确信程度，甚

---

① ［德］克劳思·罗科信：《刑事诉讼法》（第24版），吴丽琪译，法律出版社2003年版，第208页。

② 参见［美］伟恩·R. 拉费弗等：《刑事诉讼法》（上册），卞建林等译，中国政法大学出版社2003年版，第590页以下。

③ 陈霄、焦红艳：《刑诉法修正案草案：六大方面有待完善》，载《法制日报》（周末版）2011年9月8日，第6版。

至从辩护方的证明义务而言，这样以控诉方对取证合法、辩护方对取证非法的不同主张为基础，原先公诉人证明取证合法的“证据确实、充分”的单一高标准，被分化为“确认非法取证”（辩方主张：一重否定）和“不能排除非法取证”（仍然是辩方主张：三重否定）正反两方面的标准，尤其是“不能排除”甚至较草案取消了“重大疑点”的标准，也即达到表面合理或者“合理怀疑”的程度，这种表述很显然没有与所谓的“质证”程序相呼应，而忽视了公诉人对取证合法性的证明阶段。因此，耐人寻味的是，《排除非法证据规定》中质证后阶段公诉人证明取证合法的标准高，应该更难证明取证合法，故也应该认定非法取证居多，则非法证据的排除也应该更多才对。2012 年《刑事诉讼法》现在为辩护方的主张设置了一个“半吊子”的证明程度，这样虽然为辩护方设疑成立设定较低的门槛，但是考虑程序的完整性，这种表述可能有一定的不合理性。可资借鉴的是，我国台湾地区“刑事诉讼法”第 156 条第 1 款规定：“被告之自白，非出于强暴、胁迫、利诱、诈欺、疲劳讯问、违法羁押或其他不正之方法，且与事实相符者，得为证据。”该条采用了一个表面上显得很啰唆的双重否定的表述，实际上更加切合“诉中诉”的“举证责任转移（辩方主张：不正之方法）＋举证责任倒置（控方主张：非……不正之方法）”结构。不过，基于证实和证否的路径不同，但指向对象一致，以及不存在控辩各自事项的分别，如果控诉方不能证明取证合法，那么就等于确认了违法取证，在意思上也能理解，但是，对于控诉方证明取证合法到什么程度则语焉不详了。其实，虽然采用严格的证明标准可能会加重控方的举证责任，但是不能改变辩护方举证手段欠缺的现状，法律的语词更新并不意味着司法实践的跟进。

值得注意的是，2012 年《刑事诉讼法》第 121 条还规定了全程录音录像制度：“侦查人员在讯问犯罪嫌疑人的时候，可以对讯问过程进行录音或者录像；对于可能判处无期徒刑、死刑的案件或者其他重大犯罪案件，应当对讯问过程进行录音或者录像。录音或者录像应当全程进行，保持完整性。”全程录音录像制度本身的确是一举两得的制度，既保护犯罪嫌疑人，又保护侦查讯问人员。但是，这不仅仅是一个工作规程的问题，该制度发展的最终结果将是对录音录像材料的真实性认定转化为一种鉴定技术专家的新的力量对决。科技进步会加剧和放大控辩双方的差距，在被告人辩护权尚不能得到充分保障的情形下，奢求鉴定专家的支持更有异想天开的成分。

三、审判阶段排除非法证据的具体程序

可以说，2010 年共 15 条相对骨感的《排除非法证据规定》到 2017 年《严格排除非法证据规定》共 41 条已经发展得相对丰满了。2017 年《严格排除非法证据规定》第 27 条至第 37 条明确了庭审阶段对证据收集合法性争议的调查和处理程序。第 37 条至第 40 条还规定了第二审人民法院对排除非法证据裁决的相关救济。

（一）庭审阶段对证据收集合法性争议的处理

第一，庭前会议与庭审的衔接。《严格排除非法证据规定》第 28 条规定："公诉人宣读起诉书后，法庭应当宣布开庭审理前对证据收集合法性的审查及处理情况。"该规定承前启后，有利于庭审的顺利推进。

第二，对于当庭提出的排除非法证据申请的审查及处理。《严格排除非法证据规定》第 29 条规定了在开庭审理前申请排除非法证据原则之例外允许在法庭审理过程中申请非法证据排除，以保护被告人诉讼权利。

被告人及其辩护人在开庭审理前未申请排除非法证据，在法庭审理过程中提出申请的，应当说明理由。对前述情形，法庭经审查，对证据收集的合法性有疑问的，应当进行调查；没有疑问的，应当驳回申请。法庭驳回排除非法证据申请后，被告人及其辩护人没有新的线索或者材料，以相同理由再次提出申请的，法庭不再调查。

第三，以先行调查为原则，以法庭调查结束前调查为例外。前已述及，2010 年《非法证据排除规定》第 5 条第 1 款规定："被告人及其辩护人在开庭审理前或者庭审中，提出被告人审判前供述是非法取得的，法庭在公诉人宣读起诉书之后，应当先行当庭调查。"2012 年《刑诉解释》在《非法证据排除规定》基础上，规定了"先行调查与法庭调查结束前一并调查相结合"的庭审调查规则。2017 年《严格排除非法证据规定》第 30 条规定："庭审期间，法庭决定对证据收集的合法性进行调查的，应当先行当庭调查。但为防止庭审过分迟延，也可以在法庭调查结束前进行调查。"再次重申了先行调查的原则，结合庭前会议对排除非法证据所具有的重要地位，法庭"先行调查"一般是指在庭前会议未能就非法证据排除达成一致意见的情形。但对

于多名被告人及其辩护人申请排除非法证据，或者案件中有其他犯罪事实与被申请排除的证据没有关联等情形，为防止庭审过分迟延，可以在法庭调查结束前进行调查。①

2017年《排除非法证据规程》第19条规定：

法庭决定对证据收集的合法性进行调查的，一般按照以下步骤进行：

（一）召开庭前会议的案件，法庭应当在宣读起诉书后，宣布庭前会议中对证据收集合法性的审查情况，以及控辩双方的争议焦点；

（二）被告人及其辩护人说明排除非法证据的申请及相关线索或者材料；

（三）公诉人出示证明证据收集合法性的证据材料，被告人及其辩护人可以对相关证据进行质证，经审判长准许，公诉人、辩护人可以向出庭的侦查人员或者其他人员发问；

（四）控辩双方对证据收集的合法性进行辩论。

由此可见，该条规定既显示了庭前会议与庭审程序的相互衔接，又可见“审判中的审判”架构初显。该规程第24条还规定了人民法院对有疑问的情形，控辩双方补充证据或者作出说明，以及休庭调查核实的情况。

第四，证据收集合法性的证明责任和证明方式。

2017年《严格排除非法证据规定》第31条第1款规定：“公诉人对证据收集的合法性加以证明，可以出示讯问笔录、提讯登记、体检记录、采取强制措施或者侦查措施的法律文书、侦查终结前对讯问合法性的核查材料等证据材料，有针对性地播放讯问录音录像，提请法庭通知侦查人员或者其他人员出庭说明情况。”这里六种书证材料、录音录像和出庭说明情况，并无先后顺序的要求，而可以“不择手段”。这与2017年《排除非法证据规程》第20条第1款的内容相一致。

其中“出示讯问笔录”，基于讯问笔录显示的时间、地点、提问内容、笔录篇幅等事项，审查讯问过程的合法性，解决供述的证据能力问题，而不能宣读讯问笔录的具体内容。

---

①　参见戴长林等：《〈关于办理刑事案件严格排除非法证据若干问题的规定〉的理解与适用》，载《人民司法（应用）》2017年第22期。

所谓公诉人出示对讯问合法性的核查材料,可以宣读核查材料的内容或者播放核查录音录像。这是前述“重大案件侦查终结前对讯问合法性核查制度”的后果机制,法庭要着重审查检察人员在侦查终结前是否对讯问合法性进行核查,是否对核查过程同步录音录像,录音录像是否存在剪接、删改等情形。

所谓“有针对性地播放”,应当是指针对被告人及其辩护人提出异议的时段,而对没有提出异议的时段,没有必要播放。

《严格排除非法证据规定》第31条第3款进一步规定:“侦查人员或者其他人员出庭,应当向法庭说明证据收集过程,并就相关情况接受发问。对发问方式不当或者内容与证据收集的合法性无关的,法庭应当制止。”根据2017年2月17日最高人民法院印发的《关于全面推进以审判为中心的刑事诉讼制度改革的实施意见》第25条第2款的规定,经人民法院通知,侦查人不出庭说明情况,不能排除以非法方法收集证据情形的,对有关证据应当予以排除。虽然《严格排除非法证据规定》第31条第1款重申了2012年《刑事诉讼法》规定的“出庭说明情况”,但是又明确出庭人员应当“接受发问”,从而也为第31条第4款规定“公诉人、被告人及其辩护人可以对证据收集的合法性进行质证、辩论”提供了一定内容依凭。

2018年《人民检察院公诉人出庭举证质证工作指引》第18条规定又列举了更多的相关证据材料,并且重新确认了证明手段的先后顺序,以及公诉人申请侦查人员或者其他人员出庭以必要为前提:

公诉人、被告人及其辩护人对收集被告人供述是否合法未达成一致意见,人民法院在庭审中对证据合法性进行调查的,公诉人可以根据讯问笔录、羁押记录、提讯登记、出入看守所的健康检查记录、医院病历、看守管教人员的谈话记录、采取强制措施或者侦查措施的法律文书、侦查机关对讯问过程合法性的证明材料、侦查机关或者检察机关对证据收集合法性调查核实的结论、驻看守所检察人员在侦查终结前对讯问合法性的核查结论等,对庭前讯问被告人的合法性进行证明,可以要求法庭播放讯问同步录音、录像,必要时可以申请法庭通知侦查人员或者其他人员出庭说明情况。

控辩双方对收集证人证言、被害人陈述、收集物证、书证等的合法性以及其他程序事实发生争议的,公诉人可以参照前款规定出示、宣读有关法律文书、侦查或者审查起诉活动笔录等予以证明。必要时,可以建议法庭通知负责侦查的人员以及搜查、查封、扣押、冻结、勘验、检查、辨认、侦查实验等活动的见证人出庭陈述有关情况。

第五,控辩双方围绕证据收集合法性的质证、辩论。尽管申请"侦查人员或者其他人员出庭"作为控诉证明责任的体现,但是,《严格排除非法证据规定》第27条在2012年《刑事诉讼法》第57条所规定的"人民检察院提请""人民法院通知""侦查人员或者其他人员要求"三种途径之外,给"被告人及其辩护人申请"提供了一个机会。"被告人及其辩护人申请人民法院通知侦查人员或者其他人员出庭,人民法院认为现有证据材料不能证明证据收集的合法性,确有必要通知上述人员出庭作证或者说明情况的,可以通知上述人员出庭。"所谓的其他人员主要是指侦查人员以外的能够证明证据收集合法性的人员,如在场的看守所监管人员、驻看守所检察人员、值班律师、同监室的在押人员等。当然,这种申请首先出于法院查证的需要,并且法院认为确有必要才能实现。

《严格排除非法证据规定》第31条第2款规定:"被告人及其辩护人可以出示相关线索或者材料,并申请法庭播放特定时段的讯问录音录像。"第31条第4款规定:"公诉人、被告人及其辩护人可以对证据收集的合法性进行质证、辩论。"第32条规定:"法庭对控辩双方提供的证据有疑问的,可以宣布休庭,对证据进行调查核实,必要时可以通知公诉人、辩护人到场。"

《排除非法证据规程》第21条也再次确认了被告人及其辩护人的申请法庭播放特定讯问时段的讯问录音录像,申请调查侦控机关收集但未提交的讯问录音录像、体检记录等证据材料,以及申请人民法院通知侦查人员或者其他人员出庭说明情况。然而,这些权利有需要出示线索或者材料的前提,经过法院的关联性审查,或者认为确有必要,才可能得以实现。

第六,法庭对证据收集合法性争议的裁判方式。《严格排除非法证据规定》第33条规定:"法庭对证据收集的合法性进行调查后,应当当庭作出是否排除有关证据的决定。必要时,可以宣布休庭,由合议庭评议或者提交审判委员会讨论,再次开庭时宣布决定。在法庭作出是否排除有关证据的决定前,不得对有关证据宣读、质证。"可见,该条明确了对证据收集的合法性争议的当庭认证原则与例外相结合的处理方式。这里明确禁止了在法庭作出相关决定之前不得对有关证据宣读、质证。这是重申了 2017 年 2 月最高人民法院发布的《关于全面推进以审判为中心的刑事诉讼制度改革的实施意见》第 26 条第 2 款的内容。实践之中,对证据合法性的调查结果可以采用口头决定方式当庭作出处理,并将相关情况记录在案。当事人对法庭有关该问题的处理结果不服,可以在上诉程序中一并提出。

第七,证据收集合法性的证明标准。《严格排除非法证据规定》第 34 条规定:“经法庭审理,确认存在本规定所规定的以非法方法收集证据情形的,对有关证据应当予以排除。法庭根据相关线索或者材料对证据收集的合法性有疑问,而人民检察院未提供证据或者提供的证据不能证明证据收集的合法性,不能排除存在本规定所规定的以非法方法收集证据情形的,对有关证据应当予以排除。对依法予以排除的证据,不得宣读、质证,不得作为判决的根据。”该条所明确规定的两种情形下的证明标准与 2012 年《刑事诉讼法》第 58 条的规定一致。一是从辩护主张角度确认以非法方法收集证据的情形。常常被告人和辩护人提出排除非法证据的申请,所提供的初步证明就能够证明办案人员对其实施了刑讯逼供等非法取证行为。二是从人民检察院对证据收集合法性负有举证责任出发作出的规定,即不能排除以非法方法收集证据的情形。法院经审查发现人民检察院未能对证据收集的合法性提供证据,或者提供的证据未能达到“确实、充分”的证据标准。实践中经常误用的是,将“确实、充分”的标准套用了辩护方的举证权利上,而控方作出否定回答,常常被认为查无实据而形成“非法”不能证的难题。《排除非法证据规程》第 26 条明确了 5 种应予排除的情形,以及第 23 条第 2 款附随于程序的应予排除情形:“经人民法院通知,侦查人员不出庭说明情况,不能排除以非法方法收集证据情形的,对有关证据应当予以排除。”

第八,排除非法证据后案件的处理方式。《严格排除非法证据规定》第 35 条规定:“人民法院排除非法证据后,案件事实清楚,证据确实、充分,依据法律认定被告人有罪的,应当作出有罪判决;证据不足,不能认定被告人有罪的,应当作出证据不足、指控的犯罪不能成立的无罪判决;案件部分事实清楚,证据确实、充分的,依法认定该部分事实。”也就是排除非法证据并不意味着案件必然要宣告无罪,案件最终如何处理还要取决于其他证据情况。

第九,对证据收集合法性裁决的裁判说理。《严格排除非法证据规定》第 36 条规定:“人民法院对证据收集的合法性的审查、调查结论,应当在裁判文书中写明,并说明理由。”在裁判文书中写明审查、调查结论并说明理由,是裁判说理的内在要求,也是控辩双方决定是否提出抗诉、上诉的根据,通过判例积累和传播审判案例,发挥其参考功能。

最后,人民法院对证人证言、被害人陈述等证据收集合法性的审查、调查,参照上述规定进行。

（二）控辩双方对证据收集合法性裁判的救济程序

对于控辩双方对证据收集合法性裁判不服的情形,2012 年《刑事诉讼法》并未规定专门的救济程序,2012 年《刑诉解释》对此作出了原则性规定,要求二审法院对证据收集合法性争议进行审查并依法作出相应处理。2017 年《严格排除非法证据规定》第 38 条至第 40 条立足司法实践,对相关问题作出具体规定。

其中第 38 条第 1 款规定:“人民检察院、被告人及其法定代理人提出抗诉、上诉,对第一审人民法院有关证据收集合法性的审查、调查结论提出异议的,第二审人民法院应当审查。”控辩双方对一审有关证据收集合法性的处理结果不服的救济程序,不是采取单独上诉的零售方式,而是采取“在上诉、抗诉中对一审有关证据收集的合法性的审查、调查结论提出异议”的批发方式。

第 38 条第 2 款规定:“被告人及其辩护人在第一审程序中未申请排除非法证据,在第二审程序中提出申请的,应当说明理由。第二审人民法院应当审查。”这主要针对一些缺乏律师帮助被告人错过申请排除非法证据有利时机,或者在第一审庭审后才发现涉嫌非法取证的相关线索或者材料等情形提供一个补救机会,在二审期间能够提供正当理由的情形下而允许其提出排除非法证据的申请。

第 38 条第 3 款规定:“人民检察院在第一审程序中未出示证据证明证据收集的合法性,第一审人民法院依法排除有关证据的,人民检察院在第二审程序中不得出示之前未出示的证据,但在第一审程序后发现的除外。”该款确认了排除非法证据的效力和明确人民检察院对证据收集合法性的举证时限,要求人民检察院在一审程序中应当积极举证证明取证合法性,避免在二审中搞突然袭击。

2017年《严格排除非法证据规定》第40条第1款明确规定:"第一审人民法院对被告人及其辩护人排除非法证据的申请未予审查,并以有关证据作为定案根据,可能影响公正审判的,第二审人民法院可以裁定撤销原判,发回原审人民法院重新审判。"又根据该条第2款可知,对于第一审人民法院对依法应当排除的非法证据未予排除的,第二审人民法院可以依法排除相关证据。排除非法证据后,应当按照下列情形分别作出处理:(1)原判决认定事实和适用法律正确、量刑适当的,应当裁定驳回上诉或者抗诉,维持原判;(2)原判决认定事实没有错误,但适用法律有错误,或者量刑不当的,应当改判;(3)原判决事实不清楚或者证据不足的,可以裁定撤销原判,发回原审人民法院重新审判。

第五节 司法掌控:消极听审 vs 积极调查

在如上所述的抗辩力量不平等的情况下,在非法证据排除程序中,法官如果处于被动地位,袖手旁观这场力量不等的对决反而会加剧控辩失衡。基于我国的职权主义模式下对官方信任的传统,以及客观真实的义务要求,法官必须尽到对当事人权利的关照义务。同时,在排除程序中检察机关的多重角色关系也需要以法定主义和客观主义进行适当调适。

一、排除程序的法官职权启动

比较而言,口供排除规则是一种英美法系和大陆法系共同的排除规则,但是基于诉讼模式的差异而实践效果有差异,德国法庭审判属于典型的审问式模式,没有证人分类制度和双阶证明责任制度,法官为了查明案件真相,没有排除证据的动力。[①] 在德国,"排除不可采的证据原则上不需要一

① 参见兰跃军:《论言词证据之禁止——以〈德国刑事诉讼法〉为中心的分析》,载《现代法学》2009年第1期。

方当事人提出动议”。[①] 基于与德国司法体制的相似性、我国刑事辩护体系和公民权利意识的薄弱性，法官充当法律运行和公民权利的“守护人”而提起非法证据排除动议在制度上还是可以接受的。但是，我国《排除非法证据规定》规定了法官对非法证据排除动议的初步审查和专门审查的职责，并未规定法官提出排除动议的职责。这种审查主要是一种回应型的审查，该规定对于一致性的庭前供述具有推定的合法性，即公诉人员无需举证其合法性，被告人的“翻供”成为排除非法庭前供述的必要条件，而非充分条件；这种必须建立在力争脱罪的动机和敢于反抗的勇气之上的“翻供”反而要接受多重考验。既然“审判前供述”通常是对被告人定罪的“关键证据”，而在被告人不存在异议的情况下，公诉人提供证据证明就纯属多此一举。当然，基于客观真实义务要求，被告人供述和辩解以及庭前供述可采性问题是法官所着重审查的内容，我国法官的审查更多地带有自主性的意味。

不过，2012 年《刑事诉讼法》第 56 条第 1 款，在《排除非法证据规定》设定的非法证据排除调查程序由辩方依申请而提起的方式之外，又明确了职权启动的情形，即“法庭审理过程中，审判人员认为可能存在本法第五十四条规定的以非法方法收集证据情形的，应当对证据收集的合法性进行法庭调查”。可疑的是，法官事后阅卷的“默读审判”，审判前供述，照样可以不加阻隔地成为裁判的根据。更何况名存实亡的“复印件主义”立法在 2012 年《刑事诉讼法》第 172 条中又重回了“卷证移送”的老路，放任了法官在庭审前阅卷预先产生偏见。

二、法官对非法证据的庭外调查权

《排除非法证据规定》第 8 条明确法庭对审前非法证据具有庭外调查权：“法庭对于控辩双方提供的证据有疑问的，可以宣布休庭，对证据进行调查核实。必要时，可以通知检察人员、辩护人到场。”该规定的内容被整合到了 2012 年《刑事诉讼法》第 191 条第 1 款之中，即“法庭审理过程中，合议庭对证据有疑问的，可以宣布休庭，对证据进行调查核实。人民法院调

---

① [德]托马斯·魏根特：《德国刑事诉讼程序》，岳礼玲、温小洁译，中国政法大学出版社 2004 年版，第 201 页。

查核实证据,可以进行勘验、检查、查封、扣押、鉴定和查询、冻结。”此外,针对技术侦查所收集的材料作为证据使用的,2012 年《刑事诉讼法》也规定了必要时的庭外核实权。第 152 条规定:“依照本节规定采取侦查措施收集的材料在刑事诉讼中可以作为证据使用。如果使用该证据可能危及有关人员的人身安全,或者可能产生其他严重后果的,应当采取不暴露有关人员身份、技术方法等保护措施,必要的时候,可以由审判人员在庭外对证据进行核实。”当然,表面来看,法官的调查权可以被理解为一种向被告人倾斜的制度设置,即被告人设疑能力不足、侦讯人员或者其他人员不出庭“说明情况”,还可以由“该出手时就出手”的法官调查权以及补充调查权来弥补。但是,法官相时而动,基于国家利益的立场和惩罚犯罪的目的,反而可能促成司法机关联合治罪以及掩盖真相的潜规则。

在美国,法官的被动性是对证据合法性裁判的支柱。《美国联邦证据规则》第 103(a)条“关于证据的裁定”的要求突出了对抗制的一个支柱,法官对从事没有错误的审判不负责任。为证据裁定的上诉备档,这个责任落在各方当事人身上,他们的诉讼律师必须采取主动,向对方不适当的证据使用或其他不适当的法庭行为提出异议、阐明理由。2000 年 12 月 1 日生效的《联邦证据规则》第 103(a)条修正案也适用于审判前的证据免提裁定而不需要在审判中重新提出异议以保全上诉争点。[①]

进言之,我国的法庭审理实际,历来表现为以被告人供述为核心的法庭调查和以公诉人发表公诉词和律师发表辩护意见为核心的法庭辩论两阶段。我国的庭审习惯是长于法律辩论而轻视事实调查,一方面,证人不出庭的现实,使律师甚至公诉人逐渐丧失了对证人进行发问的能力,更无从谈论发问的技巧;另一方面,由于律师的会见难、阅卷难、调查取证难的现实状况,最为关键的是律师害怕取证,只是憋着一肚子劲要在法庭辩论中长篇大论。因此,在现实运转中,非法证据排除的一个预防程序必定会转化为法庭辩论中为博得掌声的各抒己见的表演,这样非法证据排除规则的适用只会有对错的意见拉锯,而不可能有真伪的事实揭批。

---

① 参见[美]罗纳德·J.艾伦等:《证据法:文本、问题与案例》(第 3 版),张保生等译,高等教育出版社 2006 年版,第 132 页。

当然,我们也要看到,为了吸收和巩固改革成果,2012 年《刑事诉讼法》对法庭审理阶段又加入了定罪和量刑的区分(第 192 条)。最主要的是,2012 年《刑事诉讼法》从权利和义务相统一、责任和保护相结合、原则和例外、强制与豁免等层面完善了证人出庭制度(第 187 ~ 188 条),还完善了律师会见、阅卷和调查取证制度。但是,证人出庭制度必然会有司法惯性和惰性而影响其效果,即使证人出庭了,也没有相应的交叉询问规则与之配套(可资借鉴的是,我国台湾地区"刑事诉讼法"在证据章第 166、166 条之 1 ~ 7、第 167、167 条之 1 ~ 7 对诘问证人、鉴定人以及异议等问题作出了详细的规定),几乎又沦为对书面卷宗的核对工具。必须注意的是,律师参与刑事诉讼必然受商业主义和自由市场主义的调控,而参与刑事案件的绝对数量很难有所改观。另外,在中国调查取证大体上仍然是由侦查、控诉机关单方垄断,而刑事案件情况的披露常常依靠的是"官方的调查结论"。因此,在调查取证和事实发现能力上也很难真正地平等。

三、检察机关的多维角色调适

有必要提及的是,人民检察院对于非法证据提起、审查和排除活动可能具有多重身份。

1. 职权启动者和审查起诉的自我决策者。我们可以从 2012 年《刑事诉讼法》第 54 条关于侦查、审查起诉、审判三阶段的排除职责的规定之中得出这样的结论,尽管可能有自查自纠的成分。

2. 人民检察院对非法取证的监督职责。2012 年《刑事诉讼法》第 55 条专门规定:"人民检察院接到报案、控告、举报或者发现侦查人员以非法方法收集证据的,应当进行调查核实。对于确有以非法方法收集证据情形的,应当提出纠正意见;构成犯罪的,依法追究刑事责任。"

3. 控诉者和举证责任承担者。2012 年《刑事诉讼法》第 57 条第 1 款明确了人民检察院对证据收集的合法性的举证责任。

4. 人民检察院的证据开示职责和保障犯罪嫌疑人获得有效辩护的职责。这分别体现在 2012 年《刑事诉讼法》第 38 条有关辩护人阅卷权,第 39 条有关应辩护人申请调取未提交的证明犯罪嫌疑人、被告人无罪或者罪轻的证据材料,以及第 33 条告知委托辩护人和第 34 条指定辩护制度等法律条文之中。

在上述各条文中,人民检察院具体职责不同反映了身份定位上的不同,在非法口供排除程序之中,这多重身份的叠加难免会有角色冲突问题。

为了调和不同角色之间的冲突,在我国也要求检察官以真实和正义为目标,以合法性和客观性为行事准则,坚持“以事实为根据,以法律为准绳”的诉讼理念。① 在非法证据的排除上,检察官基于客观性义务可以作为非法证据排除程序的启动主体;即使不存在庭前法官和庭审法官的分权、职业法官和陪审团的分权,检察院自己作为非法证据排除的裁判主体,在提起公诉的案件之中,仍然要将其公诉意见传递于审判环节并置于法院司法审查之下,或者作为整个案件事实的举证责任承担者,要负全面举证责任,把合法证据和非法证据及其对裁决的可能影响向法院一并释明。并且,具体到对非法证据排除的举证责任上,虽然人民检察院与辩护方处于对抗性地位,也要向法庭全面提供证据。因此,我国的非法证据排除规则本身并不是体现在信息阻隔(可能会被认为是“隐瞒罪证”)上,而是体现在综合全案证据作出准确裁量上。比较而言,诚如达马斯卡所述,“按照原子主义证据提出方式,英美陪审团给出的是无须说明事实认定结果及其理由的神秘莫测的裁决。在对证据作出更具整体主义的处理之后,大陆法系法官作出了一个指明事实认定结果并作出解释的判决。换句话说,原子主义的证据法产生的是一项‘整体性’裁判,而更具整体主义的证据法则导致了原子主义模式的判决”。② 同大陆法系国家一样,我国刑事诉讼程序中法官甚至包括检察官的证据评价思维是一种“整体主义”的信息输入和“原子主义”的裁判说理的结合。

---

① 参见陈卫东、陆而启:《检察官的角色——从组织法和诉讼法角度分析》,载《法学论坛》2005 年第 4 期。

② [美]米尔吉安·R. 达马斯卡:《比较法视野中的证据制度》,吴宏耀等译,中国人民公安大学出版社 2006 年版,第 78 页。

第六节 结语:从立法转向司法

尽管法律将最终如何落实还没有定论,但是,白纸黑字的立法条文本身就是我国刑事诉讼立法取得的巨大成就。由上述可见,2012 年《刑事诉讼法》"吸收"《排除非法证据规定》的内容,而具体到非法口供排除规则,还是有一些突出的变化:

(1)增加了审判期间的职权启动模式;

(2)设置了庭前准备会议可以专门解决非法证据问题;

(3)以侦查人员出庭"说明情况"取代了"作证"的字眼;

(4)以"法庭审理"模糊了质证辩论程序;

(5)降低了取证非法性(不是取证合法性的)证明标准。

一些与之相关的制度有:

(1)明确辩护律师提前参与诉讼,这为律师在场权留下了制度空间;

(2)确立特定信息的双向证据开示制度;

(3)确立全程录音录像制度;

(4)确立强制证人出庭作证制度;

(5)明确"排除合理怀疑"的证明标准;

(6)回归卷证移送制度;

(7)确立了不被迫自证其罪的原则;

(8)保留了"如实供述"义务。

这体现了我国司法机关作为当事人的保姆角色和《刑事诉讼法》的人权保障要求,但是这容易被我国刑事诉讼审判组织结构和诉讼构造的静止不变所抵销。

整体而言,我国对非法证据排除,尤其是庭审前非法供述的排除,除了侦诉机关本身的积极排除职责(正当程序理论)之外,在审判程序中就有六道层层设卡的关口:

一是立法环节的禁止非法取证和排除非法证据的规定(立法中心主义);

二是庭前准备会议听取双方对非法证据排除问题的意见(争点整理的效率性);

三是庭审环节中法官的积极查证(职权主义);

四是控诉方对所举证据的合法性保证(客观真实主义);

五是辩护方的质疑(对抗主义);

六是第二审人民法院的拾遗补阙(全面审查的纠错功能)。

这六种措施都有对非法证据"一招毙命"的义务,也可能存在各种主义杂糅联动的效果。其实,从《排除非法证据规定》开始,非法证据排除规则就突出了对立法中心主义的强化,如果审判过程之中"非法证据"成为漏网之鱼而作为定罪量刑的关键证据还一如既往的话,非法证据排除规则的成效可能终究是"看上去很美"的制度。我们不能否认我国可能存在司法体制错位和法官权威不足,法官迁就警察和公诉人的现象还是普遍存在的事实,这变相地赋予了侦查和起诉结论的先定力,相应地弱化了辩护方的参诉效果和质疑能力,更主要的是我们陷入"确立权利—无法实施—再确立权利—再无法实施"的恶性循环。[①] 因此,我们设想以案例指导跳脱立法中心主义的虚无缥缈,以配套程序摆脱实质判断标准的人言人殊。

无论是非法证据排除规则的审判组织还是诉讼程序的结构因素,最终都可能会受制于传统文化因素的影响,而传统文化就不是一时半会儿可以改变的。因此,有人可能会说,你这种"只看到坏的,未看到好的"偏执分析没有任何建设性意义,还有,这种分析本身就是对人权保障的国际标准视而不见,或者,既然《刑事诉讼法》的修改进也不是、退也不是,那么你说如何是好?上文的分析恰恰就指出了问题所在,如果没有相应的庭审组织和诉讼程序上的结构变动和文化转型,等待着我们的必将是纸上谈兵的实际效果。从一种更现实的眼光来看,一方面,审判前口供排除规则要更多地着眼于取证环节的程序预防和质量监控,而不是庭审阶段对违法取证的事后救济;另一方面,审判前口供的排除效果,既然不能通过结构机制来有效阻隔,那么,依靠司法人员凭借专业素质和公正品格进行个案上的权衡反而更

---

① 参见陈瑞华:《增列权利还是加强救济?——简论刑事审判前程序中的辩护问题》,载《环球法律评论》2006 年第 5 期。

具有灵活机动性。因此,笔者提倡一种司法中心主义的刑事诉讼发展模式,这里并不是要突出诉讼构造的三方组合的司法化模式,而是突出司法实践对纸面规则的落实和对改革取向的引领。因此,学界逐渐有呼唤出现一些非法证据排除规则的司法判例的声音,而发生在浙江省宁波市鄞州区的章国锡涉嫌受贿一案(主审法官在一审判决中将控方提供的被告人审前的有罪供述予以排除)被誉为2010年7月"两个证据规定"颁布实施以来"全国首例非法证据排除案"。学者万毅以此案为标本梳理了非法证据排除规则在实践操作中需注意概念、效力、标准、程序四个重要的技术问题。[①] 然而,他更多地是以此案为线索来抒写自己认为的正确观点,而笔者所推崇的恰恰是对法官判决的尊重,而收到以点带面、举一反三的辐射效果。不过,万毅从他在四川省广元市两级人民法院调研时发现多起法院判决排除控方非法证据的实践案例的经验出发,质疑了该案的"首例"身份。这恰恰说明了司法实践的生命力所在,但是,这种生命力被湮没在法官的"逐案考量"的日常工作之中,尤其是对"影响性案件"不具有参照价值,还可能落入司法潜规则的俗套。当然,正是因为有了法条的基础才可能使法官的创造性司法有所依凭,而律师和当事人也才拥有了维权的法律武器,因此,规则的践行更有一种水滴石穿的功效。

一、以案例指导衔接明确规则和逐案考量

在美国延续了普通法的传统通过判例制度逐步完善和发展了口供排除规则,德国也通过联邦宪法法院和联邦最高法院的判决完善了言词证据禁止法则相关的操作性规范。[②] 2010年7月30日,最高人民检察院发布《关于案例指导工作的规定》;2010年11月26日,最高人民法院出台《关于案例指导工作的规定》。从这两个规定可以看出,中国的案例指导制度的特征是选编发布职权的专属性、适用范围的跨审级性和效力的"参照"性。目前,我国非法证据排除已经有了"明确规则",但是有时完全没有

---

① 参见万毅:《"全国首例非法证据排除案"法理研判》,载《证据科学》2011年第6期。

② 明确规则和逐案考量与客观主义和主观主义两组概念,参见[美]约书亚·德雷斯勒、艾伦·C.迈克尔斯:《美国刑事诉讼法精解·第一卷·刑事侦查》,吴宏耀译,北京大学出版社2009年版,第35页以下。

“逐案裁量”,[①]“指导性案例制度”是以典型案例的“实践中的法”(行动)带动“书本上的法”(态度)得以真正实施,以司法的连续性、一致性来树立司法权威。[②] 指导性案例制度并没有判例制度的“司法造法”空间,最高人民法院不能以确立指导性案例而僭越立法权,其所确立的指导性案例当然也并不是一种法律渊源;指导性案例制度又比抽象的司法解释更具体、灵活,可以使我们摆脱光说不练,更多法律而更少法治的尴尬。令人遗憾的是,指导性案例制度的落实仍然是以立法为中心,[③]能否达到对未来案件的“参照”效果还是个未知数。

二、以程序配套超越主观主义与客观主义

学者万毅认为,为避免非法证据排除规则适用对象和范围的不当扩张,“非法证据”应当是指以法律明确禁止的手段或者违反法律明确规定的程序所取得之证据,即仅限于非法定方法取得之证据。[④] 学者陈瑞华还进一步,根据取证违法的程度,对我国非法证据排除规则中的排除后果分为绝对排除、相对排除和可补正的排除三种后果。[⑤] 万毅甚至认为,“两个证据规定”在证据学上有一个重要的理论创新,即提出了“瑕疵证据”的概念,由此实现了从证据可采性角度对证据类型的“三分法”:“合法证据”、“瑕疵证据”和“无证据能力的证据”。其中,虽然瑕疵证据亦系违反法定程序而取

---

① 据2011年1月9日中央人民广播电台中国之声《新闻和报纸摘要》报道:8日,在全国律协刑事专业委员会年会上,最高人民法院副院长张军表示,《关于办理刑事案件排除非法证据若干问题的规定》在司法实践中没有得到严格执行。张军举例说,“刑讯逼供实践当中肯定有,所以我们才有这个罪名,但是在法庭上有关侦查人员出庭至少有一两千件了,律师在法庭上提出被告人有刑讯逼供,因此此前的供述不能作为证据使用,不知道几千件了。但是法庭上有一起从证据上能够认定是刑讯逼供的吗?没有。而同时揭露出来的错案,像赵作海这样的错案,几乎没有不存在刑讯逼供的”。参见李国民:《非法证据排除规则为何不能严格执行》,载《检察日报》2011年1月10日,第4版。

② 参见孙谦:《建立刑事司法案例指导制度的探讨》,载《中国法学》2010年第5期。

③ 2011年12月21日,最高人民法院发布了《关于发布第一批指导性案例的通知》(法〔2011〕354号)公布了四个案例,至2018年12月19日最高人民法院发布了《关于发布第19批指导性案例的通知》(法〔2018〕338号)共发布了101个案例。

④ 参见万毅:《解读“非法证据”——兼评“两个〈证据规定〉”》,载《清华法学》2011年第2期。

⑤ 参见陈瑞华:《非法证据排除规则的理论解读》,载《证据科学》2010年第5期。

得,但却并非重大违法,尤其是并未侵犯公民的宪法性基本人权。并且,虽然瑕疵证据因证据能力待定而不得直接在刑事诉讼程序中使用,但却可以经由补正或合理解释后继续使用。[①] 因此,对于非法证据排除的标准问题完全可以转化为一种程序问题,即使是"瑕疵证据"也属违反法定程序的问题。

学者王兆鹏也指出,对于自白的排除有以客观的讯问方法为判断自白之任意性,有以被告主观之自由意思及自愿为判断标准。以客观标准而论,如警察取得自白之方式,符合一定的禁制类型,不论被告是否出于自由意思而为自白,该自白即被判定为非任意性。以主观标准而论,如被告出于自由意思而自白,即令警察未违反法律所禁制之方式取得自白,该自白仍不得为证据。[②]

就客观标准而言,《排除非法证据规定》第 1 条规定:"采用刑讯逼供等非法手段取得的犯罪嫌疑人、被告人供述和采用暴力、威胁等非法手段取得的证人证言、被害人陈述,属于非法言词证据。"相应地,2012 年《刑事诉讼法》第 54 条第 1 款明确了非法证据排除范围和处理方式,即"采用刑讯逼供等非法方法收集的犯罪嫌疑人、被告人供述和采用暴力、威胁等非法方法收集的证人证言、被害人陈述,应当予以排除。收集物证、书证不符合法定程序,可能严重影响司法公正的,应当予以补正或者作出合理解释;不能补正或者作出合理解释的,对该证据应当予以排除。"在《排除非法证据规定》甫一出台,学者陈卫东对非法口供问题即指出,虽然界定"威胁、引诱、欺骗"的适当界限存在困难,然而两规定采取的回避态度有可能进一步加重实践的混乱状况。[③] 现在关于"刑讯逼供等非法手段"以及被"等"字省去的"威胁、引诱、欺骗"也一直是一个争论不休的话题。[④]

就主观标准而言,在决定自白任意性时,被告受讯问时的每一个因素

---

① 参见万毅:《论瑕疵证据——以"两个证据规定"为分析对象》,载《法商研究》2011 年第 5 期。

② 参见王兆鹏:《刑事诉讼讲义(二)》,台北,元照出版有限公司 2003 年版,第 26 页。

③ 参见陈卫东:《非法证据排除规则的喜与忧》,载《法制日报》2010 年 8 月 11 日,第 11 版。

④ 参见陈卫东、柴煜峰:《"两个证据规定"实施状况的真实调研》,载《法制日报》2012 年 3 月 7 日,第 10 版。

(如被告的性格、情绪、当时的情状、警察的态度等)都有关联性,但却无一因素具有决定性。①这样容许了法官的恣意决定。从前面的论述可知,法官对取证行为的合法性的审查有初步审查和实质审查两个阶段。

第一阶段是对辩方设疑是否成功的初步审查。首先翻供或抗辩不附相关线索或者证据,经形式审查后可视为《排除非法证据规定》第10条第1款对被告人审判前供述取得的合法性没有疑问,直接对起诉指控的犯罪事实进行调查,被告人审判前的供述可以当庭宣读、质证。对于附有线索或者证据的,有法官从"供—证"关系提出两种不同的审查意见,②在"先供后证"情形下,大体可视为被告人审判前供述取得的合法性没有疑问而当庭作程序性的裁决,并完全可以直接对起诉指控的犯罪事实进行调查。在"先证后供"情形下,可视为对供述取得的合法性有疑问,则由公诉人对取证的合法性举证。

第二阶段是针对取证程序合法性尤其针对控方的举证而进行的实质审查。法庭着重进行嫌疑人、被告人最初供述、录音录像与讯问笔录、录音录像及相关说明材料等三方面的审查判断。③不管初步审查还是实质审查,这些对证据内容的审查或者相互印证的审查意图以口供的"真实性"取代取证程序是否侵犯被告人基本权(如不自证其罪、知情权、辩护权、人身自由权等)的"合法性"评价,这并不能得到一个确切的结论,而可能随着侦查人员出庭的辩解(如第14条赋予的侦诉方针对物证、书证违法取得的补正权和合理解释权也可以适用于口供)或者说谎(侦查人员出庭认错有违不自我归罪的心理规律,还有可能因为辩方忽视保全证据而无法对质)而化为乌有,更有甚者"加盖公章"的单位而可能以"保护干部"之由包庇侦查人员违法。

因此,建立一系列与非法证据规则的相配套的程序机制才是根本的解

---

① 参见Kamisar, Gates, "'Probable Cause', 'Good Faith', and Beyond", *Iowa L. Rew* 69, 1984, p. 570。转引自王兆鹏:《刑事诉讼讲义(二)》,台北,元照出版有限公司2003年版,第26页。

② 参见徐松青、张华:《非法言词证据排除程序之浅见》,载《人民法院报》2010年9月8日,第6版。

③ 参见徐松青、张华:《非法言词证据排除程序之浅见》,载《人民法院报》2010年9月8日,第6版。

决之道。首先,完善取证程序预防非法证据的产生。例如,有学者对威胁、引诱、欺骗取证的合法性控制,不得有碍法秩序之形成、不得产生过高的道德成本、不得妨碍嫌疑人或证人意志的自愿性和真实性。[①] 随着 2012 年《刑事诉讼法》的实施,法官可以"不动声色"地从"不得强迫任何人证实自己有罪"条款(第 50 条)中推导出默示的沉默权,从"犯罪嫌疑人自被侦查机关第一次讯问或者采取强制措施之日起,有权委托辩护人"(第 33 条)推导出讯问时的律师在场权,并可能通过司法适用逐步确立,未告知嫌疑人沉默权或者讯问时不准律师在场,所取得自白不具有证据能力。其次,完善听审程序确认取证手段是否违法。虽然《排除非法证据规定》初步确立了举证、质证和辩论的程序性裁判机制,但是 2012 年《刑事诉讼法》将这种对抗式制度又转化为了行政式的制度,即使《排除非法证据规定》仍属有效解释,仍然要在实际运行中不断磨炼交叉询问机制。最后,完善程序制裁以实现权利救济和遏制不法的目的。

虽然不可逆的程序经过可能会使得侦查人员"一失足而成千古恨",但是,必须警醒的是,配套程序仍然不是万灵药,而违反程序的非法性判断标准仍然难以摆脱客观主义和主观主义之争的命运,尤其是一些非法证据排除的例外法则更是加剧了法官的裁量要求。在美国,以口供为线索而发现的物证、书证等"毒树之果"原则上不可采,但是,这种非法证据的排除规则有必然发现(inevitable discovery)、消除污点(purged taint exception)和独立来源(independent sources)等例外;[②]在美国,在拘留讯问时必须告知米兰达警告,因此取得的口供不看作"毒果"而可采,在各具体情形下如何适用米兰达警告也有不同案例进行细节的补充,如弃权的理智和自愿的前提条件、形式、撤销等,[③]犯罪嫌疑人什么时处于拘留状态、什么时候处于被讯问状态等都需要解释,[④]还有排斥或者不完全适用的案例,如犯罪嫌疑人表明愿

---

① 参见万毅:《侦查谋略之运用及其底限》,载《政法论坛》2011 年第 4 期。

② 参见王兆鹏:《刑事诉讼讲义(一)》(第 2 版),台北,元照出版有限公司 2003 年版,第 44 ~ 48 页。

③ 参见[美]罗纳尔多 · V. 戴尔卡门:《美国刑事诉讼:法律与实践》,张鸿巍等译,武汉大学出版社 2006 年版,第 416 ~ 419 页。

④ 参见[美]罗纳尔多 · V. 戴尔卡门:《美国刑事诉讼:法律与实践》,张鸿巍等译,武汉大学出版社 2006 年版,第 420 ~ 426 页。

意保持沉默后，警察可以就无关的罪行进行讯问；[①]明知且自愿弃权后，警察可以继续讯问，直至嫌疑人明确要求见律师[②]等多种情形；也有不必告知米兰达警告的情形，如当警察没有进行任何讯问时、在案发现场作一般性的讯问时、陈述出于自主时、询问犯罪嫌疑人身份时、询问目击证人时、拦截和拍搜案件中、坦白的对象是私人时、在列队辨认、现场辨认和照片辨认中、犯罪嫌疑人出现在大陪审团面前时、对公共安全构成威胁时。[③] 德国法院一般认为，以违反《德国刑事诉讼法典》第 136a 条所禁止的手段收集犯罪嫌疑人供述然后再以此为据收集的间接证据可以采纳。罗科信则主张一律禁止间接证据的使用。[④] 德国柏林自由大学 Rogall 教授提出"分等级"考察理论。[⑤] 通过使用《德国刑法典》第 343 条所规定的刑讯逼供罪方法所获供述有"远距离影响"，在此基础上所获得的间接证据应该禁止使用，不能用来证明犯罪嫌疑人有罪。但是，如果审讯机关只是采取了欺骗、疲劳战术等不太严重的审讯手段，这时就要考察审讯机关在没有犯罪嫌疑人供述的情况下是否也可以获得该间接证据。如果审讯机关在没有犯罪嫌疑人供述的情况下根本就不可能获得该间接证据，那么该禁止使用的证据(即违反《德国刑事诉讼法典》第 136a 条所获得的供述)就有"远距离影响"，依此获得的间接证据应该禁止使用。反过来，如果审讯机关通过合法手段同样也可以独立获得该间接证据，那么，间接证据就有证据能力，该禁止使用的证据没有"远距离影响"，可以使用。对"远距离影响"的判断也难免会徘徊于客观主义和主观主义之间，但是这也从侧面说明案例对规则落实的重要作用。

---

① See Michigan v. Mosley, 423 U. S. 96(1975).

② See Davis v. U. S. , 512 U. S. 452(1994).

③ 参见[美]罗纳尔多・V. 戴尔卡门：《美国刑事诉讼：法律与实践》，张鸿巍等译，武汉大学出版社 2006 年版，第 429 ~ 439 页。

④ 参见[德]克劳思・罗科信：《德国刑事诉讼法对被告人的保护》，王世洲译，载《中外法学》2007 年第 1 期。

⑤ See Hellmann, Uwe: Strafprozessrecht, S. 149, Rn. 58. 转引自李倩：《德国刑事证据禁止理论问题研究》，载《中外法学》2008 年第 1 期。

第六章　宣读审判前讯问笔录的证据原理

我国台湾地区学者林钰雄指出，在严格形式性之要求下，“刑事诉讼法”设定“双重限制”，只准许法院以“法定的证据方法”以及“法定的调查程序”来探知证据数据。在我国台湾地区的立法之中列举了被告、证人、鉴定人、文书、勘验五种法定的证据方法，各种法定证据方法有其各自的特别调查程序。[①] 不管我国2012年《刑事诉讼法》修改前还是修改后，被告一直是法定的证据方法。对于被告自白的法定方法，其法定的调查程序是到庭接受讯问还是宣读庭前供述呢？在我国，调查程序的直接、言词、公开等共通原则要求针对被告自白的调查程序是让被告人到庭、在场，直接接受讯问；其特有的调查程序是要求被告如实供述，不需要向证人一样宣誓，也不像文书证据一样采用宣读的方式。但是，宣读审判前供述仍然是一种司法实践常态。那么，对被告人供述的这个法定证据与宣读审判前讯问笔录的法定调查程序是否不相匹配呢？何时以及为什么要宣读审

---

① 参见林钰雄：《严格证明与刑事证据》，法律出版社2008年版，第36页。

判前讯问笔录呢？这些都有待讨论。笔者认为，一般而言，"宣读审判前供述"要经过"非法证据排除规则"（合法性证明）和"直接审理原则"的双重检验才能真正成为定案根据。在我国的司法实践中要保障宣读审判前供述合法性，一方面，要在非法证据排除规则适用上从强调"使用禁止"转向为强调"取得禁止"；另一方面，要将为直接审理原则所强调的三面关系从庭审阶段提前到侦查阶段。

第一节　引言：立法漏洞的司法解释填补

在法庭上公诉人讯问被告人之后，被告人可能有两种表现，认罪或不认罪。对于认罪的情况，（也只是）可能无需"多此一举"地宣读侦查卷宗之中针对被告人的讯问笔录；对于不认罪的，被告人常常还会大呼冤枉，说自己受到了刑讯逼供，到底是马上宣读被告人的侦查讯问笔录尤其是认罪的内容来针锋相对，还是举证其他的证据来反驳被告人（甚至不）再宣读侦查讯问笔录，《刑事诉讼法》并无可以遵循的规矩。难道讨论宣读审判前供述笔录是一个伪问题吗？在采行卷证移送主义的背景下，审判法官在法庭下全面阅卷或者在法庭调查中已经对被告人审判前供述心中有数了使得宣读审判前供述属于多此一举，又或者检察官对翻供被告人的审判前供述笔录还可以比照未到庭的证言笔录在法庭上宣读而无需立法的多嘴饶舌，完全委诸检察官的随机应变或者法官的自由裁量。其实，这诸种假设其实缘于我国《刑事诉讼法》存在一个没有规定"宣读审判前供述"①的立法盲点，而要不要宣读审判前供述，如何运用审判前供述，以及这背后蕴含了什么法理问题都需要进一步研讨。概而言之，"宣读审判前供述"，属于在法条之中无影而在法庭之中有形的一个举证措施，但是它最终被司法解释确立下来了。

---

① 尽管"审判前讯问笔录"与"审判前供述"、"口供"、"庭前供述"、"被告人供述笔录"、自书材料等用词可能有细微差别，甚至还有"讯问同步录音、录像"等材料，但是因为都属于检察机关可控制的证据材料范围，并且检察官的"宣读"必然是指向被告人供认全部犯罪事实或者部分犯罪事实的材料，所以不做详细区分。

一、刑事诉讼法的一个漏洞?

我国2012年修改前、后的《刑事诉讼法》,在法律条文中可以找到"当庭宣读""未到庭的证人的证言笔录、鉴定人的鉴定意见、勘验笔录和其他作为证据的文书",就是找不到宣读审判前供述笔录的相关规定。当然,根据2012年《刑事诉讼法》第186条(2018年第191条),被告人除了就起诉书指控的犯罪进行开庭陈述之外,还要接受公诉人的讯问,被害人、附带民事诉讼的原告人和辩护人、诉讼代理人经审判长许可的发问,以及接受审判人员的讯问。这在2012年修改前也是如此,也就是说,被告人在法庭上(出庭、在场)接受讯问(供述或者辩解)是一种其特有的法定的证据调查方法。但是不管是认罪还是不认罪,在我国法庭上是否要宣读审判前供述笔录是需要认真对待的问题。即使庭上被告人认罪的案件,因为我国法院的判决书的根据主要还是建立在被告人的侦查讯问笔录之上,如果不宣读侦查讯问笔录,则无法满足庭审质证的需要,而未经质证的证据不能作为定案根据。因此,有司法实务专家指出:

"受历史的影响,我国司法实践中普遍存在重视侦查阶段口供而忽视庭审陈述的现象。尽管在法庭审判过程中讯问被告人是必不可少的一个环节,但是,这种讯问的意义并没有得到应有的重视。司法机关往往更青睐被告人在侦查阶段的口供。审判人员常花费大量时间研究侦查卷宗,而被告人在法庭审判中的陈述被当作验证侦查讯问笔录的'佐证'。被告人在开庭时怎么说并不重要,重要的是在侦查阶段怎么说。在庭前供述与庭上供述不一致的情况下,庭前供述多得到信任。因而,被告人在法庭上所做供述的价值远不如在侦查阶段所做供述的价值高。在这种情况下,'讯问被告人'只是作为一种法定程序被机械地遵循,其实质意义被相对忽略。"①

而不认罪的案件又可能有两种情形,一种是自始不认罪,另一种是翻供。自始不认罪的相对比较少见,更多的是审判前做了供述(可能会有反复)而在庭审时翻供的情形,因此法庭要面对的是了解为什么翻供或者如

---

① 参见高憬宏、杨万明主编:《基层人民法院法官培训教材:实务卷·刑事审判篇》,人民法院出版社2005年版,第500页以下。

何解决翻供的问题了。宣读被告人的侦查讯问口供成了解决翻供的利器。

二、漏洞的司法解释填补

法律的空白点被司法解释弥补上了。[①] 笔者在前述第五章口供排除程序的构造反思第二节“对审判前供述的双阶审查部分”就提及了 1999 年施行的《人民检察院刑事诉讼规则》第 336 条针对翻供所作两款“可以”型的规定,其中,第 1 款在“不影响定罪量刑”的情况下,无论庭审陈述与庭前供述是否一致都不禁止宣读审判前供述笔录。当然,所谓的“供述”不影响定罪量刑的实属罕见,并且即使不影响很大程度也可能是因为有其他证据的存在。第 2 款针对庭审翻供足以影响定罪量刑,更是鼓励宣读审判前供述,并明确了“以审判前供述质疑庭审陈述”(以供诱供)和“以证据证明审判前供述”(以证印供)两种口供质证方式。而法官面对翻供除了引导公诉人对被告人进行质证外,

“在司法实践中,审判人员习惯于把被告人的庭审供述与被告人在侦查阶段的供述作对比。……而翻供的被告人多被看做认罪态度不好。当然,在被告人翻供之后,审判人员也会认真仔细系统地研究庭审笔录与侦查阶段的讯问笔录。当难以看出侦查笔录的破绽时,翻供被告人往往被简单地视为态度不诚”。[②]

在 1996 年修改的《刑事诉讼法》实施后,对被告人提出在庭前受到刑讯逼供,上述司法实务专家给法官支招:(1)审判人员应对庭前供述的真实性进行重新审视。当被告人在法庭上提出曾受过刑讯逼供时,审判人员就应立即对庭前供述的真实性进行重新考量。(2)审判人员可向被告人了解是否因刑讯而做了虚假供述。对于那些确因刑讯而作虚假供述的被告人,

---

① 这里不考虑,讯问结束后,公安司法人员向犯罪嫌疑人、被告人宣读讯问笔录或者庭审记录以供核对的情形。例如,2012 年 12 月 13 日《公安机关办理刑事案件程序规定》第 201 条、第 314 条的规定;2012 年 11 月 22 日公布的《人民检察院刑事诉讼规则(试行)》第 199 条的规定。

② 高憬宏、杨万明主编:《基层人民法院法官培训教材:实务卷 · 刑事审判篇》,人民法院出版社 2005 年版,第 501 页。

法官应告知他们放下思想包袱，在法庭上作出真实供述。[①] 这两点还是围绕着庭前供述的真实性打转。换句话说，也就是把一个取证违法的证据资格的问题转化为了口供真实性的证明力的问题。此后的相关立法和司法解释活动还是意图对宣读审判前供述的不同功能作出区分。

(1)为证明取证合法性而宣读审判前供述，以真实性替代合法性问题。前文笔者曾指出的《排除非法证据规定》第 7 条明确了公诉人的举证顺序是从“书证、人证”到“对质或者传闻”，笔者将“向法庭提供讯问笔录、原始的讯问过程录音录像或者其他证据”概括为书证，是指以记载和呈现的程序过程、参与人员、讯问持续时间、场所等而不是以被告人供述的“内容”作为质疑被告人供述的弹劾证据；人证是指“提请法庭通知讯问时其他在场人员或者其他证人出庭作证”；对质是指“提请法庭通知讯问人员出庭作证”；传闻是指“提交加盖公章以及‘经有关讯问人员签名或者盖章’的说明材料”。该条之中将通知出庭的讯问人员与其他人员做了一个区分，因为在场人员更多的是一种局外人的见证色彩，意图取其中立立场，而讯问人员则是被指控违法的当事人，则有听取其辩解和说明以及接受质询之意，从而可能更多地出现辩护方和讯问人员的意见对质交锋。而该条第 4 款规定了：“控辩双方可以就被告人审判前供述取得的合法性问题进行质证、辩论。”其中的“质证和辩论”很显然包含了对讯问人员的质询。2012 年《刑事诉讼法》第 57 条则表述为“现有材料→出庭说明情况”也还是体现了“书面审”优先，即“现有证据材料”主要是指讯问笔录、录音录像、羁押记录、体检记录等材料，“不能证明证据收集的合法性的”，然后通过检察院提请、法院通知、自行要求等多渠道的方式让“有关侦查人员或者其他人员出庭说明情况”。该条并未对侦查人员和其他人员作出明确区分，但是相应地弱化了“作证”义务为“说明情况”。

此后，2012 年《刑诉解释》第 101 条第 1 款规定：“法庭决定对证据收集的合法性进行调查的，可以由公诉人通过出示、宣读讯问笔录或者其他证据，有针对性地播放讯问过程的录音录像，提请法庭通知有关侦查人员或者

---

① 参见高憬宏、杨万明主编：《基层人民法院法官培训教材：实务卷 · 刑事审判篇》，人民法院出版社 2005 年版，第 502 页。

其他人员出庭说明情况等方式,证明证据收集的合法性。"该条规定也提及了通过"宣读讯问笔录"或者"播放讯问过程的录音录像"来"证明证据收集的合法性"。然而,这更多地体现为以反复宣读的数量优势来压倒对手,如果仅仅局限于重复宣读审判前讯问笔录则明显地带有一种"以供述的真实性来证明供述的合法性"的张冠李戴。不过,此处宣读讯问笔录本意是带有佐证或者弹劾的色彩。

(2)为作为定案根据而宣读审判前供述,从真实性回到合法性问题。2010年《排除非法证据规定》第10条给"审判前供述"长驱直入审判法庭作为定罪量刑根据即实质证据提供了一个"法律"基础。该条规定:

"经法庭审查,具有下列情形之一的,被告人审判前供述可以当庭宣读、质证:(一)被告人及其辩护人未提供非法取证的相关线索或者证据的;(二)被告人及其辩护人已提供非法取证的相关线索或者证据,法庭对被告人审判前供述取得的合法性没有疑问的;(三)公诉人提供的证据确实、充分,能够排除被告人审判前供述属非法取得的。

对于当庭宣读的被告人审判前供述,应当结合被告人当庭供述以及其他证据确定能否作为定案的根据。"

当然,这是以不存在合法性争议或者合法性等到证明的前提下才宣读被告人审判前供述,并且这种宣读当然不是"一读了之",还可能需要进一步接受控辩双方质证,以及法官从同种证据或者不同证据相互之间的印证程度的角度考虑其真实性。然而,宣读被告人口供在我国当前的沦为"书面作业"的刑事庭审方式中仍然显得特立独行。法官默读卷宗包含被告人审判前供述会产生心证污染问题,而检察官庭审宣读被告人审判前供述是公开审判的要求,更主要的是满足质证的要求。证人多数不出庭,因此宣读不出庭的证人证言是一种满足质证要求的必要替代措施,而我国庭审中被告人总是在案、出庭和在场,通常只有在被告人不配合的情况下才有必要宣读其审前供述,出于质证要求的宣读,必然要从口供的真实性问题回到审判前供述合法性问题上。

我们从薄某来案件之中可以看出我国法庭上宣读被告人口供实践的缩影。新华社济南2013年8月27日电报道,鉴于薄某来当庭否认收受唐某林钱款的事实，公诉人出示了薄某来的亲笔供词。① 针对贪污一案，公诉人也出示了薄某来2013年4月2日的亲笔供词。② 然而，正如有学者所指出的那样，“对于本案关键的口供即其自书材料和亲笔供词，以存有幻想，想以党内处理换取不移交司法处理，存在精神压力为由翻供”。③ 然而，“在本案中，虽然被告人一再宣称其所作自书系在不正当压力和诱导下写成，却未提供非法取证的具体线索或材料，如时间、地点、非法取证行为人等情况。相反，被告人曾当庭承认在纪检调查期间曾受礼遇优待”。④ 本案中，并不存在刑讯逼供或者与刑讯逼供的强迫程度类似的非法方法去获取被追诉人的口供。⑤ 龙宗智教授在承认“自书与笔录实无本质区别”的前提下指出，尽管刑事案件中被告人在纪检监察程序中形成的认罪笔录不符合2012年《刑事诉讼法》第52条第2款所明示的证据材料，“但经合法性验证的自书材料可作书证，用以佐证事实或弹劾主要证据”。⑥

由此案可见，公诉人宣读审判前的讯问笔录，对取证合法性进行说明并用其他证据来佐证供述证据的真实性，是我国庭审过程的一个常态。当庭宣读的审判前供述笔录(或者自书材料)性质到底是什么呢，作为供述还是书证，又如何运用，作为实质证据还是弹劾证据？这些都要求我们认真检讨。

第二节　宣读审判前供述的基本原理

比较而言，德美两国对审判前供述在庭审的运用有不同的制度机理。

---

① 参见霍小光、杨维汉：《薄熙来受贿、贪污、滥用职权案庭审纪实》，载《人民法院报》2013年8月28日，第3~4版。

② 参见霍小光、杨维汉：《薄熙来受贿、贪污、滥用职权案庭审纪实》，载《人民法院报》2013年8月28日，第3~4版。

③ 林劲标：《薄熙来案：看控辩双方如何使用证据》，载《人民法院报》2013年8月31日，第2版。

④ 万毅：《从“薄熙来案”庭审看证据“战术”》，载《检察日报》2013年9月4日，第3版。

⑤ 参见洪道德：《严格依法审理　实事求是判决》，载《人民法院报》2013年9月26日，第2版。

⑥ 龙宗智：《薄熙来案审判中的若干证据法问题探析》，载《法学》2013年第10期。

德国主要是从职权角度考虑,根据直接审理原则而禁止朗读庭前供述笔录,除非有符合证据保全的例外情形。美国有从诉讼参与人角度考虑的“反对强迫自证其罪”原则,被告人自己是否作证以及在选择作证后被交叉询问都是一种自主权利的行使。这两种制度原理都对侦查取证行为产生了制约,但是,德国对违反证据取得禁止获得的审判前供述并不必然排除,要结合实质真实来考虑;而在美国违反米兰达警告(miranda warning)获取的自白或承认,一方面要依靠当事人提出排除动议来启动,另一方面存在无害错误的运用情形;此外还存在大量的不违反或者无需米兰达警告的取供行为。当然,审判前供述也可以基于不同目的而采用。

一、直接审理原则下禁止朗读原则及其例外

其实,朗读侦查中的讯问笔录与直接言词原则的要求不符。林钰雄认为,直接审理原则有形式的直接性和实质的直接性,前者要求法官亲历,后者要求材料原始。前者要求法官亲历审判、始终在场,不得中断,也就是要求法院自己跑完全程的原则,也可以说是禁止接力赛原则。这里要禁止的是审判之内的接力。后者要求,法院应该尽其可能运用最为接近事实的证据方法,禁止法院以间接的证据方法替代直接的证据方法之原则,也即禁止证据替代品,这也是严格证明法则的第二项限制——即法定调查程序之限制的要求。事实上,实质的直接性虽然一般性地禁止法院任意转换证据方法,但是其中最具重要性者,便是供述证据的调查程序受到“人证优于书证”的限制,亦即,禁止法院以书证替代人证,也可以简称为供述证据之禁止朗读原则。① 禁止朗读还可以说是另一种的禁止接力赛——即侦、审接力。笔者将直接审理原则概括为三个在场:法官始终在场,被告人在场和证人出庭,从而保障法官亲历和被告人有对质询问的机会,也只有经过言词调查程序才形成法官自由心证的前提。

采直接审理原则的德国刑事诉讼法采行正反两面“禁止朗读”的立法例,一是第250条明定禁止朗读原则,二是第251条罗列了可以朗读书面声明或讯问笔录的例外规定。依照《德国刑事诉讼法典》第251条第1

---

① 参见林钰雄:《严格证明与刑事证据》,法律出版社2008年版,第42页以下。

款的规定：

（1）证人、鉴定人或共同被告已经死亡或罹患心神疾病或所在不明者；

（2）证人、鉴定人或共同被告因残疾或其他无法排除的障碍，而在长久或不可预知之期间内无法于主审程序到庭者；

（3）基于路途遥远因素并且斟酌其陈述的重要性，无法期待证人、鉴定人或共同被告于主审程序到庭者；

（4）检察官、辩护人及被告同意朗读者，以法官先前所为的讯问笔录替代。①

就被告自白笔录之朗读而言，根据《德国刑事诉讼法典》第 254 条的规定：

（1）（主审程序中）基于调查自白证据之目的，得朗读记载于法官（所为的讯问）笔录内之被告陈述；

（2）讯问中与先前陈述出现矛盾时，若该矛盾无法以不中断主审程序之其他方法确认或治愈时，亦得朗读前项笔录。②

该条宣读自白的目的到底是证据调查还是澄清矛盾存在争议。在第一种证据调查情形下有以朗读审前供述笔录作为自白证据调查的实质证据功能，李昌珂对该条在《德国刑事诉讼法典》中加了一个译注认为，"为了查证被告人所作的关于自己犯罪的陈述，此款准许宣读讯问笔录。宣读可以代替对被告人自白时在场的法官、书记员的询问。因此，这里规定的宣读不仅是一种询问救济，而且也是一个法官自由心证可以依据的书证"。③ 而德国学者罗科信的《刑事诉讼法》教科书之中引述该条认为，作为对被告之一项记忆的调查及为了对其新旧陈述间矛盾情形的澄清，其（只有）在法官讯问时所做的讯问笔录可以被朗读；并且指出该条规定并不适用于共同被告之自白，要亲自讯问被告以对照求证其中的问题和反对意见。④ 这与《德国刑事诉讼法典》第 253 条关于"宣读笔录帮助回忆"的规定相对应："（1）证人、

① 参见林钰雄：《刑事法理论与实践》，中国人民大学出版社 2008 年版，第 43 页。

② 参见林钰雄：《刑事法理论与实践》，中国人民大学出版社 2008 年版，第 43 页。

③ 《德国刑事诉讼法典》，李昌珂译，中国政法大学出版社 1995 年版，第 104 页。

④ 参见［德］克劳思·罗科信：《刑事诉讼法》，吴丽琪译，法律出版社 2003 年版，第 433 页。

鉴定人如果表示对某事实再也不能够回忆时,可以宣读过去对他的询问笔录中对此有关的部分,帮助他回忆。(2)前款规定,同样可以适用于询问中出现与过去陈述相矛盾的证言,不能以其他不中断审判的方式予以确定、澄清的情况。"①可见,克劳思·罗科信还是意图将第一种宣读自白的情形限定为"帮助回忆"。

当然,前述《德国刑事诉讼法典》第253、254条规定的意义也存在争议,该朗读作为禁止朗读之例外虽然合法,但其内容未必为真;宣读的自白可以用以恢复记忆或者质疑矛盾,然而,它也是一个法官自由心证可以依据的书证,从而可能产生定罪偏见。罗科信虽然对调查证据的宣读自白目的做了一定的具体化的限缩,但是他还是注意到了不同的观点。有观点认为第254条第1项为调查证据之目的证件文书证据(书证)可以作为心证根据,而第253条和第254条第2项并不是说被朗读的笔录内容可以被用为判决根据,只有被告或者证人基于该朗读而在审判程序中所做的陈述才可以用为形成判决的证据。换句话来说,也就是说第一种宣读自白情形是作为实质证据,属于证件文书证据;第二种宣读自白情形是作为弹劾证据,意图以笔录记载之主张诱发被告人新的供述,正好切合前述笔者提出的中国公诉人宣读审前供述的"以供诱供"的命题。不过,罗科信坚持认为这种精细区分并无法律基础。②

二、反对强迫性自证其罪原则下米兰达规则和交叉询问

在美国,联邦宪法第五修正案反对强迫性自证其罪的禁令赋予了刑事案件被告人不出庭作证和不作证的特权,然而被告人在他自己的辩护中担任证人,也就放弃了不作证的特权,不能拒绝回答表明其罪的问题。我们看到的更多的是针对搜查和扣押的非法证据排除规则和针对坦白和确认可采性的米兰达规则。换句话来说,通过非法证据排除规则和米兰达规则考验后的证据在法庭上被采纳是"沉默的大多数",即使告知米兰达警告也指的

---

① 《德国刑事诉讼法典》,李昌珂译,中国政法大学出版社1995年版,第104页。

② 参见[德]克劳思·罗科信:《刑事诉讼法》,吴丽琪译,法律出版社2003年版,第433页。

是拘留讯问期间，犯罪嫌疑人还可以在理智和自愿的情况下弃权。此外还有不要求米兰达警告的例外情形，如当警察没有进行任何讯问时、在案发现场作一般性的讯问时、陈述出于自主时、询问目击证人时、拦截和拍搜案件中、坦白的对象是私人时、在列队辨认、现场辨认和照片辨认中、犯罪嫌疑人出现在大陪审团面前时、对公共安全构成威胁时等。① 换句话说，这些时候被告人的坦白或者承认都是警察的一个有意或者意外的收获。

《美国联邦证据规则》第607条规定："任何一方当事人，包括传唤该证人的当事人，都可以攻击证人的可靠性。"具体方法包括以下五种：(1)证人对当事人有偏见；(2)证人的感觉器官或者智力状况有缺陷；(3)证人的不良品格使其没有可信性；(4)前后不一致的陈述；以及(5)互相矛盾。其中使用不良品格弹劾证人又包括：(1)使用证人被定罪的事实弹劾证人；(2)通过证人从前不适当、但没有被定罪的行为表明证人不诚实；以及(3)通过名誉证据或者意见证据弹劾证人。可见，在美国，弹劾证人（包括作证的被告人）也可以通过宣读前后不一致的陈述或者互相矛盾的陈述来进行，《美国联邦证据规则》第613条是关于使用证人前后不一致的陈述弹劾证人的专门规定。但是，《美国联邦证据规则》没有明确规定互相矛盾是弹劾证人的一种方法。在美国传统上，如果构成互相矛盾的证词只是证明证人在他所作证词的一些特定方面发生错误，互相矛盾的证词一般不被采纳。如果互相矛盾的证词还能够同时证明其他重要案件事实，或者证明证人有偏见、有生理缺陷（影响证据对案件事实的感知），或者证人的性格不诚实。那么，互相矛盾的证词可以被采纳。此外，在使用互相矛盾的方法弹劾证人时还需要识别所谓附属事实：(1)当事人出示的证据与证人就重要案件事实所作的证词互相矛盾；(2)当事人出示的证据与证人就不重要的案件事实（附属事实）所作证词互相矛盾，当事人出示证据的目的只是为了弹劾证人的可信性。法庭一般排除或者不采纳只与附属事实互相矛盾的证据。可见"相互矛盾"主要是以用外部方法（参见下文关于实质证据和弹劾证据的分类）来质疑证言的内容。相对应的是，恢复证人可信性的方法也有再直接

---

① 参见[美]罗纳尔多·V. 戴尔卡门：《美国刑事诉讼：法律和实践》，张鸿巍等译，武汉大学出版社2006年版，第454~460页。

询问、证人品格和当事人前后一致的陈述。作为一般规则,当事人不得以证明证人前后陈述一致的方式恢复证人的可信性。根据《美国联邦证据规则》第801(d)(1)(B)条,当对方当事人在交叉质证的过程中明确或者以暗示的方式指责证人因为某种动机撒谎或者夸大事实时,当事人可以使用证人在被指称的撒谎或者夸大事实的动机形成前所作的前后一致的陈述恢复证人的可信性。① 这也就是说,以前后一致的陈述来正誉主要是一种防御措施,而不能主动用以对证言内容的循环论证。

由于审判程序和审前程序之间必然存在关联,下文笔者将结合我国的法律规定,对审判程序之中审判前供述的运用目的以及审判前程序取得自白的程序保障再进一步论述。

第三节　宣读审判前供述的证据功能解析

以证明指向的待证事实不同,可以将证据分类为实质证据和弹劾证据。② 所谓实质证据是指用于证明犯罪事实构成要件的证据,而所谓弹劾证据主要是指在庭审活动之中以交叉询问为制度基础而攻击对方的证人可信性和证言可信性的证据。前者主要针对的是案件实体待证事实,更侧重于对证据证明力的阐释,后者主要针对的是各方的证人和证言等证据争议问题,首先解决的是证据能力的问题。例如,对证人进行弹劾有内在方法和外在方法。"内在方法是指,在质证的过程中从正在作证的证人或者被弹劾的证人的口中得出质疑证人可信性的事实;外在的方法或者说使用外来证据进行弹劾是指,质疑证人可信性的事实是从其他途径,例如,文件或者

---

① 参见高忠智:《美国证据法新解:相关性证据及其排除规则》,法律出版社2014年版,第106页以下。

② 我国有学者根据证据对待证事实的距离和作用将证据分为实质证据(属于待证事实的存在或发生而留下的各种"痕迹")与辅助证据(前者之外的其他"痕迹"),辅助证据又分为具体关联的辅助证据(案中辅助证据)和抽象关联的辅助证据(案外辅助证据)。参见周洪波:《实质证据与辅助证据》,载《法学研究》2011年第3期;周洪波:《迈向"合理"的刑事证明——新〈刑事诉讼法〉证据规则的法律解释要义》,载《中外法学》2014年第2期。

其他证人，而不是从被弹劾的证人获得。”[①]其实弹劾证人本身不是目的，而是动摇其所作证言的可信性，可以说是典型的“人身攻击”。因此，这两种分类各自偏重于证据的某一个侧面。但是，证明作用又有相互转化的可能，实质证据是在证据资格无争议的前提下侧重于对证明力的解释和说明，而弹劾证据往往又以一种可信性和证明内容之间的有无矛盾来否定证据资格。尽管，弹劾证据所打掉的证据可能对案件实体证明有釜底抽薪的作用，但是如果用不恰当的证据来弹劾证据，可能会无意间输送了对实体认定的偏见。“宣读审判前口供”摇摆于实质证据和弹劾证据的功能之间，在自证其罪和自主决策之间左右为难。

一、自证其罪的实质证据功能

前述提及“宣读审判前口供”的立法疏忽被司法解释弥补了，而司法解释可能会有部门利益考量或者扩张解释的空间。1999 年施行的《人民检察院刑事诉讼规则》第 336 条规定第 1 款基本上尊重了直接审理原则要求，很显然并没有禁止宣读审判前供述笔录。第 2 款规定了以宣读审判前供述为基础的口供质证方式，“以审判前供述质疑庭审陈述”(以供诱供)和“以证据证明审判前供述”(以证印供)两种方式。前者主要是通过庭审中的思想教育和感化措施要求被告人最终改口承认庭前供述的真实性，而另一种是用其他证据来质疑庭审的翻供从而证明庭前供述的真实性，这两种方式都笼罩在“宣读被告人供述笔录”的“自证其罪”的攻势之下。可见，我国《刑事诉讼法》虽然一直强调仅有口供不能定罪，从侦查阶段的“如实供述”和“坦白从宽”开始(2012 年《刑事诉讼法》新增的第 118 条第 2 款)，诉讼程序的重心，还是围绕着口供打转。[②] 需要指出的是，不管“以供诱供”还是“以证印供”，更多的是一种对案件实体真实的证明，而不是针对于取证程序合法性的证明。这一点与德国的证据调查和澄清矛盾的两种宣读自白的内在精神有一致的地方。尽管存在不以审判前的供述来替代法庭上的陈述

---

① 高忠智：《美国证据法新解：相关性证据及其排除规则》，法律出版社 2014 年版，第 104 页。

② 参见陆而启：《从纸上谈兵到水滴石穿——非法口供排除程序的构造反思》，载《证据科学》2012 年第 2 期。

的观点，但是正如前面对德国立法例的分析可知，这在法律上没有基础，在心理上难以成立。前述，美国司法实践中运用“前后不一致”或者“互相矛盾”的陈述来弹劾作为证人的被告人其实也含有自证其罪的实质作用。当然，在我国，“卷宗笔录”历来更是裁判的首要、重要或者根本的根据。据此来看，在庭审之中以先前供述来恢复记忆或者澄清矛盾，更多的是控方想在庭审气势上压倒对方，直至被告人最终改口。

前文笔者也述及了2010年《排除非法证据规定》存在着两次“宣读审判前供述”和两次“质证”的叠床架屋。可见，在我国法庭上，司法人员常常会把取证合法性的证明“概念偷换”为口供真实性的证明，以一种自以为是的真实来取代取证合法性证明，以证明力问题取代证据能力问题，这个问题甚至在立法之中也有所体现。2010年《排除非法证据规定》第10条明确了宣读口供的情形，即对非法取证行为辩护方设疑不能（包括未提供相关线索或者证据，和已提供相关线索或者证据但是法庭对被告人审判前供述取得的合法性没有疑问）和控诉方去疑成功（公诉人提供的证据确实、充分，能够排除被告人审判前供述属非法取得的）两种情形，尽管这里还提及了“质证”和“印证”（结合被告人当庭供述以及其他证据确定能否作为定案的根据）的要求，但是，该条明确了“宣读审判前供述”在进一步满足质证功能的基础上对案件定罪量刑的实质作用。并且，该条之中的“质证”并不是针对于“庭审”中被告人的态度和可靠性，而是直接考察审判前供述的真实性。

当然，上述条文可能一不小心就透露了审判前供述对定罪量刑的基础性作用，这里还有几个值得思考的问题：

1. 为什么要明确规定在此种情形下的“宣读审判前供述”？就常识而言，一个认为自己遭到刑讯逼供的人，在庭审之中可能会有对抗的强烈心理动机，反对公诉人将“审判前供述”提交给法庭，而不管“审判前供述”的真假。非法口供的排除就是要逆公诉人的举证意图，给“审判前供述”进入法庭设置阻隔，专设“非法证据排除”的司法解释再遗漏明确规定“宣读审判前供述”问题就偏离主题了。

2. 除此之外的情形是否可以宣读审判前供述？尽管根据职权法定原则，国家机关可能侵犯公民权利的公权力行使需要法律上的授权。但是，在现实的司法运作之中,在被告人对审判前供述未作质疑的情形下,被“推定”为或者被被告人“默认”为取证合法的审判前供述可以在法庭上横行无阻,从而可能具有和庭审认罪同等的效果。审判前供述甚至不需要以“弹劾证据”的形式作掩护而直接具有“实质证据”的作用。可见,宣读审判前供述把直接审理原则完全架空了,这样我国庭审的“以口供为中心”和“以书面为中心”在“宣读审判前供述”上合二为一从而成为我国庭审形式化的突出问题。

需要提及的是2017年最高人民法院发布的《排除非法证据规程》第4条和第18条第2款分别规定:“依法予以排除的非法证据,不得宣读、质证,不得作为定案的根据。”“在对证据收集合法性的法庭调查程序结束前,不得对有关证据宣读、质证。”2017年《第一审普通程序法庭调查规程》第1条规定:“法庭应当坚持证据裁判原则。认定案件事实,必须以证据为根据。法庭调查应当以证据调查为中心,法庭认定并依法排除的非法证据,不得宣读、质证。证据未经当庭出示、宣读、辨认、质证等法庭调查程序查证属实,不得作为定案的根据。”(关于“不得宣读”的内容下文将予以论述。)

二、自白排除的弹劾证据功能

2010年《排除非法证据规定》总共15条之中除了第14条仅针对物证、书证以外,其余的全部都与口供有关。可以说,我国非法证据排除规则的焦点集中于被告人口供之上,那么,在我国庭审之中到底如何运用审判前的被告人口供呢?笔者注意到,我国立法之中存在着以供述笔录来证明供述的合法性,这是一种检察机关恢复供述合法性的手段,因此也属于弹劾证据。

针对控方对审判前供述的取证合法性承担举证责任的证明方法和证明顺序,回到前面的分析来看,2010年《排除非法证据规定》第7条采用的表述是“书证(讯问笔录、原始的讯问过程录音录像或者其他证据①)、人证(其他在场人员或者其他证人)”→“对质(讯问人员)或者传闻(说明材

① 《日本刑事诉讼规则》第198条之4新增设了检察官证明询问调查状况的规定。“检察官对于被告人或者被告人以外的人的供述,要证实询问调查该供述的状况时,要尽量使用记录询问状况的文书笔录和其他与询问有关的资料,及时、公正地进行证明。”参见[日]田口守一:《刑事诉讼法》(第5版),张凌、于秀峰译,中国政法大学出版社2010年版,第301页。

料)”,2012年《刑事诉讼法》第57条采用的表述是“现有材料→出庭说明情况”,[①]前者意图在证据法的框架内解决问题,而后者则采用的是一种工作规程式的语言。当然,“现有材料”还是可以包括,“讯问笔录、原始的讯问过程录音录像或者其他证据”,如果不对这些材料进行一些心理学、语言学等科学鉴定或者音像的技术性鉴定,光是表面上“提供”,那么这完全是口供的循环印证,从而证明是否非法取证对这些“材料”而言是一个不可能完成的任务。2012年《高检规则》第70条列举了人民检察院对非法取证行为进行调查核实的方式:

(1)讯问犯罪嫌疑人;

(2)询问办案人员;

(3)询问在场人员及证人;

(4)听取辩护律师意见;

(5)调取讯问笔录、讯问录音、录像;

(6)调取、查询犯罪嫌疑人出入看守所的身体检查记录及相关材料;

(7)进行伤情、病情检查或者鉴定;

(8)其他调查核实方式。

其中,第(1)~(4)种方式是以新证据来否定旧证据,除了作为一种证据的功能,还具有控辩主体相互对抗的意见表达的内涵。而第(5)种可以说是“非法证据自身”,第(6)、(7)种则是与非法证据相关的材料。《刑诉解释》第101条对非法证据排除过程之中公诉人的举证责任做了规定:“法庭决定对证据收集的合法性进行调查的,可以由公诉人通过出示、宣读讯问笔录或者其他证据,有针对性地播放讯问过程的录音录像,提请法庭通知有关侦查人员或者其他人员出庭说明情况等方式,证明证据收集的合法性。公诉人提交的取证过程合法的说明材料,应当经有关侦查人员签名,并加盖公章。未经有关侦查人员签名的,不得作为证据使用。上述说明材料不能单独作为证明取证过程合法的根据。”由此可见,审前的“讯问笔录”是一个可以为控辩双方为各自目的而利用的公共武器。由此引发以下问题:

---

① 陆而启:《从纸上谈兵到水滴石穿——非法口供排除程序的构造反思》,载《证据科学》2012年第2期。

1. 审判前取供的合法性能否用宣读审判前供述来证明？其实，这样的规定必然内涵了一种意图用口供的真实性来取代取证的合法性问题，因此，犯了一个转移论题的错误，而这种转移论题的甚至被认为是切合中国实际的制度创新。① 在美国，只要出于自愿（不是非自愿，如受到警察威胁而获得），违反了米兰达规则（如未完全告知）但是可靠的陈述可以用来质疑处于证人地位的被告人的可信度。陪审团将被指示：坦白也许不能作为被告人有罪的证据，但可作为判断被告人是否诚实的因素之一。② 这样的证据用来质疑被告人作为证人的可信性，当然是不同于用来指证其有罪，而要用于指控其有罪，首先要解决的是其证据资格。

2. 意图被排除的审判前供述竟然通过宣读审判前供述来弹劾被告人的可信性从而被轻巧地输送进了庭审之中。这恰恰是一个特洛伊木马式的制度。虽然德国立法例之中也存在着唤醒记忆和澄清矛盾而宣读自白的情形，但是这种制度首先建立在被告人自愿陈述之上，本身也是针对证据的内容真实性问题。

3. 非法证据排除之后如何处置被告人？据学者李心鉴介绍，概言之，美国的自白证据在实际上排不排除决定着被告的命运：不排除自白，被告人往往被认定有罪，刑事诉讼便继续推进；排除自白，被告人则获无罪宣判，刑事诉讼就此终止。③ 然而，在我国非法证据即使有被排除的，也不会对被告人定罪处理有实质性的影响。因此，很多人都认为我国几乎没有一例适用非法证据排除，而所谓的非法证据排除案例，其实是因为“真凶归案”和“亡者归来”等偶然原因发现的实体错误在纠正过程中的一个附属产品。

这里还有一个突出问题，就是重复性供述应否排除？④ 对于重复性供述应否排除，有观点认为，除庭审自白及发现隐蔽性很强的物证、书证外，

---

① 参见龙宗智：《我国非法口供排除的“痛苦规则”及相关问题》，载《政法论坛》2013 年第 5 期。

② See Harris v. New York, 401 U. S. 222, (1971)；[美]罗纳尔多·V. 戴尔卡门：《美国刑事诉讼：法律和实践》，张鸿巍等译，武汉大学出版社 2006 年版，第 432 页。

③ 参见李心鉴：《刑事诉讼构造论》，中国政法大学出版社 1992 年版，第 281 页以下。

④ 参见张颖：《重复自白的证据能力》，载《中国刑事法杂志》2012 年第 7 期；韩旭：《刑事诉讼热点问题专题研究》，四川大学出版社 2010 年版，第 6 页以下。我国的规定参见前述第四章相关内容。

应认为受波及效力影响而排除。[①] 德国联邦最高法院解释认为《德国刑事诉讼法典》第136a条中确立了证据使用规则以及证据使用禁止的继续性效力,也就是被告人即使在后来的程序中接受合法的讯问,但只要其陈述仍然受先前违法讯问行为的继续影响时,则该陈述仍然不得作为证据使用。[②] 日本学学说和判例也以前后自白的相互关联来否定反复自白的证据能力。[③] 英国在1984年《警察与刑事证据法》实施后,通过一系列主导性判例否定了"二次自白"的证据能力。排除理由如下:后来的供述是第一次供述的直接结果;第一次讯问的污染在第二次讯问的时候仍在发挥作用;两次讯问是紧密联系的,无论是时间上还是内容上,因为第二次讯问是以重复第一次讯问中已经发生的情况的方式开始的。[④] 综上,各国的立法和司法判例基本上不论讯问主体差异,关键考察先后自白之间的关联性,不管是波及效、毒果还是污染理论,如何判断先后讯问之间的关联又有细微差别。例如,有直接影响、后续影响、一致情境、间接推定等,并且有沉默权规则以一种"全有全无"的选择作为支撑,尽管被告人在庭审中自白或者同意也有可能挽救"失足"的审判前供述。反观我国:

第一,如果自白排除法是预防和遏制特定的违法侦查取证行为,那么所谓的非法证据排除规则就可能没有必要存在。我们需要关注的是,对侦查人员追究纪律责任或者刑事责任等问题,而不是被告人可能从程序违法之中获得什么程序利益的问题。因此,通过宣读自白的方式来证明是否合法取证,的确是南辕北辙。一个更不利的后果是,把违法取证行为和自白真实与否关联起来,会导致自白排除和违法追责"相互推诿"、不了了之。

第二,由于我国没有沉默权制度,所以多次自白是必然的事情。即使在卷的自白证据有违法取得的嫌疑,还可以通过后续的审查起诉或者审判程序补正前面取证的违法性。也因此可以大胆断言,所谓的"自白排除法则"

---

① 参见龙宗智:《薄熙来案审判中的若干证据法问题探析》,载《法学》2013年第10期。

② 参见赵彦清:《受基本人权影响下的证据禁止理论——德国刑事诉讼法中的发展》,载《欧洲法通讯》第4辑,第276页以下。转引自陈瑞华:《比较刑事诉讼法》,中国人民大学出版社2010年版,第185页。

③ 参见[日]田口守一:《刑事诉讼法》(第5版),张凌、于秀峰译,中国政法大学出版社2010年版,第300页。

④ 参见郑旭:《非法证据排除规则》,中国法制出版社2009年版,第143页以下。

在我国诉讼理论和司法实践上往往给人一种口头上实惠之意味。进而言之,让审判前供述自己来证明自身的合法性在逻辑上是一种依靠实质真实支撑的循环论证,并且把自白排除的“程序性裁判”问题转化为一种实质真实性的审查判断问题,其实是通过口供真实性与取证合法性之间的循环论证来保证定罪,本质上还是以“自证其罪”作为法官卸除审判职责的工具和定罪的最佳保证。

第四节　宣读审判前供述的程序保障

上述两种审判前供述的证据法功能都聚焦于庭审“宣读审判前供述”这个程序之中。不过,更关键的程序问题是,“审判前供述”是如何形成的。因为在审前程序中被告人辩护权利保障不济的现实情况下,单靠法庭反复审查审判前供述这种传闻证据,既难以通过有效对抗来发现程序真实,也不能通过质证发现实体真实。而德国法的“审判前供述”的形成有两重程序:一是侦查法官的证据保全程序;二是限制警察、检察官侦查活动的证据收集、取得程序和方式上的禁止性规范。

一、三面构造下的口供证据保全

前述德国的宣读审判前供述的立法例,是以德国的侦查法官保全证据为前提,法律条文规定朗读的笔录在法官(指侦查法官)讯问时作出。侦查法官是为适用宪法或者法律明定的法官保留原则,又为避免危及检察官的侦查主地位,①在侦查阶段受侦查机关之申请而决定特定侦查措施的法官,他还可以依侦查机关的申请而讯问被告、证人或鉴定人,以便保全供述证据。② 当然侦查阶段引入侦查法官,主要在于其有更周全的程序保障。

---

① 在控诉原则下,法官从侦查程序之中抽身而出,将侦查的主导权交给检察官,而法官只主导审判程序。参见林钰雄:《刑事法理论与实践》,中国人民大学出版社 2008 年版,第 25 页。

② 德国法中,在侦查阶段,侦查法官有行使法官保留原则要求的强制处分,保全供述证据,以及作为紧急检察官而替代检察官进行必要的急迫处分三种功能。参见林钰雄:《刑事法理论与实践》,中国人民大学出版社 2008 年版,第 25 页。

学者林钰雄指出，在侦查程序中引入侦查法官来讯问被告，一方面，有独立审判、法定法官和听审原则的三重保障，尤其是在听审原则的支配下尽可能维护被告的请求资讯权、请求表达权和请求照顾权。[①] 根据《德国刑事诉讼法典》第162条，在侦查程序中，检察官如果为求保全被告或证人所为的重要陈述，申请该管法院的侦查法官来进行讯问并作成讯问笔录是一个万全之策，如果有迹象显示被告或者证人审判阶段可能缺席，则更是如此。所谓的独立审判、法定法官原则更侧重于一种避免法官之外或者行政序列上命下从的操纵和干扰。所谓的听审原则必然要围绕着证据和意见来进行，其中证据来源主要有阅卷方式，而意见必然有多方主体的互动，意见表达有辩论、发问及最后陈述等，而关照也要求法官亲自在场并善尽注意义务。而《美国联邦证据规则》，可以任何形式的先前不一致的陈述来弹劾证人，口头陈述或者书面陈述，经过宣誓所作的陈述或者未经过宣誓所作的陈述。

另一方面，在侦查程序中形成与审判阶段相同的审检辩三面构造有防范滥权和保障民权的功能。《德国刑事诉讼法典》第168c条专门规定了法官讯问时的各方的在场权。[②] 该规定在一定程度上有助于保证辩护律师申请调查取证的义务主体的中立性。德国侦查法官制度更侧重于在取证环节对非法讯问的提前预防从而保障进入庭审的证据合法。当然，根据《德国刑事诉讼法典》第163a条第3款规定被指控人负有应传唤前往检察院的义务，相应地适用第168c条第1～5款规定，而第5款警察机构官员询问证人、鉴定人时则无准用上述条款规定。这种三面关系首先是以强化被告（辩方）在侦查程序中的主体地位及防御能力为前提，既可能有助于侦查程序自己的公正运行，又可能为后面的审判程序提供一定的证据基础。

二、口供的取得禁止和使用禁止

有学者以德国法为例论述了口供之禁止，其实这主要是从非法证据排

---

① 参见林钰雄：《刑事法理论与实践》，中国人民大学出版社2008年版，第31页以下、第44页。

② 参见《德国刑事诉讼法典》，李昌珂译，中国政法大学出版社1995年版，第85页。

除角度的论述。《德国刑事诉讼法典》第136a条对禁止的讯问方法规定：

(1)对被指控人决定和确认自己意志的自由，不允许用虐待、疲劳战术、伤害身体、服用药物、折磨、欺诈或者催眠等方法予以侵犯。只允许在刑事诉讼法准许的范围内实施强制。禁止以刑事诉讼法的不准许的措施相威胁，禁止以法律没有规定的利益相许诺。

(2)有损被指控人记忆力、理解力的措施，禁止使用。

(3)第1、2款的禁止规定，不顾及被指控人承诺，必须适用。对违反这些禁令所获得的陈述，即使被指控人同意，也不允许使用。①

该条是德国刑事诉讼中证据禁止理论的重要法律渊源。其中，第1、2款主要采用列举和概括相结合的方式明确规定了4类禁止使用的讯问方法以及在刑事诉讼法准许的范围之外实施强制措施——即证据取得禁止；第3款第一句明确了第1、2款禁止的讯问方法在讯问过程中适用的强制性效力；第二句规定了违法讯问的强制性排除的程序性后果——即“依附性证据使用禁止”。

需要注意的是，对证据取得方式违反法定禁令导致证据使用之禁止，必须满足这些附加(肯定的或者否定的)条件，证据才可以排除：

(1)违法取证行为必须损害了能从排除证据中受益的人(通常是被告人)的受到法律保护的利益(法定利益)；

(2)该证据除了使用违法手段外不能取得(必然发现)；

(3)证据的排除必须是为曾经被破坏的程序性规则服务的(符合程序目标的肯定性理由)；

(4)证据的排除不能与根据“真实”事实处理案件这一最高利益相冲突(否定性要求)。②

这也就是说，尽管这种排除规则有明确的法律依据。但是，是否排除还是受到基本法有关公民权利保障条款的直接影响，从而与“宪法上的证据使用禁止”即自主性证据使用禁止一样都包含了一定的采取个案处理的裁

---

① 参见《德国刑事诉讼法典》，李昌珂译，中国政法大学出版社1995年版，第62页以下。

② 参见[德]托马斯·魏根特：《德国刑事诉讼程序》，岳礼玲、温小洁译，中国政法大学出版社2004年版，第195页。

量因素。其实,这有两个方面的影响:一方面避免了对刑事诉讼法该条规定明确列举的非法取证方法的机械理解而妨害实质正义,另一方面还可能通过司法判例扩充或者拓展可能侵犯基本权而将之纳入概括性表述的禁止采用的非法取证方法之中。有学者论述了德国存在的不同观点,认为,根据《德国刑事诉讼法典》第136a条第3款规定的证据使用禁止,无论犯罪嫌疑人是否同意,既包括直接使用,也包括间接使用,甚至不能用作唤起被告人或证人(包括被害人)记忆,或者作为质疑其陈述或证言的一种方式。它是一条自动排除规则,该条不允许在刑事司法考量和个人利益之间进行权衡,也无论违法取得的证据的证明价值或案件严重性如何。[①]

就像德国联邦上诉法院曾经指出过的,“不惜任何代价来调查真相并不是刑事诉讼法的原则”。[②] 一方面,事后的权利救济非常重要。但是,只有加重其中取证手段的预防才可能切实维护人权以及满足自白任意性的要求。另一方面,非法取证的程序后果还要考量案件的真相,在欧陆法系是不采程序至上论的。

第五节 结　语

2013年10月14日至15日在北京京西宾馆召开了第六次全国刑事审判工作会议提出了庭审中心主义的命题。据南方周末报道,最高法院院长周强在报告中特别提到了贯彻“直接言词原则”。以侦查为中心向以审判为中心转移,庭审实质化、去形式化,将是刑事审判下一阶段最显著的变革:贯彻“直接言词原则”,重要证人应出庭接受交叉询问。[③] 2014年10月20日至23日召开的中国共产党第十八届中央委员会第四次全体会议提

---

① 参见兰跃军:《论言词证据之禁止——以〈德国刑事诉讼法〉为中心的分析》,载《现代法学》2009年第1期。经过查询作者引用魏根特(同上引)的文献,并未能发现如此确切的观点。

② 联邦上诉法院判决 BGHSt. 14,358 at 365,(1960)。转引自[德]托马斯·魏根特:《德国刑事诉讼程序》,岳礼玲、温小洁译,中国政法大学出版社2004年版,第195页。

③ 参见赵凌:《庭审“敢于”不走过场 中国法院变革刑事审判》,载《南方周末》2013年10月24日,第A2版。

出，"推进严格司法，坚持以事实为根据、以法律为准绳，推进以审判为中心的诉讼制度改革，实行办案质量终身负责制和错案责任倒查问责制"。在改革方向上两者先后都强调从法院接手案件时的庭审中心主义一直到公检法之间的审判中心主义。其实这也包含了处理好审前程序与审判程序之间关系的要求。在此背景下，对侦查程序进行合法性改造，一方面，针对程序违法导致实体错误的现状，尽量把实体错误的预防和发现提前到侦查阶段，防止公检法机关进行错误的接力赛，积重难返；另一方面，针对程序公正一定程度上有纠偏实体错误的实效，在程序上，要对侦查程序进行一定程度的诉讼化改造，强化律师的参与和引入第三方的裁判，从而使侦查讯问有保全证据的功用。

无论是德国法还是英美法也都承认被告人作为证据的资格。其中，在德国是制度化的无需承担伪证罪，①而在英美的司法实践中被告也很少承担伪证罪。② 在某种程度上，被告人作为证人反而是对自己权利的保障。当然，这里有一个前提，这种作证选择是建立在被告人的意志自由之上。我国2012年《刑事诉讼法》第118条保留了原第93条关于"犯罪嫌疑人对侦查人员的提问，应当如实回答"的规定，究其实而言，"如实回答"的义务贯穿于整个刑事诉讼的侦查、起诉和审判阶段，并且该条还将"坦白从宽"的政策入法，2018年《刑事诉讼法》第120条对此修改只是增加了讯问时"告知犯罪嫌疑人享有的诉讼权利"之规定。反过来看，"抗拒"也无从严措施，被告人无需承担伪证责任。③ 不过，在我国众多的被告人获得律师帮助权尚付阙如的案件中，辩护权的行使完全倚重于被告人自身，因此被告人在法庭上的沉默寡言就无异于认罪。既然被告人已经出庭并且必须要作证发言——如实供述，所谓的自白排除法则则完全没有任何依凭或者实质效果。当然，针对被告人翻供的情形，出庭公诉人可以随时宣读审判前供述进行疑点对比、质疑和核实证据。如何能保障庭审宣读审判前供述的合法性呢？

---

① 参见林钰雄：《严格证明与刑事证据》，法律出版社2008年版，第九章。

② 参见王兆鹏：《刑事诉讼讲义》，台北，元照出版有限公司2009年版，第611页。

③ 关于沉默权"全有全无"的两难选择，参见陆而启：《法官事实认定的心理学分析》，法律出版社2014年版，第126页。

一、审前供述的真实性审查

笔者主张还是从口供的真实性着手,尽管在中国很多冤假错案的确与程序不公紧密相连,但是更多的案件几乎是凭空捏造出来的。因此,将非法证据的证据能力转化为一种证明力判断的问题,虽转移论题,但切合实际。最早的规范可见于最高人民检察院于 1997 年 1 月 30 日发布的《人民检察院实施〈中华人民共和国刑事诉讼法〉规则(试行)》,其中第 233 条第 1 款规定:“以刑讯的方法收集的犯罪嫌疑人供述、被害人陈述、证人证言、鉴定结论不能作为指控犯罪的依据。以威胁、引诱、欺骗以及其他非法的方法收集上述证据而严重损害犯罪嫌疑人、被害人、证人、鉴定人合法权益或者可能影响证据客观真实的,该证据也不能作为指控犯罪的依据……”此后的多次修改以及 2012 年《高检规则》,都不再将之与客观真实联系起来,很显然当下这种“程序至上”的做法并无实效,反而不及强调其真实性审查更为有用,防止因为追究侦查人员侵权责任而影响被告人利益。

二、侦查程序的合法性保障

由于刑讯逼供与冤假错案是一对孪生子,完善获取“审判前供述”的程序保障对预防错案有重要作用,因此,要在侦查活动中强化被控方的主体地位,重视律师的意见。我国公安机关所犯的错误随着程序进展的累积而导致积重难返。概而言之,我国刑事诉讼法中的讯问程序有两种功能:

1. 获取证据的功能,即侦查主体以犯罪嫌疑人、被告人本身作为证据信息的来源而通过讯问的方式采集证据。尽管有“不得强迫任何人证实自己有罪”的规定(2012 年《刑事诉讼法》第 50 条,即 2018 年第 52 条),但是,要求“如实供述”而表现为侦查取证的讯问活动更多地表现为两面关系。我国《刑事诉讼法》确立了侦诉审三阶段的非法证据排除,然而除了在审判阶段之外,侦、诉阶段非法证据排除也基本上不存在三方组合的程序构造,而更像是一种办案机关自己的工作规程和审理报告说理。为防患于未然,2012 年《刑事诉讼法》第 121 条(2018 年第 123 条)新增了讯问过程录音录像制度。总体而言,在中国侦查取证几乎不知道通过司法保留的方式来进行证据保全。

2. 司法审查功能，即对拘留、逮捕、羁押、非法证据排除等决策活动是否合理和合法进行事先或者事后的审查。尽管有执行拘留和逮捕后 24 小时内讯问（2012 年《刑事诉讼法》第 84 条和第 92 条，即 2018 年第 86 条和第 94 条）的自查自纠的制度规定，但是，在审查批准逮捕（第 86 条即 2018 年第 88 条第 1 款）、羁押必要性审查（第 93 条即 2018 年第 95 条）、非法证据排除（第 56 条即 2018 年第 58 条对证据收集合法性的法庭调查以及申请排除非法证据；第 57 条即 2018 年第 59 条检察院对证据合法性证明）等方面的程序制度还是有诉讼化的可能。

侦查活动中的讯问，不管是获取证据还是司法审查，都需要进行一定的诉讼化改造。这是否会对侦查活动造成损害呢？笔者以为不会，因为这些参与主体本身是法律职业人员，他们之间的对话更多的是在法定限度内的法律话语的沟通，而不是法律之外的沟通。

综上所述，在中国追求纯粹的程序正义是缘木求鱼。但是，我们不放弃程序正义的努力，第一，在侦查讯问和强制措施的运用上要保障公民的基本权不受侵犯，不能让刑事程序本身成为对犯罪嫌疑人、被告人的考验和惩罚（退回到火审和水审的本质），以符合规范之程序正义保障实体正义；第二，通过公正、公开的程序审查掀开案件实体缺陷的盖头来，以程序正义矫正实体不正义。

第七章 宣读审判前供述的诉讼构造解析

“宣读审判前供述”，在司法实践中已然常态，在司法解释中有章可循，但是在我国《刑事诉讼法》中却了无踪迹。这种“立法疏漏”可以有两种解释，一是在纵向构造上，因为全案移送而存在打通侦审阻隔的“庭前预读”和“庭后默读”虽不排斥但弱化了“庭审宣读”的强烈要求；二是从横向构造上，如实供述的法律义务带来的制度自信和程序参与权下的自主决策所激发的良心发现都使得明定宣读审判前供述“多此一举”。其实，宣读审判前供述的合法性，一方面来自于规范的庭前侦讯程序，另一方面来自于严格的庭审调查程序。

第一节 引言：审前供述笔录能否宣读

下面所描述的是2012年《刑事诉讼法》修改之前司法实践中常见的情景：在审判法庭上面对被告人的翻供，公诉人匆忙地翻阅查找着侦查卷宗，可能立即宣读被告人在审判前的供述笔录,间或质问某年某月某日在某二位侦查人员的合法讯问下你为什么承认犯罪。被告人当然也不会理屈词穷,转而说,自己遭到刑讯逼供等,公诉人可能会接着要求被告人提出相应的线索。一般而言,在没有辩护人帮助的情况下,被告人就空口无凭了,翻供基本上偃旗息鼓。双方的你来我往基本上告一段落了。

这里简单重申述及的内容,“宣读审判前供述笔录”在2012年修改前后的《刑事诉讼法》都不能找到依据,尽管可以找到“当庭宣读”“未到庭的证人的证言笔录、鉴定人的鉴定意见、勘验笔录和其他作为证据的文书”。不过,1999年施行《人民检察院刑事诉讼规则》第336条第1款、第2款就庭审前后供述的一致性或者不一致性而对定罪量刑有、无影响分别设定了“可以不宣读”和“宣读”的两种情形。“宣读”有两种目的:一是以审前供述内容为出发点诱发其新的供述,二是以审前供述为终点寻求其他证据来证明。

对宣读审判前供述作出比较全面规定的是2010年5月30日《排除非法证据规定》,其中第7条“向法庭提供讯问笔录、原始的讯问过程录音录像”与第10条“当庭宣读”的证明指向分别为审判前供述的取证合法性的证据能力和能否作为定案根据的证明力问题,然而不管是“提供笔录”以书证看待还是“当庭宣读”以供述看待,如果仅仅围绕审判前供述自身进行两层次的“质证”,则只能是以其内容真实性来保证其合法性,既叠床架屋,又转移论题。再往后就是2012年12月20日公布《刑诉解释》吸收《排除非法证据规定》第7条的内容在第101条第1款规定,仍然延续了用审判前供述的真实性来替代合法性证明,用一种证明力来保证证据资格。

2012年11月22日公布的《高检规则》第74条规定:“对于提起公诉的案件,被告人及其辩护人提出审前供述系非法取得,并提供相关线索或者材料的,人民检察院可以将讯问录音、录像连同案卷材料一并移送人民法院。”第75条第1款规定:“在法庭审理过程中,被告人或者辩护人对讯问活动合法性提出异议,公诉人可以要求被告人及其辩护人提供相关线索或者材料。必要时,公诉人可以提请法庭当庭播放相关时段的讯问录音、录像,对有关异议或者事实进行质证。”同时,第439条延续了1999年施行的

《人民检察院刑事诉讼规则》第 336 条规定。可见,2012 年《高检规则》对讯问合法性和翻供的处理上有些微差别。对讯问合法性进行证明时意图通过呈现和对比讯问的多维度记录方式来回复讯问场景,其中最为典型的材料就是“播放相关时段的讯问录音、录像”,不是通过讯问笔录自己证明自己。对翻供的情形可能是通过宣读审判前供述方式来解决。

当然,上文还介绍了“不得宣读”的相关规定,自 2017 年 2 月 17 日最高人民法院发布《关于全面推进以审判为中心的刑事诉讼制度改革的实施意见》第 26 条第 2 款规定:“在法庭作出是否排除有关证据的决定前,不得对有关证据宣读、质证。”在 2017 年 6 月 27 日起发布实施的《严格排除非法证据规定》第 33 条中重申,并且第 34 条第 2 款还规定了“对依法予以排除的证据,不得宣读、质证,不得作为判决的根据”。在 2017 年 12 月 11 日印发的最高人民法院出台的“三项规程”之中也对这两个方面的“不得宣读”的内容再行明确。此外,如前所述,2018 年《刑事诉讼法》的修改并未吸收“以审判为中心的诉讼制度改革”方面的成果。

本章一开始所假设的翻供和主张刑讯逼供的场景正好分别对应了审判前供述的真实性和合法性问题,而这两个方面在上述司法解释之中都有一定程度的规范。一般而言,在解决供述合法性的证据准入资格问题之后才有法庭根据对供述真实性的质证结果来考量证明力的后续问题。但是,这里仍有以下几个问题:为什么《刑事诉讼法》不规定“宣读审判前供述”呢?在庭审之中“宣读审判前供述”的目的是什么呢?需要一些前提条件和合法性保证吗?下文笔者准备从诉讼构造的角度对上述问题进行分析。学者李心鉴认为,刑事诉讼的构造,是指刑事诉讼程序的组合方式,各个程序之间的联系形式,公安司法机关和当事人在诉讼程序中的诉讼地位以及相互关系。诉讼构造分类的标准是控诉与辩护在刑事诉讼中的关系及其比重。英美的辩论式诉讼构造在实际运用中存在偏重辩护之弊,而大陆法系国家的混合式诉讼构造则有偏重控诉之诟,我国刑事诉讼的基本构造应当是控辩统一式。在这种构造中,控方和辩方均依据各自相当的权利提出主张,由裁判者(不只是审判员)“兼听”裁断。[①] 横向构造(各个程序的构造)就是要确立控、辩双方的诉讼地位以及裁方的“兼听”,故可与基本构造的称法相同,即称为控辩统一式。关于纵向构造(主要是侦、审程序之间的构造),我国目前采取的是侦查卷宗通过检察院移送法院,法院在此基础上审判的方式,这可称为侦审连锁式构造。依从控辩统一式的基本构造,应当变为侦审中断式,即公诉机关不移送卷宗,只交一本起诉书。[②] 本书将分别从纵向构造和横向构造简要分析在我国刑事诉讼立法之中没有明确规定“宣读审判前供述”的原因。然而,对无法回避的“宣读审判前供述”的现实问题,又进一步从横向构造和纵向构造分析了如何保证宣读审判前供述的合法性问题。

第二节　纵向构造分析

早在1996年我国《刑事诉讼法》第一次修改前,李心鉴博士认为解决在刑事诉讼实践中“先定后审”弊端的唯一良策就是将当时我国刑事诉讼的纵向构造从侦审连锁式构筑为侦审中断式(在国外也称为起诉书一本主义)。[③] 其中,连锁式诉讼构造主要是以侦查卷宗移送检察院以及检察院在向法院提交起诉书的同时,把侦查卷宗以及与其内容统一的检察卷宗(一般情况下作为检察机关的内卷无需移送,对于影响定罪量刑的笔录材料可

---

① 参见李心鉴:《我国刑事诉讼法学的两大现代课题——诉讼目的与诉讼构造》,载《中外法学》1991年第1期。转引自陈光中主编:《刑事诉讼法学五十年》,警官教育出版社1999年版,第250页以下。在此基础上,修正的纵向构造观点主要有:包括侦查与起诉的关系及起诉与审判的关系。另外一种观点认为,刑事诉讼纵向构造包括刑事程序的侦控构造和刑事程序的控审构造两种。刑事程序的侦控构造可以分为侦控结合、侦控分立以及侦控混合三种模式。刑事程序的控审构造分为案卷移送构造和非案卷移送构造两种模式。参见王超编:《刑事诉讼法学习小词典》,中国法制出版社2006年版,第13页。

② 参见李心鉴:《我国刑事诉讼法学的两大现代课题——诉讼目的与诉讼构造》,载《中外法学》1991年第1期。

③ 参见李心鉴:《我国刑事诉讼法学的两大现代课题——诉讼目的与诉讼构造》,载《中外法学》1991年第1期。转引自陈光中主编:《刑事诉讼法学五十年》,警官教育出版社1999年版,第254~256页。

以复印附卷)一起移送法院为制度载体。而所谓的侦审中断式诉讼构造,是指检察院在提起公诉时,只能向法院提交一本起诉书,其所持的侦查和检察卷宗都不得移送,当然作为起诉状一本主义制度之双胞胎的证据展示制度使得控辩双方可以进行信息交换。学者陈瑞华概括,西方各国刑事诉讼“以裁判为中心”的纵向构造其中的一个主要特征就是“记载着控方证据和结论的案卷材料,对法院不具有任何预定的法律效力,法庭可以通过举行直接和言词辩论时的听审,就被告人是否有罪作出独立自主的裁判”。① 当然与英美审判前程序和审判程序基于证据排除规则而形成的阻隔不同,法德采取全案卷宗移送制度并由负责阅卷的报告法官向其他职业法官(不包括参审的陪审员)报告,侦查卷宗还是可能对职业法官和陪审员产生实际的影响。但是,前者意图通过交叉询问的对质权保障,后者意图通过直接言词和集中审理来强化庭审对裁决的实际作用。因此,学者蔡杰、刘晶认为,解决我国刑事诉讼庭前预断的出路不在于采用何种方式的卷宗移送制度,关键在于完善公诉审查和庭前准备程序,以及进一步理顺诉审关系,实现审判中心主义等。② 然而,不管采用何种方式,到底如何对待卷宗尤其是审判前供述笔录需要在不同的构造下进行检讨。

一、案件移送制度的轮回改革

值得注意的是,我国《刑事诉讼法》对公诉方式与庭前审查方式的变革经历了从 1979 年的“全案移送、庭前实质审查”(1979 年《刑事诉讼法》第 108 条规定:“人民法院对提起公诉的案件进行审查后,对于犯罪事实清楚、证据充分的,应当决定开庭审判;对于主要事实不清、证据不足的,可以退回人民检察院补充侦查;对于不需要判刑的,可以要求人民检察院撤回起诉。”)到 1996 年的“移送主要证据的复印件或照片、庭前形式审查”,再到 2012 年又转回到“全案移送、庭前形式审查”(第 181 条规定:“人民法院对提起公诉的案件进行审查后,对于起诉书中有明确的指控犯罪事实的,应当

---

① 陈瑞华:《刑事诉讼的前沿问题》(第 2 版),中国人民大学出版社 2000 年版,第 331 页。

② 参见蔡杰、刘晶:《刑事卷宗移送制度的轮回性改革之反思》,载《法学评论》2014 年第 1 期。

决定开庭审判。")的老路上。①曾经的"全案移送"制度以及与之相联系的"庭前实质审查",使法庭审理是主要依赖庭前供述和书面材料定案的"书面审",而证人、鉴定人也没有出庭作证的必要。然而,2012 年《刑事诉讼法》一方面全案移送意图保障辩护方的先悉权,另一方面设立庭前形式审查制度意图避免"先定后审""庭审形式化"。全案移送意图防止法官片面心证,同时,在没有独立的公诉审查与审判程序区分,也没有预审法官和庭审法官区分的情形下不可避免地为庭前预断提供了一个客观基础。2012 年新法为便于法官做好庭审准备,根据案件的情况,审判人员(可能是合议庭成员)可以有针对性地召集庭前会议(第 182 条第 2 款),解决非法证据排除等问题。与此同时,新法通过明确证人应当出庭作证的法定案件范围(第 187 条)、强制证人、鉴定人出庭作证及其出庭作证义务豁免权制度、"有专门知识的人"制度、警察出庭作证制度以及证人保护制度和证人补偿制度等强化了证人、鉴定人出庭制度,从而意图确保庭审对裁决的实质性作用。

2012 年新《刑事诉讼法》第 187 条第 3 款规定:"公诉人、当事人或者辩护人、诉讼代理人对鉴定意见有异议,人民法院认为鉴定人有必要出庭的,鉴定人应当出庭作证。经人民法院通知,鉴定人拒不出庭作证的,鉴定意见不得作为定案的根据。"尽管"定案"根据是一种证明力判断,但是证据排除规则主要就是体现在"不得作为定案根据"的裁判说理之中。因此,该条实际上规定了必须出庭的鉴定人不出庭对鉴定意见的证据能力的影响,这个也不算是常见的现象。不过,新《刑事诉讼法》并没有对应当出庭作证而没有出庭作证的证人所作的庭审前书面证言的证据能力问题作出规定。加之,2012 年《刑事诉讼法》第 190 条规定的"对未到庭的证人的证言笔录应当当庭宣读",以及 2012 年《刑诉解释》在原 1998 年《执行刑诉解释》第 58 条规定("未出庭证人的证言宣读后经当庭查证属实的,可以作为定案的根据")基础上修改为第 78 条的 3 款:

---

① 参见张军、陈卫东主编:《新刑事诉讼法疑难释解》,人民法院出版社 2012 年版,第 262 页;陈卫东主编:《刑事诉讼法修改条文理解与适用(2012)》,中国法制出版社 2012 年版,第 240 页。

证人当庭作出的证言,经控辩双方质证、法庭查证属实的,应当作为定案的根据。

证人当庭作出的证言与其庭前证言矛盾,证人能够作出合理解释,并有相关证据印证的,应当采信其庭审证言;不能作出合理解释,而其庭前证言有相关证据印证的,可以采信其庭前证言。

经人民法院通知,证人没有正当理由拒绝出庭或者出庭后拒绝作证,法庭对其证言的真实性无法确认的,该证人证言不得作为定案的根据。

此外,2010 年《办理死刑案件证据规定》第 15 条就已对该问题作出过明确规定:"……经依法通知不出庭作证证人的书面证言经质证无法确认的,不能作为定案的根据……"可见,上述规定的关注点主要集中于庭前证言的查证属实,而审判前的证言并不因"证人不出庭"而当然无证据能力,换句话来说,必要证人出庭的情形也可能为宣读证词笔录所替代。

这个背后还存在一个问题,如果没有宣读证言笔录、鉴定意见等会有什么效果呢?一般而言,这种情况不会发生,因为在我国法庭上的庭审宣读都是点到为止,甚至只是说明有证人某某证言为证即满足了举证要求。假设真的有遗漏,虽然法律规定的是"应当宣读",但是并没有确立"未宣读"而引起的任何后果或者责任。更主要的是,法官还是可以通过默读的方式补充其自认为不足的庭审举证,从而形成裁判要求的心证。

二、打通阻隔的预读、宣读和默读渠道

我国刑事诉讼中审判前供述笔录有得以呈现的"三读"模式,即全卷移送下的审判人员庭前预读,庭审中公诉人的归罪性宣读,以及开庭后的办案法官的默读。庭前为了准备开庭而预读"审判前供述"和庭后为撰写判决书比对疑点补强心证而默读"审判前供述"都是绕开了公开的、正式的法庭调查程序,仅仅是一种操作习惯,"全案"移送也不能避免法官凭一己之见而有选择地吸收一些偏向性信息。只有庭审中公诉人主要针对被告人的翻供而宣读审判前供述,在表面上符合直接言词和公开质证的要求。但是,总体而言,法、检机关更侧重于以印证规则为依据而围绕着口供真实性对审判前的供述进行审查,不存在材料阻隔,也不一定存在预审法官与庭审法官的人员分化,法官对案件形成预断,或者法检合力夹击被告人就在所难免了。

因为《刑事诉讼法》并未规定宣读审判前供述，宣读审判前讯问笔录的正当性或者可以参照“宣读证言笔录”一样来满足质证要求，但是因为公诉人有选择地宣读归罪性的审判前供述信息，从而有机会给法官输入并进一步强化一些偏见性的心证信息，获得其支持。

有学者注意到2012年《刑事诉讼法》的全案移送（第172条）与检察官出示证据（第190条）这两条规定显然存在着矛盾，认为，检察机关在起诉时已经将证据全部移送给法院，在开庭审理时，控方所有的证据都掌握在法官手中，而法律又规定检察官负有出示证据和举证的责任，此时检察官如何完成出示证据的责任？[①] 其实，现实之中的解决方法是在开庭前或者开庭时检察机关向人民法院借回侦查卷宗。2012年修订的《高检规则》第433条第1、2款规定：“人民检察院提起公诉向人民法院移送全部案卷材料、证据后，在法庭审理过程中，公诉人需要出示、宣读、播放有关证据的，可以申请法庭出示、宣读、播放。人民检察院基于出庭准备和庭审举证工作的需要，可以至迟在人民法院送达出庭通知书时取回有关案卷材料和证据。”因为检察官已经熟悉自己阅览过的侦查卷宗，可以结合自己的阅卷笔录和审理报告在短时间内做好出庭准备，完成举证、质证和辩论活动。可见，检法之间的信息共享机制加之对口供笔录的重视很容易让控审形成打击犯罪的合力。

第三节　横向构造分析

从上述侦审纵向构造可知，侦审中断或者侦审连续会对审判程序的构造产生影响。在一本诉状主义下，审判员在庭审前无卷可阅，故不能“先定”，只能在庭上调整控辩双方的权利的运用。而在卷证移送主义下，法官不自觉地会被侦查卷宗提供的信息牵着鼻子走，公诉和审判两者都是在入罪方向才有程序启动和进展的必要，而担当辩护角色行使出罪功能的仅仅

---

① 参见陈卫东主编：《刑事诉讼法修改条文理解与适用（2012）》，中国法制出版社2012年版，第248页。

是辩护一方。如果将目光转移到庭审过程来看，其实我国《刑事诉讼法》忽视规定“宣读审判前讯问笔录”还存在糅合的职权主义特色和当事人主义特色的双重动因。

比较而言，在大陆法系的被告人具有独立的身份地位，他作为证据的来源，要在庭审之中接受法官或者检察官的独立讯问。而在英美法系被告人通常被因为不认罪才有正式法庭审判的必要，只要他选择在庭审中作证，他的身份就转化为辩方证人，在接受己方的主询问之后还要面对控诉方的交叉询问。因此，在两大法系，被告人或者作为辩护主体而面对控诉方的直接询问，或者转化为证人而面对控诉方的交叉询问。不管是基于直接审理还是对质权保障下的何种询问方式，以被告人本身作为证据信息来源更多地以其直接来自于法庭为必要，也就是说，大陆法系的直接调查原则使在法庭上宣读或者提出“审判前供述”不太必要，而英美法系下当事人的自主决策原理往往因为沉默权的行使而使在法庭上宣读或者提出“审判前供述”不太可能。下文将分别解析我国刑事诉讼中的职权主义因素和当事人主义因素对宣读审判前供述的影响。

一、如实供述的法律义务

从职权性来看，一方面，在我国刑事诉讼立法未承认缺席审判的前提下，①刑事审判中被告人必然在场；另一方面，在不存在控辩诉讼事项划分、也不存在沉默权的前提下，我国刑事被告人作为当事人不可能转化为辩方证人，而要直接面对出庭公诉人的讯问。在被告人翻供的时候，也常常通过政策攻心、软硬兼施来敦促其认罪伏法从而让其在法庭上当庭作出供述。即使在被告人坚持翻供的情形下，由于审判前供述也都是移送给法庭的证据材料，从而可以作为举证内容或者援引“宣读未到庭的证人证言笔录”条款来宣读审判前供述，并且宣读与否因为《刑事诉讼法》无明确程序主要取决于出庭公诉人（根据其内部办案规则）随机应变的处理。最后，即使遇到

① 2012年《刑事诉讼法》第五编第三章规定了“犯罪嫌疑人、被告人逃匿、死亡案件违法所得的没收程序”是一种缺席审判的责任承担方式。2018年《刑事诉讼法》修改在第五编特别程序中增加一章，作为第三章，从第291条到第297条建立了犯罪嫌疑人、被告人潜逃境外的刑事缺席审判制度。

当庭翻供并且坚持翻供，却未宣读审判前供述的情形，也因为法官庭后的“书面审”而补足程序上的误差。总体而言，法律对被告人施加“如实供述”的义务，在审判过程中延续了侦查审讯的磁场效应，①被告人作为公诉人的“控方证人”就要承受被讯问的义务，这彰显了我们对获取被告人庭审供述怀有极度的自信。

总体而言，在各国法律之中明确规定以宣读审判前供述替代庭审讯问作为证据的立法例尚属少数。笔者仅查阅到 1952 年 10 月 2 日公布并同年 10 月 25 日施行的《德意志民主共和国刑事诉讼法典》。该法除了第 206 条“宣读文件”、第 207 条“直接调查证据”（宣读侦查机关、检察员或者审判员在上一次讯问证人或者共同被告人所作的笔录来代替审判中讯问的情形）、第 208 条“不应当宣读”（证人审判程序中拒绝作证权）②以及第 210 条“鉴定人的意见”（宣读、鉴定人或者鉴定团体代表出庭）之外，第 209 条明确规定了“宣读审判前的陈述”：(1) 审判前讯问笔录中有关公诉被告人的陈述，尤其是自白，在必要的时候可以宣读，作为证据。(2) 关于宣读证人在审判前的陈述，也是一样。就调查程序而言，第 210 条“笔录中记明宣读的事实”规定，“在第 207 条和第 209 条的情形下，宣读的事实和宣读的理由应当记明于笔录”。第 212 条“询问公诉被告人的意见”规定：“讯问每一个证人、鉴定人或者共同被告人以后，或者宣读任何文件以后，都应当询问公诉被告人有何意见。”由此可知，针对于宣读审判前自白的根据是“必要的时候”，并且要求记明于笔录。当然，说得如此隐晦的“必要的时候”可能主要是针对庭审翻供的情形。或许是为了掩藏其中的浓烈强制特色而不受制约的职权作用，在别的国家和我国都难以找到类似的“宣读审判前供述”的法律条文规定。

二、自主决策的程序参与

当然，所谓的直接审理原则所要求的被告人出庭，更多的不是让其自证

---

① 参见［日］浜田寿美男：《自白的心理学》，片成男译，中国轻工业出版社 2006 年版，第 23 页以下。

② 中央人民政府法制委员会编译室辑：《德意志民主共和国刑事诉讼法》，法律出版社 1956 年版，第 56～57 页。

其罪,而是向证人行使对质权,是被告人行使防御权的程序保障。不过,被告人参与诉讼,不排除在大陆法系国家因为自白需要其他证据的补强而存在以被告人认罪为前提的庭审,也不排除在英美法系国家之中不认罪的被告人在庭审之中选择作证时要失去律师在其间的屏障作用,而成为交叉询问的对象,也可能让一贯沉默或者嘴硬的被告人在庭审时"良心发现"而认罪。

进而言之,从当事人的主体性来看,庭审中被告人的自愿供述本来就可以使得审判前的供述笔录成为一堆废纸,如同小品剧本的关键情节透露而失去趣味,同样看了戏也可以免除读剧本的必要,这体现了直接审理原则的要求,被告人已经出庭了再舍近求远地去宣读"审判前供述笔录"会使庭审走过场,审判沦为了确认审前笔录的程序。这里的一个问题是,根据《刑事诉讼法》第 50 条第 3 款规定:"证据必须经过查证属实,才能作为定案的根据"以及《刑诉解释》第 63 条规定:"证据未经当庭出示、辨认、质证等法庭调查程序查证属实,不得作为定案的根据,但法律和本解释另有规定的除外。"如果审判前供述未当庭宣读也无从查证,就不得作为定案。另外,如果辩护方想从审判前供述笔录之中获得有利于被告人的信息,不待公诉人宣读,辩方也要想方设法提交审判前供述以便"查证属实"。

域外相关的自白法则见诸立法和判例的主要是排除规则。笔者认为,这里有两个方面的前提:一方面,在证据法上,总体上承认真实性和自愿性自白的证据资格;另一方面,在程序法上,在英美法系因为有认罪答辩环节和辩诉交易制度,从而使认罪自白的案件往往走了正规的陪审团审判程序以外的渠道得以解决,所以自白的价值已经体现出当事人自主决策的定罪功能。此外,又基于沉默权制度的存在,在审前"拘留讯问"时放弃沉默权或者在此外或者例外场合的自主、自愿供述,但是后来又不认罪的案件通常才会有在审判法庭上出示审判前供述的问题。而这个时候,对被告人庭外陈述的证据资格的争议是首先要解决的问题,但是很明显,所谓的自白排除必然是以向法庭提交自白为前提的。

这也就是说,无论是大陆法系还是英美法系都不会忽视审判前供述的证据价值。例如,在英国,尽管自白是提出来证明其内容真实性的庭外陈

述,但是1984年《英国警察与刑事证据法》第76条明文规定:①

(1)在任何程序中,只要该供述与诉讼中的任一争议事项有关联,并且依据本条未被法庭排除,被告人所作的供述就可以作为对其不利的证据。

(2)在任何公诉方提请以被告人所作供述作为证据的诉讼中,如果被告人向法庭声称其供述是或者可能是在下列情形下获得的——(a)逼供;或者(b)基于他人的言行,在当时的情况下可能影响供述可靠性,由此可能作出的任何陈述,法庭不应允许将该供述作为对被告人不利的证据,除非公诉方向法庭证明该供述(尽管供述可能是真实的)并非是上述情形下获得的,并且要证明到排除合理怀疑的程度。

(3)在任何公诉方提请以被告人所作供述作为证据的诉讼中,法庭可以主动要求公诉方证明该供述不是(2)所述情形下获得的,并以此作为采纳该供述的条件。

(4)被告人供述根据本条的规定被全部或部分地排除,这一事实不应影响以下事实作为证据的可采性——(a)根据被告人供述所发现的事实;或者(b)如果供述存在相关性是因为它能够说明被告人以某一特定方式说过、写过或表达过,则为说明他曾这样做过所必需的供述部分。

(5)证明本款适用的某事实是根据被告人陈述而发现的证据不具有可采性,除非他本人或其代表提供有关该事实怎样被发现的证据。

(6)本条(5)适用于——(a)根据被本条所全部排除的供述所发现的任何事实;以及(b)根据本条所部分排除的供述所发现的任何事实,如果该事实是根据被排除的供述部分所发现的。

(7)本法第七部分规定②不得对被告人供述的可采性产生任何不利影响。

(8)本条中,"逼迫"包括刑讯、非人道或者有辱人格的待遇,以及使用暴力或者暴力威胁(无论是否相当于刑讯)。

---

① 参见何家弘、张卫平主编:《外国证据法选译》(上卷),刘品新等译,人民法院出版社2000年版,第88页;[英]迈克·麦康维尔、岳礼玲选编:《英国刑事诉讼法选编》,中国政法大学刑事法律研究中心组织编译,中国政法大学出版社2001年版,第318页以下;熊志海等编译:《英国成文证据法》,中国法制出版社2007年版,第46页以下。

② 是指"刑事诉讼中的书面证据"。

(9)(1)所述的诉讼行为是在治安法庭上的预审时,本条做如下修改后适用——(a)删去(1)中的"并且依据本条未被法庭排除",以及(b)删去(2)至(6)和(8)。

从其中的规定(1)可见,作为传闻规则的例外,它们是可采的。这一规定为普通法长期认可的例外奠定了制定法基础。这一例外的理论根据是人们认为这种陈述具有可靠性。当检控方的陈述中出现自白时,你必须能够做三件事:①在看到它时,你能确认它;②评估它对整个案件的影响;③形成你的论证,使之得以排除。[①]

在上述的法定排除之外还存在着裁量排除。该法第78条第1款规定:"在任何诉讼中,如果在法庭看来,考虑到包括获得证据的情形在内的各种情形,采纳公诉方提请依据的证据将对该程序的公正性造成不利影响,因而法庭不应采纳,法庭可以拒绝允许公诉方提出该证据。"[②]换句话来说,裁量的背后就有可采的可能。

又从(4)和(5)可见,"毒树之果"也是可以食用的。通过非法获得的供述又获得的其他证据与被法庭排除的供述不具有相关性也可能被采纳。例如,在警察施加了不正当的压力后,被告人供述自己杀了人,并告诉警察自己将杀人凶器埋在花园里。被告人杀人的供述应当排除,但是并不妨碍检察官将在花园发掘的杀人凶器作为证据提交法庭。[③] 其实这两条颇令人费解,笔者以为这可能是指取证者的善意或者依据客观情势的必然发现等类似情形中断了非法性的延续或者治愈了非法性的影响;再一种情形就是非法供述并不是来证明其供述内容,而是证明其供述方式——例如,警察的违法行为,或者供述者的说话方式、举止特点之类的。我国学者也看到了不同的证明对象可能对待案卷的态度也有所不同:证明犯罪事实必须采用严格证明的方式,应该采用直接言词的审理原则而不能过分依赖案卷形成所

---

① 参见[英]克里斯托弗·艾伦:《英国证据法实务指南》(第4版),王进喜译,中国法制出版社2012年版,第230页。上述引用的法条翻译也参见该书。

② [英]克里斯托弗·艾伦:《英国证据法实务指南》(第4版),王进喜译,中国法制出版社2012年版,第222页。

③ 其例参见[英]伊安·卡斯顿:《英格兰和威尔士的非法证据排除规则》,载郎胜主编:《刑事辩护与非法证据排除》,北京大学出版社2008年版,第139页。

谓的“案卷笔录中心主义”审判模式。[1] 但是，“程序合法性的证明采自由证明，案卷是一种主要的证明手段，主要通过阅读、审查案卷材料的方式进行，不受直接、言词、公开、辩论等实质庭审原则的严格约束，但是也要保障诉讼参与人特别是当事人参与权、异议权。案卷外证据的运用则不仅是可以的，而且是必须的”。[2]

需要注意的是，在英美法系，检控方准备运用的特定自白证据或者其他证据是控辩双方激烈交锋的体现，一方面，最能表现被告人悔罪、认罪表现的自主自愿的自白证据之所以提交给法庭往往因为被告人的“出尔反尔”；另一方面，被告人作为辩方证人却要面对控方提出他自己的审判前的自白证据有一种“以子之矛攻子之盾”的意味。因此，这可能体现了确保定罪判决与确保定罪建立在可靠证据或者公平程序之间的紧张关系。就可靠和公平关系而言，学者李心鉴论述了20世纪40年代到80年代美国自白排除法则的三进三退，自白容许性的根据，从“自白的任意性”推进到“程序的合法性”。当然，在肯定自白的合法性的同时也并未放弃自白的任意性。[3] 有学者考察认为，自白任意性规则的发展历程，经历了由“自白任意性”向“程序违法性”转变的过程，即“任意性问题逐渐演变为对法定程序的恪守”。在这一转变的过程中，此规则的理论依据出现了虚假排除说、人权保障说和违法排除说。[4] 三说具体内容可能存在相互否定，但是在维护自白任意性上是一致的。

由此可见，就一种理想状态而言，职权探知和当事人推进的刑事诉讼程序因素都有可能排除审判前供述笔录在法庭上的出示。但是，现实总是与理想存在差距。在我国，一方面，强势职权主义下对被告人“认罪伏法”的道德要求和如实供述的法律义务上的自信并不能总是如愿以偿；另一方面，直接言词审理的不彻底使得法官定案依然依赖固定在案的侦查口供笔录。所以在我国庭审之中宣读审判前供述笔录是一个平常之举，这就蕴含了把

---

① 参见陈瑞华：《案卷笔录中心主义——对中国刑事审判方式的重新考察》，载《法学研究》2006年第4期。

② 林劲松：《论刑事程序合法性的证明》，载《中国刑事法杂志》2013年第1期。

③ 参见李心鉴：《刑事诉讼构造论》，中国政法大学出版社1992年版，第271页以下。

④ 参见刘英俊：《自白任意性规则研究》，四川大学出版社2012年版，第38～39页。

自主决策转化为强迫自我归罪的可能。林钰雄分析了我国台湾地区刑事实务的一个锥心之痛,即一些司法裁判等于发给侦讯文书笔录长驱直入法官心证基础的通行证:

本来直接、言词的审理庭,遂被空洞化为间接、书面的笔录庭,诉讼形同检警与法院的接力赛,其所连带掏空者,还包括现代法治国家刑事诉讼赖以奠基的控诉原则,因为追诉者的角色与审判者的角色相互通融而非彼此分离,而辩方更无因为控诉原则而来的主体地位及防御权利可言,无法对质诘问,诉讼结果等于是提早出于辩方欠缺保障的侦查程序。再加上台湾警察的素质问题,别说是法治程序了,连最起码的真实担保都付诸阙如。①

这也就是说,法官仅凭阅读卷宗可能会发生一种侦查与审判之间的错上加错或者将错就错的情形。在这里,被告自白只是在林钰雄文章之中所言及的侦讯文书笔录的一小部分。

第四节 审判前讯问笔录的审查

司法活动中的法律和事实的"连环错误"首先是基于事实认定的错误,而"预防舞弊和诈骗而规定各种办事规则和形式"也并不能确保万无一失,事实认定错误很大程度上源于证言。② 在我国"证人不出庭"这个现实问题,可能不是制度出了问题,而是(根本)不需要证人出庭。或者说这里有一个统计学的错误,也即被告人才是证明案件事实的"关键证人"。因为刑事审判被告人必然在场,从某种意义上更需要的是被告人与证人的对质。不过,被告人自身就是非常重要的证据信息来源。由此可见,在一个从抽象规范到具体案件的法律实现首先经历了从法律到事实再到证言这一长串的推理,在证人不出庭的情形,更是倚重于被告人自己在审判之中作为证据信息来源的身份。其次,刑事诉讼的着眼点还存在着从被告人的口供—审判

① 参见林钰雄:《严格证明与刑事证据》,法律出版社2008年版,第66页。

② 参见[美]罗斯科·庞德:《通过法律的社会控制》,沈宗灵译,商务印书馆2008年版,第26页以下。

前供述—审判前讯问笔录三个层面的逐步聚焦，也就是说，刑事诉讼的事实问题最终落脚于审判前供述笔录的审查和判断，这恰恰是"案卷确认程序"的典型特征。

2010年《办理死刑案件证据规定》第二部分"证据的分类审查与认定"分为8个部分分别针对当时刑事诉讼的法定7种证据形式和电子类证据、辨认以及破案经过等材料的审查和认定，2012年《刑诉解释》吸收了这些规定的内容，其中对如何审查被告人供述和辩解分别由2010年《办理死刑案件证据规定》第18～22条（共5条）和2012年《刑诉解释》第80～83条（共4条）所规定，主要内容如下文。

一、证明力审查

总体上规定了审查被告人供述和辩解的一般原则和重点内容，从讯问时间、地点、讯问主体、个别讯问原则、讯问笔录制作、权利告知原则、讯问辅助人员在场、讯问手段是否符合法律规定以及供述和辩解的实质内容是否全面、客观、稳定一致、合情合理、没有矛盾等全方位进行审查，其中还提示了一些具体的审查方法，如"被告人的供述有无以刑讯逼供等非法手段获取的情形，必要时可以调取被告人进出看守所的健康检查记录、笔录"，被告人的供述"出现反复的原因""应当入卷的供述和辩解没有入卷的，是否出具了相关说明""被告人的辩解内容是否符合案情和常理，有无矛盾""被告人的供述和辩解与同案犯的供述和辩解以及其他证据能否相互印证，有无矛盾"，以及"结合相关录音录像资料进行审查"。这些审查方法在《刑诉解释》第80条第2款做了一个集中规定，"必要时，可以调取讯问过程的录音录像、被告人进出看守所的健康检查记录、笔录，并结合录音录像、记录、笔录对上述内容进行审查"。①

---

① 有学者指出，在我国，侦查讯问阶段的全程同步录音录像，虽然符合视听资料的特征，但因为其并不直接用于证明案件事实，而只是固定证据（犯罪嫌疑人供述）的一种方式。但是，可以用于证明口供自愿性和审讯合法性，在功能上属于辅助证据。参见万毅：《论无证据能力的证据——兼评我国的证据能力规则》，载《现代法学》2014年第4期；林钰雄：《刑事诉讼法》（上册总论编），中国人民大学出版社2005年版，第358～359页。

二、证据能力审查

第一,规定了证据排除规则,这是证据能力的审查。其一,规定了以刑讯逼供等非法手段取得的被告人供述的绝对排除规则,2012 年《刑诉解释》对非法证据排除的内容做了专门和集中的规定。其二,规定了对违反法定取证程序,无法确定其客观真实性的被告人供述的绝对排除规则,主要是讯问笔录没有经被告人核对确认,未为特殊被告人提供通晓聋、哑手势的人员或者翻译人员。其三,规定了对存在瑕疵的讯问笔录的裁量排除规则。主要是针对三种情形:(1)笔录填写的讯问时间、讯问人、记录人、法定代理人等有误或者存在矛盾的;(2)讯问人没有签名的;(3)首次讯问笔录没有记录告知被讯问人诉讼权利内容的。可以通过补正或者作出合理解释来治愈瑕疵。就讯问笔录的证据形式不合法问题,前述规定分别把"没有经被告人核对确认的"视为无证据能力的证据,"讯问人没有签名的"视为瑕疵证据。学者万毅认为,这更多是从证据可靠性角度着眼的,即被告人不签名的讯问笔录,证据的真实性、可靠性差,关键是没有被告人签名,无法在证据和案件事实之间建立起关联性,而不具关联性的证据是不可采的,因此,这类证据在法政策上不能容忍,必须否定其证据能力。至于讯问人没有签名的讯问笔录,因为被告人已经签过名,证据的真实性、可靠性略强,而且证据的关联性也已经得到保证,虽然讯问人没有签名,但只要能够就此进行补正或作出合理解释,法政策上还可以容忍,该证据也就可以恢复证据能力。[①] 然而,笔者认为这很难说讯问笔录必然缺乏关联性,而是出于自愿性的考虑。一般而言,没有经被告人核对确认的,常常是被告人对讯问有反抗心理,而不愿意认罪,也很难有补正的机会。违反告知要求的讯问属于轻微违法行为,也可以通过补充告知权利、征得当事人同意等方式补正先前取证程序存在的瑕疵。

第二,规定了对被告人供述和辩解的综合审查原则、庭前供述和当庭供述存在矛盾时的采信规则。《刑诉解释》第 83 条第 1 款规定:"审查被告人

---

① 参见万毅:《论无证据能力的证据——兼评我国的证据能力规则》,载《现代法学》2014 年第 4 期。

供述和辩解,应当结合控辩双方提供的所有证据以及被告人的全部供述和辩解进行。”然后分两款列举了三种情形:(1)被告人庭审中翻供,但不能合理说明翻供原因或者其辩解与全案证据矛盾,而其庭前供述与其他证据相互印证的,可以采信其庭前供述;(2)被告人庭前供述和辩解存在反复,但庭审中供认,且与其他证据相互印证的,可以采信其庭审供述;(3)被告人庭前供述和辩解存在反复,庭审中不供认,且无其他证据与庭前供述印证的,不得采信其庭前供述。由此可见,从一种可靠性而言,被告人供述不能自己证明自己,尤其是在翻供的情形下,更需要通过印证的方式来解决。

综上所述,第一,笔录作为侦查讯问活动的工作成果,一方面,是对一种近乎于行政活动“两面关系”或者“线性结构”的侦查工作的记录;另一方面,基于警察不出庭作证仅仅是在非法证据排除中出庭说明情况。因此,如果不是以白纸黑字的“讯问笔录”取代审判前的讯问和供述、辩解本身来压倒被告人的“空口无凭”,就是出庭公诉人以侦查讯问为模本而在法庭上展开心理攻势重新讯问被告人。第二,所谓审查“审判前讯问笔录”建立在向法庭提供审判前讯问笔录具有当然的正当性基础之上,更主要的是这里只侧重于对审查的具体内容作出规定,也即其证据能力审查和证明力审查两个层次,而没有明确规定应当采取什么样的审查程序。笔者揣测,这或许是出于立法节约的需要而不至于与法庭审判程序做重复规定。因此,对审判前供述的审查程序已经融贯于整体的庭审程序规则之中,或者“非法证据排除”的专门程序规则之中。但是,这种当然正当是否一定正当,立法节约到底如何节约或许值得进一步探讨。

第五节 被告人作为庭审的证据来源

我国《刑事诉讼法》没有明确规定“宣读审判前供述”,或许是因为法律所设定的被告人角色必然兼有证人的特征,而为“宣读证人证言”所掩盖。因此,有必要就被告人和证人联系起来看问题。美国耶鲁大学教授兰博约(John H. Langbein)勾勒了英国对抗式刑事审判的起源,他认为,“只要被告没有辩护律师,就不太可能区分他的角色究竟是被告、还是未宣誓的证人。

要求他自行辩护意味着,他本人要对指控和证据都作出抗辩。"①"直到17世纪末和18世纪初的辩护律师参与和辩方证人强制出庭改革进行之前,不能宣誓和无法强制出庭等局限,使被告难以有效获得证人支持。限制被告证人,加重了被告自行辩护的责任,因而必须根据自己的了解,对控告和控方证据进行抗辩。"②不过,"评价被告在受审中承受的压力时,我们不应夸大被告这种已很艰难的境遇。直到17世纪晚期,被告仍无法强制不愿意出庭的证人作证;而且,直到1696年《叛逆罪审判法》和1702年的立法前,他都不能让其证人宣誓作证。但是,禁止法庭听取被告证人证言的规则,纯属子虚乌有"。③ 被告没有辩护律师,行使沉默权就意味着全盘放弃辩护权。④这是从被告人兼具抗辩主体和证据资源的双重身份的难题出发来考虑问题,从而也道出了一个对抗制刑事审判起源的秘密。

一、德国的被告人不得为证人模式

林钰雄指出,与英美法的"诉讼竞赛观"不同,德国法采用"研讨辩论观",法庭不是采用"辩论赛"式的交叉询问制度而采用"大学研讨课程式"的轮替诘问制度,在法官之澄清义务与照料义务、检察官之客观性义务的背景下,"卷证并送"后经过中间程序过滤滥诉案件,再配合阅卷权以提升被告之防御地位;为了因应法庭之诘问,检察官起诉后保留一份起诉卷宗的复印件。因此,进行法庭活动之际,可以看到审、检、辩三方手上都有相同卷宗或其复印件。但是,在主审程序之中,德国证据法以严格证明法则与直接审理原则为灵魂,要求证人、鉴定人亲自出庭应讯,禁止以朗读证人侦讯笔录

---

① [美]兰博约:《对抗式刑事审判的起源》,王志强译,复旦大学出版社2010年版,第32页。

② [美]兰博约:《对抗式刑事审判的起源》,王志强译,复旦大学出版社2010年版,第35页。

③ [美]兰博约:《对抗式刑事审判的起源》,王志强译,复旦大学出版社2010年版,第37页。

④ See The theme of John H. Langbein, "The Historical Origins of the Privilege against Self-incrimination at Common Law," *Michigan L. Rev.* 92, 1994, p. 1047, substantially republished in R. H. Helmholz et al., *The Privilege against Self-incrimination: Its Origins and Development*, Chicago, University of Chicago Press, 1997, p. 82. 转引自[美]兰博约:《对抗式刑事审判的起源》,王志强译,复旦大学出版社2010年版,第40页。

或书面声明来代替对其之亲自讯问、诘问；除有合乎直接审理原则之例外情形，鉴定人必须亲自出庭接受讯问与诘问。[①]

单就被告人而言，在轮替诘问中，“无论有无辩护人之被告，对于证人、鉴定人皆有直接发问权。亦即，无辩护人之被告，固然得直接发问（但不得交互诘问）；即便有辩护人之被告，也得直接发问，不以通过辩护人行使发问权为必要。”[②]“被告虽非受交互诘问之对象，但除其保持缄默之情形外，仍为受轮替诘问之对象。”[③]德国法严格区别被告与证人两种证据方法，各有不同之程序地位，被告不但享有完整之缄默权，并且纵使虚伪陈述，也不受伪证罪之制裁，反之，证人负有陈述以及真实陈述之义务，仅于法律准许之例外情形，始得拒绝作证，若有虚伪陈述，原则上应受伪证罪之制裁。同一诉讼程序，被告（含共同被告）不是也不得作为证人。[④] 共犯如果要作为证人指控其同案犯，就不应合并起诉、审判，应将程序拆开进行分别审判，解除其共同被告地位，并且相互于他人之诉讼程序作为证人。“无论是单独被告或共同被告之情形，被告就自己之案件，仅得依照讯问被告而不得依照讯问证人之程序讯问之，因此也无仅适用于证人之具结及其后之伪证罪问题。”[⑤]德国法在合并起诉、审判案件之中被告对其他共同被告有个别问题不能直接讯问，实务中则可能交由其辩护人对其他共同被告直接发问。

二、美国被告人可转化为证人模式

王兆鹏在其《刑事诉讼讲义》一书之中考察了英美法被告人是否适合为证人的问题，大体经历了三阶段演变：（1）被告不得宣誓陈述；（2）被告得作未宣誓之陈述；（3）被告得宣誓陈述。1987 年在 Rock v. Arkansas 案判决中表示，被告有权于审判中宣誓陈述，且此一权利为被告宪法之基本人权。换言之，“被告为证人不适格”法则或“被告为证人适格”法则在历史皆有其

---

① 参见林钰雄：《严格证明与刑事证据》，北京大学出版社 2010 年版，第 214～222 页。

② 林钰雄：《严格证明与刑事证据》，北京大学出版社 2010 年版，第 226 页。

③ 林钰雄：《严格证明与刑事证据》，北京大学出版社 2010 年版，第 228 页。

④ 参见林钰雄：《严格证明与刑事证据》，北京大学出版社 2010 年版，第 228～229 页。

⑤ 林钰雄：《严格证明与刑事证据》，北京大学出版社 2010 年版，第 229 页。

理论依据。[①]

前者担心让被告宣誓作证，将间接强迫被告宣誓陈述，与不自证己罪理论背离；后者则谴责不公平剥夺被告参与审判的机会。不过，让被告自行辩护使辩护律师“觉得自己就好像被勒令站在一旁观看自己的委托人迎头撞向开过来的公共汽车一样”。[②] 因此，将辩护权分化出去由“是必需品，而非奢侈品”[③]的辩护律师行使，一方面，便于被告人就法律问题获得专业性的服务；另一方面，或者通过辩护律师的直接询问而引出自己无罪的事实问题，或者因为在不影响辩护权的情形下被告人仍然享有沉默权而通过了一个被告人直接面对质询的缓冲或者阻隔机制。

综上所述，无论是德国法还是英美法也都承认被告人作为证据信息的来源。在德国一般而言，接受讯问的被告无需承担伪证罪的后果。在英美法中，尽管被告人选择作证即转化为证人身份，但是，在司法实践中被告却很少承担伪证罪。在某种程度上，被告人参与诉讼提供证据反而是对自己权利的保障。当然，这种以沉默权为前提的作证选择是建立在被告人的意志自由之上。比较而言，我国众多的刑事案件被告人获得律师帮助权尚付阙如，辩护权的行使完全倚重于被告人自身，一方面，被告人在法庭上的沉默寡言就无异于认罪；另一方面，既然被告人已经出庭并且必须要对事实问题作证发言。因此，在此种情形下，再宣读侦查讯问笔录有什么如何保证其正当性呢？

第六节　结语：侦审如何联系

审判前讯问笔录占据了“非法证据”的主体位置，非法证据排除规则被

---

① 参见王兆鹏：《刑事诉讼讲义》，台北，元照出版有限公司2009年版，第611页。

② See Erica J. Hashimoto, “Defending the Right of Self-Representation: An Empirical Look at the Pro Se Felony Defendant”, *N. C. L. Rev.* 85, 2007, p. 434 n. 46. 参见[美]约书亚·德雷斯勒、艾伦·C. 迈克尔斯：《美国刑事诉讼法精解：第二卷·刑事审判》，魏晓娜译，北京大学出版社2009年版，第72～73页。

③ Gideon v. Wainwright, 372 U. S. 335, 344, (1963). 上引德雷斯勒等书多次提及这个概念，参见第49、55、70页。

赋予了通过倒逼的方式来遏制警察不法。然而,这种“马后炮”的措施即使在一些美、英、德、法等法治国家也同样只是一个可以空谈的理想,在我国就更不现实。然而,“裁判的错误往往发源于警察局”,①且无论我国的公安机关在维稳格局之中的一家独大的强势地位,可能支配了后续的程序进展,而案件的错误更是会随着程序进展的累积而导致积重难返,其中所谓的侦讯工作成果——“审判前讯问笔录”对这种错误的传递和放大难辞其咎。

首先,侦查机关从来没有只对被告人做一遍口供的,我们的案件往往就是通过这重重的讯问,从而达到一种固定证据的效果,从前前后后、反反复复的叙述之中去寻找一致性,从而产生了一种让被告人认输和认命的效果,也达到了对侦查人员的心理安慰的效果。因此,某些案件讯问得到的“真相”几乎就是侦查机关和被告人双方“挑灯夜战”和“精诚合作”而共同编造出的完美故事。

其次,在错误的传递过程之中,诉、审机关接过了侦查机关的接力棒。正如《错案》一书的《法庭被被告欺骗》章节所介绍的被警察屈打成招的德塞耶在预审官那里也没有翻供。在被告控诉说警察虐待了他的时候,重罪法庭庭长总是这样反驳:“你说你是在被警察打了之后招供的,我们暂时承认这一点。可是,预审官没有打你,你在他面前为什么又一次肯定了以前的供词呢?”作者自己解释道,这种问话看起来很有力,实际上也是经不起推敲的。因为,大部分被告并不懂得刑事诉讼程序,他们还以为审判官审讯之后自己还会重新落到警察手里。所以,即使他们先前被打了,也不敢在法官那里翻供,他们害怕再次受到虐待。②

因此,我们要以另一种眼光来看待“侦查中心主义”,一方面,将“侦查活动”放在聚光灯下让违法行为纤毫毕现,也有防微杜渐的意思;另一方面,通过对侦查程序进行一定程度的诉讼化改造来打好审判的地基,为审判提供合格的证据资料。一是强化律师的参与和引入第三方(最好是法官)的裁判,让侦查讯问有保全证据的功用;二是把警察的权力分别置于律师权

---

① [法]勒内·弗洛里奥:《错案》,赵淑美、张洪竹译,法律出版社2013年版,第62页。

② 参见[法]勒内·弗洛里奥:《错案》,赵淑美、张洪竹译,法律出版社2013年版,第60~61页。

利和法官权力的双重制约之下，意图将违法行为消除在萌芽状态。当然，这种诉讼化改造是否会对侦查活动造成损害呢？因为这些参与主体本身是法律职业人员，他们之间的对话是在法定限度内的法律话语的沟通。

那么，审判前讯问笔录还可不可以、要不要宣读了呢？笔者认为，如果“依法办案”而获取的侦诉资料可以为审判奠定良好的地基，那么宣读审判前讯问笔录其实发扬着我国卷证结合调查模式的优良传统。一方面，“求全”：正式开庭和庭下阅卷相结合，也就是“宣读+默读”从而利于审判人员有效、全面、客观地掌握案卷信息；另一方面，“求真”：就庭前口供运用而言，采用“宣读+问答”相结合的质证模式，不单是让庭前供述和庭审口供循环论证，逼迫被告人最终改口认罪，更要对口供的生成过程和口供的真实成分进行一定程度的科学分析，通过还原取证的过程而对取证的合法性进行合理、有基础地判断。

因此，宣读审判前供述笔录是一种以公开审判的方式来弥补直接审理原则的偏差，当然也能满足质证的需要。例如，虽然根据《美国联邦证据规则》第613(a)条，就证人从前的陈述质证证人时，既不必向证人出示陈述本身，也不必将陈述的内容告知给证人。但是，如果对方律师提出要求，应当向其出示陈述本身或者向其告知陈述的内容。当事人既可以通过交叉质证的方式，也可以通过外在方法就证人从前不一致的陈述弹劾证人。又根据《美国联邦证据规则》第613(b)条，如果使用外在方法弹劾证人，必须给被弹劾证人就从前不一致的陈述进行解释或者否认的机会。同时，也必须给对方律师就从前不一致的陈述盘问证人的机会。[①] 2018年7月3日，最高人民检察院发布的《人民检察院公诉人出庭举证质证工作指引》第17条规定：“辩护方当庭申请公诉人宣读出示案卷中对被告人有利但未被公诉人采信的证据的，可以建议法庭决定由辩护方宣读出示，并说明不采信的理由。法庭采纳辩护方申请要求公诉人宣读出示的，公诉人应当出示。”

---

① 参见高忠智：《美国证据法新解：相关性证据及其排除规则》，法律出版社2004年版，第118页以下。

第八章　非法证据排除规则的个案解释

对于非法证据排除的司法实践，常常见到媒体有这样的表述，把非法证据“从程序上予以排除”，然而这种说法甚是可疑。当然不仅仅因为前文笔者论述到的在我国缺乏一种信息阻隔机制，即将非法证据与事实裁决者隔离开来，更主要的是在我国立法明确规定，“不得作为定案根据”的非法证据排除是一种结果控制，而不是过程控制。虽然新进出台的一些有关非法证据排除的相关规定也反复提及对待排除和已排除的证据“不得宣读、质证”，然而其中有何机理还不甚明了。更主要的是，在我国常常以非法证据来论证案件的不真实性，恰恰是因为非法证据的“不得宣读、质证”，可能反而遮蔽了发现案件真相的信息线索。因此，非法证据排除，被解释为将非法证据当庭“从程序上予以排除”是一种逻辑倒错。一方面，将非法证据排除于程序之外只不过是让同类证据脱下了“非法”外套或者换了一个“合法”马甲而已。另一方面，侧重于将非法证据不可采的特征在判决书之中进行说理，并进一步通过将非法证据的证据能力问题转化为证明力规则的减等适用才可能真正让被告人得实惠。下文将从个案出发返回到非法证据的本质兼论述程序正义与实体正义的关系，然后回顾了非法证据排除规则的理论基础，并且伸张非法证据排除的防止虚伪的功能，接着再次结合个案讨论了在我国非法证据排除的心证阻隔效果不彰。因此，我们的制度可能并不是要嫁接一个无根的制度，反而是让法官把好最后一道关，将(待)排除的非法证据材料随案移送，在此基础上实现对“非法”和“证据”的分别治理。

第一节 引言：法治、法解释与个案解释

2014年10月20日至23日召开的中国共产党第十八届中央委员会第四次全体会议(以下简称“四中全会”)审议通过了《中共中央关于全面推进依法治国若干重大问题的决定》，明确提出了全面推进依法治国的总目标、重大任务。这是在中国共产党93年的历史上首次以“依法治国”为主题的中央全会。全会提出，推进严格司法，坚持以事实为根据、以法律为准绳，推进以审判为中心的诉讼制度改革，实行办案质量终身负责制和错案责任倒查问责制。法治春天是一个法律说话算话的时代，首要的就是“严格司法”，或许保持法律稳定不变才是法治的前提，然而对改革的顶层设计和地方探索的过于热情都可能因为怀有祛除沉疴积弊的冲动而在某种意义上恰恰与法治精神背道而驰，因此在中国特色社会主义法律体系已经宣告形成的背景下，①更多的不是立法大跃进和司法大变革，真正值得关注的或许是清理司法潜规则，落实法律条文的精神。有消息称，非法证据排除将是下一轮司法改革的一项重点内容，目前最高人民法院正在就具体规定征求意见，②这当然可以算是落实法律精神的具体措施，但是这种抽象解释只会使

① 参见周婷玉等：《依法治国的坚固基石——写在中国特色社会主义法律体系形成之际》，载《人民日报》2011年3月10日，第2版。

② 参见汪红：《非法证据排除将出细则》，载《法制晚报》2014年10月28日，第10版。

法律更加繁复,并终将沦为以文件落实法律的一纸空文。①

法学是一门解释之学,这点毋庸置疑。尽管西方有所谓的新自然法学派、分析实证主义法学派和社会学法学派三大法学流派,其实由"身披法袍的正义"伪装出来新自然法学派以及赤裸还原为法与社会互动以及寻求社会目的的社会法学派都有点偏离主题或者不务正业,而只有分析实证主义法学才真正意图树立法律权威,让法律从道德和利益的立法论考量走向让法律做主或者让法官说话算话的司法论立场。我们法律论文的言说常常不由自主地从法律条文出发走向了立法论的立场,在立法入不敷出的年代这个情有可原,但是在立法具文的情形下我们还在甩开膀子做所谓的顶层设计或者指手画脚就有点落伍于时代潮流了。

当然,不管是法律与道德还是法律与社会,不管是立法与司法还是实践与理论总是相互交织着成为一张无缝之网,意图断章取义地条分缕析法律条文必然要对其意义进行升华,而对司法实践的评论必然体现出夹叙夹议的特色,因此对法律条文有原则地批评以及对司法实践有节制的议论,本身可能也还是道德话语和利益权衡,从而还是有回到立法论的倾向。当然立法到底如何完善并不可能以一己之力来完成,所以最终还是沦为学者的自说自话和司法人员的潜规则横行。不过,结论体现在分析的过程之中,而不是体现在分析的结果之中,也就是说,法解释学的真正野心恰恰是要我们换一副脑筋来看问题,"头痛医头脚痛医脚"好像不能解决根本问题。然而,换一个说法,就是"兵来将挡水来土掩",这个还是解决了问题,最恰当的说法就是就事论事。

也因此法解释学从根本上而言,就是要从个案出发进行解释。尽管非法证据排除已经从热点问题变得越来越老调重弹,然而司法实践之中越来越多被冠以"非法证据排除"的案例需要认真对待。

2011 年 5 月 17 日云南网信息称,②自 2010 年 7 月 1 日起《关于办理死

---

① 笔者曾经提出过"反对立法修改,反对司法解释"而通过判例来落实法律的思路。参见陆而启:《从纸上谈兵到水滴石穿——非法口供排除程序的构造反思》,载《证据科学》2012 年第 2 期。

② 柏立诚:《省高院当庭排除 10 份非法证据 开创我省采用排除非法证据审案模式》,载《春城晚报》2011 年 5 月 17 日,第 A16 版。

刑案件排除非法证据若干问题的规定》(注原报道如此引用)正式实施以来,云南省高级人民法院于2011年5月13日二审开庭审理贩毒团伙贩卖案,首次尝试采用排除非法证据审案模式,并当庭排除了10份非法证据。一个贩毒团伙从境外买来近100公斤毒品,准备从西双版纳运往成都贩卖,途中被普洱警方查获。主犯夏某安一审被判处死刑后提出上诉,他的辩护律师马某为夏某安作无罪辩护,同时对警方收集的证据提出了诸多疑问。马某提出:侦查机关在收集证据时,存在非法收集证据行为,而《办理死刑案件证据规定》规定,非法证据不能作为定案依据,应当排除。两名办案民警出庭接受控辩双方提问,省高级人民法院、省人民检察院组织全省200多名法官、检察官到庭旁听。

马某指出:2009年10月13日,夏某安被公安机关刑事拘留,同年10月21日,夏某安才被送到普洱市看守所,第二天又将夏某安转到宁洱哈尼族彝族自治县看守所,1周后提押出看守所到普洱市公安局禁毒支队关押8天。

马某说:根据《看守所条例实施办法》第23条的规定,因侦查工作需要,提人犯出看守所辨认罪犯、罪证或者起赃的,才可以被提解,不符合上述两款规定的,看守所应当拒绝提出人犯。公安机关本来应该在看守所审讯夏某安的,但却把夏某安提出看守所,提到公安禁毒支队审讯,公安机关这一行为违反了法定程序。非法收集的证据,不能作为定案依据,应当排除。

公诉人反驳:公安机关将夏某安提出羁押场所进行审讯的行为,符合法律规定。法律没有规定在羁押被告人时,不能变更羁押场所;变更羁押场所,是为了防止串供,同时是方便审讯才变更羁押场所,并不违反法定程序。

马某说:普洱市公安机关在讯问夏某安时,存在刑讯逼供的行为,连续7天不让夏某安睡觉,民警车轮般连续审讯夏某安。把笔录事先写好后,直接让夏某安签字。夏某安在普洱市公安局禁毒支队作的口供,属于非法证据,应当排除,不能作为定案依据。如果要证明这些口供是真实的话,请检方出具作笔录时同步录音录像。

公诉人反驳说:“法律并没有规定,嫌疑人的口供不能在公安局作,夏某安在禁毒支队所作的口供,跟后来在看守所里作的口供是吻合的。由于侦查机关条件有限，没有安装摄像装置，所以不能出具同步录音录像。”

法庭合议后，当庭决定排除10份非法证据，都是普洱市公安机关在普洱市公安局禁毒支队对夏某安所作的审讯笔录。

笔者非常惊讶于这个旧日消息从微信上翻出，直觉使笔者感到这个报道可能存在不规范的地方，出于追求吸引人眼球而存在夸张不实，一个显见的错误是竟然把“两个证据规定”混淆为一个《关于办理死刑案件排除非法证据若干问题的规定》。为什么说其夸张呢？因为在中国法律法规之中并没有提出“当庭”排除的明确要求，到底可不可以，应不应还有能不能当庭排除呢？另外，这个案件已经到了上诉审的阶段，还能适用非法证据排除规则吗？

我国2012年《刑事诉讼法》确立了三阶段的非法证据排除的规定，第54条第2款规定：“在侦查、审查起诉、审判时发现有应当排除的证据的，应当依法予以排除，不得作为起诉意见、起诉决定和判决的依据。”而2012年《高检规则》，一方面将检察机关非法证据排除一分为四“不得作为报请逮捕、批准或者决定逮捕、移送审查起诉以及提起公诉的依据”（第65条第1款），另一方面除了侦查机关自行进行的非法证据排除之外，还明确了检察机关在侦查（由侦查监督部门负责）、审查起诉和审判阶段（由公诉部门负责）调查核实侦查人员非法收集证据的监督职责（第68条翻版了《刑事诉讼法》第55条、第69条）。甚至比较突出的是将《刑事诉讼法》规定的“侦查”偏离和侧重到“审查逮捕”活动，明确了在审查逮捕阶段检察机关具有非法证据排除的责任和义务以及具体的操作规程（第310条、第311条）。值得思考的是，审查逮捕阶段的非法证据排除到底有何意义，或者说这样“冠名”本身符合非法证据排除的法理吗？

下文的分析，不是在2010年的“两个证据规定”上原地踏步，而是用发展了“法律法规”来解释非法证据应该如何排除这个根本问题。

第二节 解释逻辑：非法证据中的权利与权力

什么是非法证据？2012年修订的《刑事诉讼法》规定了证据取得禁止和证据使用禁止两种情形，其中第50条规定："审判人员、检察人员、侦查人员必须依照法定程序，收集能够证实犯罪嫌疑人、被告人有罪或者无罪、犯罪情节轻重的各种证据。严禁刑讯逼供和以威胁、引诱、欺骗以及其他非法方法收集证据，不得强迫任何人证实自己有罪……""严禁"和"不得"是对取证手段上的限制规定。该法第54条第1款又规定："采用刑讯逼供等非法方法收集的犯罪嫌疑人、被告人供述和采用暴力、威胁等非法方法收集的证人证言、被害人陈述，应当予以排除。收集物证、书证不符合法定程序，可能严重影响司法公正的，应当予以补正或者作出合理解释；不能补正或者作出合理解释的，对该证据应当予以排除。"这是规定了言词和实物两种证据的使用禁止。对比来看，我国非法证据排除要解决的核心问题主要是非法言词证据，不去纠结其中的"其他非法手段"和"等非法方法"的不确定和兜底概念，单就其中列举的手段来看，证据取得禁止的范围列举要广于证据使用禁止，也就是说通过非法方法收集的证据并不一定就会被排除。或许，第50条规定中"收集"的"证据"，又在第54条被分解为言词和实物两类证据。然而，从物证、书证的排除来看，取证手段的"不符合法定程序"属于"瑕疵证据"而效力待定。有学者从一种体系化的理论角度分析2010年的"两个证据规定"的内容，认为从证据可采性角度对证据类型的"三分法"："合法证据"、"瑕疵证据"和"无证据能力的证据"，其中构成瑕疵证据的原因有因性状改变、来源不明、形式不符、处于未完成状态以及取证程序轻微违法等情形。① 该学者进一步认为，除"非法证据"外，其他因为法定原因而导致证据丧失证据能力的情形，包括证据形式违法、取证主体违法以及证据内容违法的证据等，皆可归入"无证据能力的证据"的范畴；将"非法证据"

---

① 参见万毅：《论瑕疵证据——以"两个〈证据规定〉"为分析对象》，载《法商研究》2011年第5期。

限定在“取证程序违法”的情形，而非法证据能针对特定证明对象如量刑、有非法取证行为而作为证据使用，而并非属于完全无证据能力的证据。[①]当然，这种观点是从定罪和量刑的不同证据功能，或者针对案件事实与程序事实、辅助事实、证据事实或者量刑事实等不同证明对象来考察非法证据是否可采的问题。然而，在当下中国，我们必然要关注的是，非法证据取证手段的非法程度问题。《刑事诉讼法》第 54 条的规定其实也集中于“程度”问题，正是这个程度的限度决定了证据“非法性”，模糊了非法和合法（或者说瑕疵）的界限，甚至还可能让非法证据合法化。例如，“补正”和“合理解释”后的证据就有了证据能力，也就是所谓的正当程序竟然要容忍“非法”情形的存在。因此，判断非法证据的证据能力主要不是看其证明的指向范围，而是其“非法程度”问题。

那么，如何判断非法证据的“非法程度”呢？除了要遵循法定的调查程序之外，更主要的是进行规范解释，而不是一种学理解释。有学者看到中国的“非法证据”的界定往往是从一些司法解释之中寻章摘句、归纳推理，从得出一系列的非法证据的概念，这在规范依据上有一种“散兵游勇”的意味，并最终“自下而上”地发展了法律，其实在美国的非法证据排除规则以及自白任意性规则虽然因为面对司法实践有一种“形下”意味，但是更主要的是来自于对宪法规范的解释，这种“自上而下”的解释为司法提供了强大的“法律后盾”。这种差异可能部分由于成文法和判例法的差异，然而，我们的成文法传统却变成了不注重守法，时时要求立法“变革”和“创新”的传统。

为什么要追溯到一种宪法规范呢？这个很显然是一种权利保障和权力限制的逻辑。十八届四中全会强调，“坚持依法治国首先要坚持依宪治国”。[②] 宪法中的权利与权力是一种对群己界限的界定，由于个人利益和国

---

① 参见万毅：《论无证据能力的证据——兼评我国的证据能力规则》，载《现代法学》2014 年第 4 期。

② 有关专家解读，参见张丹：《“依法治国”首先是“依宪治国”——专访首论“依法治国”法学家李步云 他称四中全会绘就“法治中国”宏伟蓝图》，载《广州日报》2014 年 10 月 29 日，第 AⅡ8 版；李万祥：《姜明安：坚持依法治国 首先要坚持依宪治国》，载《经济日报》2014 年 11 月 3 日，第 6 版。

家利益的冲突,需要在个人权利和国家权力之间寻求一种平衡。所以,刑事诉讼法被称为宪法的测震仪,①其由来有自,要求合理界定个人权利和国家权力之间的关系。而什么是非法证据,其实不仅仅是从取证手段进行界定,还要从国家权力是否侵犯公民个人权利的角度来界定,因此与学者万毅将非法证据视为“绝对无证据能力的证据”不同,柯耀程先生即提出,即使是刑讯逼供等方法获取的非法证据,只要被告人同意使用,仍然具备证据能力。

盖证据合法性瑕疵排除的意旨,主要系在担保被告的权利不受过度的侵犯,倘若被告并不以其权利侵害为意,自无所谓权利侵犯的问题发生,从而对于具有证据合法性瑕疵的证据,在被告同意使用的条件下,自然得以为瑕疵之修复。

从此意旨分析,则举凡涉及被告不合法讯问所得之陈述、被告以外之人(主要为证人)于审判外之陈述,或是因证人应具结而未具结之证言,乃至因违法搜索所得之证据资料,或是因为经补正之径行搜索所得证据,乃至被告违反任意性之自白,均应属于得同意修复之事项。②

当然,学者万毅自己也曾经对“瑕疵证据”与“非法证据”进行区分,认为,非法证据系取证程序重大违法,且以侵犯公民宪法性基本权利的方式获取的证据;而瑕疵证据虽然亦系违反法定程序而取得,但却并非重大违法,尤其是并未侵犯公民的宪法性基本人权。其实效力待定的瑕疵证据不能一直效力待定,而只能归结为用还是不用。

尽管由于我国宪法的司法不可适用性,在我国以宪法来规制非法证据排除规则有点“牛头不对马嘴”。但是,我们仍然要依据宪法的精神来解释法律法规,更何况十八届四中全会也要求“健全宪法实施和监督制度,完善全国人大及其常委会宪法监督制度,健全宪法解释程序机制”。宪法的基本精神也就是保障人权和限制公权。任何对公民的基本权利的限制措施都要有法律依据,一方面,从权利角度来解释,即“法无禁止即自由”。而另一

---

① 参见[德]克劳思·罗科信:《刑事诉讼法》,吴丽琪译,法律出版社2003年版,第13页。

② 柯耀程:《法定“证据排除”的意涵与适用》,载《检察新论》2011年第10期。转引自万毅:《论无证据能力的证据——兼评我国的证据能力规则》,载《现代法学》2014年第4期。

方面,从权力角度而言,“法无规定即禁止”。在确定非法证据上产生争议的时候,就权力谦抑性而言,应该考虑采用“有利于被告人”的解释。因此,前述案例之中,公诉人以“法律没有规定”来反驳只是一时口舌之快更需要法理支撑。

程序正义和实体正义谁优先?如果从一种宪法规范的精神来看,在非法证据排除活动之中,所谓两者谁优先根本就是一回事,因为非法证据的取证手段侵犯了基本人权,和刑事实体法得以实现要限制和剥夺公民生命、自由、财产权是一样的,正是宪法和法律依据本身消解了程序正义或者实体正义孰先孰后的问题。另外需要注意的是,非法证据排除尽管是侦控审机关的职责,但是,这往往是建立在辩护方的动议权以及必要的提出证据以设立可能的怀疑基础之上。

因此,识别非法证据主要是从基本权利是否受到侵犯以及受侵犯的程度来考察。例如,2012 年《高检规则》第 65 条第 2、3 款规定:“刑讯逼供是指使用肉刑或者变相使用肉刑,使犯罪嫌疑人在肉体或者精神上遭受剧烈疼痛或者痛苦以逼取供述的行为。其他非法方法是指违法程度和对犯罪嫌疑人的强迫程度与刑讯逼供或者暴力、威胁相当而迫使其违背意愿供述的方法。”《刑诉解释》第 95 条第 1 款规定:“使用肉刑或者变相肉刑,或者采用其他使被告人在肉体上或者精神上遭受剧烈疼痛或者痛苦的方法,迫使被告人违背意愿供述的,应当认定为刑事诉讼法第五十四条规定的‘刑讯逼供等非法方法’。”学者龙宗智将其概括为确定非法口供的“痛苦规则”。[①] 其内容要求,有特定具体的方法,达到痛苦程度和形成违背意愿的效果。而上述案例之中提及的“存在刑讯逼供的行为,连续 7 天不让睡觉,民警车轮般连续审讯”。或许可以确认为非法证据。但是又语焉不详,“存在刑讯逼供的行为”是一种概括,而“连续 7 天不让睡觉,民警车轮般连续审讯”既可能理解为是对刑讯逼供的具体列举,又或者是刑讯之外的同等情形。针对上述案例之中在法定地点之外进行的讯问本身,尽管 2012 年《刑事诉讼法》第 116 条第 2 款的新增规定“犯罪嫌疑人被送交看守所羁押以后,侦查人员对其

---

① 参见龙宗智:《我国非法口供排除的“痛苦规则”及相关问题》,载《政法论坛》2013 年第 5 期。

进行讯问,应当在看守所内进行”,但是并没有违法后果的规定(其排除效果为2017年《严格排除非法证据规定》所明确)。因此,这并未明确构成“非法证据”的条件,还要结合其他情形区别对待。此外,律师要求检方出具作笔录时同步录音录像来证明这些口供的真实性。这可以理解为律师的保守进攻,但是问题的焦点很显然在从证据能力向证明力转移。

第三节 功能回归:非法证据规范的证据能力与证明力

切合实际地讲,近年来,笔者的观点逐渐从理想转向了务实,因此笔者的观点可能逐渐和边沁的观点一致起来,我们不可能仅仅因为警察违法就放纵罪犯。[①] 如果因警察违法而放纵犯罪,[②]不仅仅被害人家属不答应,更主要的是公众不答应。有人会说,司法是一项专门的事业,公众不能跟着瞎操心,同时,司法也不能为舆论所左右。不要说舆论审判本身有其合理性,更主要的是,不说法官会以证明力问题来考量非法证据问题,维护被告人利益的律师也会如此,其实法学家甚至也不例外。上述案例之中的律师正是如此。学者龙宗智也如此认为,两高的司法解释不能将“引诱、欺骗方法获取的证据”纳入“非法证据”范围,不会像刑讯逼供一样法定排除,也排除了酌定排除的可能性。在批评这种违背《刑事诉讼法》严禁引诱、欺骗等非法方法收集证据的规范精神的前提下,进而认为,因为不适当的引诱、欺骗将损害证据的真实性、取证的正当性,乃至其他合法利益(如司法诚信原则),也被各国刑事诉讼法普遍禁止或限制,所以要规制“引诱”“欺骗”的非法取证方法。例如,过度地实施引诱可能使一个没有犯罪的人承认自己犯罪。又如,过度欺骗可能导致虚假供述。如反复欺骗以至于嫌疑人产生错觉,相

---

① “[e]vidence is the basis of justice; to exclude evidence, is to exclude justice.” Jeremy Bentham. *A Rationale of Judicial Evidence*: Specially Applied to English Practice, bk. 9, pt. 2, ch. 3. at 490 (1827). see cited in Joseph D. Grano. *Confessions, Truth and the Law*, Ann Arbor, The University of Michigan, 1993, p. 21.

② 美国法官卡多佐曾言:“如果警察犯错误,罪犯就将获得自由。”People v. Defore, 150 N. E. 585, 587 (N. Y. 1926). 参见[斯洛文尼亚]卜思天·儒佩基奇:《从刑事诉讼法治透视反对自证有罪原则》,王铮、陈华玮译,载《比较法研究》1999年第2期。

信侦查人员而作出虚假供述。因此,他提出的规制的变通做法之一是以2018年《刑事诉讼法》第50条关于“证据必须经过查证属实,才能作为定案的根据”为依据,以客观真实性为由,排除相关口供。①

一、从合法性回到真实性的核心

非法证据排除的理论根基好像已经淡化了真实性的要求,其实,真实性考虑一直是非法证据排除规则的核心问题。关于美国证据排除法则的理论有宪法之直接命令、司法正洁以及吓阻理论等争论,其常引起的争执就是将证据排除是否会妨碍真实发现,造成有罪者逍遥法外。尤其是针对自白而言,威格摩尔指出一般人对自白与真实不符应予排除并无异议。另外,因为警察不当行为而排除自白的理论基础有二:推定自白警察的不当行为而不真实、吓阻警察的不当行为。② 学者李心鉴介绍,美国1791年《联邦宪法修正案》第5条规定的“不得强迫自证有罪”原则继受了英国将不当自白或不自由的自白排除出去的“考门罗原则”,联邦宪法规定这一权利的最初目的在于排除虚伪的自白,以防止刑事诉讼发生冤错,侵犯公民的权利。自白以“任意性”(或称自愿性,voluntary)作为可采与否的标准。宪法修正案颁行150余年之后的20世纪40年代,自白的排除根据由“自白的非任意性”发展为“程序的违法性”;自白排除法则的主要目的,已经不只是为了防止自白的虚伪性,而且是为了纠正并预防警察对公民权利的侵害和威胁。详言之,显然不具有任意性的自白当然在排除之列,而在警察收集自白证据时违反正当法律程序的场合,对自白是否具有任意性的判断便变得不那么重要了,只要证明警察确有违反程序的行为,即可将此项自白排除不用。其后,从20世纪40年代到80年代,美国自白排除法则问题在强调自白的合法性与坚持自白的任意性发生了“三进三退”③的反复过程。尤其需要注意的

---

① 参见龙宗智:《我国非法口供排除的“痛苦规则”及相关问题》,载《政法论坛》2013年第5期。

② 参见王兆鹏:《美国刑事诉讼法》,北京大学出版社2005年版,第26~35、316页。

③ 三进:(1)Mcnabb v. U. S(1943)&Mallory v. U. S (1957),(2)Miranda v. Arizona,384 U. S. 436,(1966),(3)Brewer v. Williams,430 U. S. 387,(1977);三退:(1)Ominibus Crime Control and Safe Streets Act (1968),(2)Harris v. N. Y,401 U. S. 222,(1971) &Oregon v. Hass,(3)最终或必然发现的例外与善意例外(既针对非法证据排除法则,也适用于自白排除法则)。

是,李心鉴提及,斗争的结果是自白的合法性获得了肯定,而同时也未放弃自白的任意性。①

李心鉴还介绍了日本学者在自白排除法则问题上的三种主张:(1)排除虚伪说,(2)维护人权说,(3)排除违法说。排除虚伪说对于被证明具有真实性的或者以其为线索收集到其他证据的不任意自白的排除缺乏根据,因此人权保障说认为,排除不任意自白,不是因为这种自白具有虚伪性,而是因为获取自白的方法侵害了有关犯罪事实是否承认的意思决定的自由。而违法排除说则主张,排除自白,不是为了排除虚伪,也不是为了保障沉默权的实现,而是为了保障在自白的收取过程中贯彻正当法律程序。尽管日本的判例已经接近违法排除说,但是先前的判例历来都是从"任意性"观点出发,也即与虚伪排除说一致。② 由此可见,非法证据造成的不实一直值得警醒,哪怕非法手段得以容忍,甚至是合法取得的,但是不实证据仍然不被容许而需要排除。

美国学者帕克论述犯罪控制模式时认为,对警察讯问的唯一限制是那些为了确保嫌疑人陈述之可靠性的措施。"强迫性供述的弊端在于它有可能导致无辜的人被定罪……被告人的供述是否可靠,在每个案件中都是一个事实性问题。"③由此可见,一个证据可能要从合法性和真实性两个并列层面来考量。因此,上述案例之中律师在合法性问题之外还提出了真实性的问题,可以说是一种比较全面的辩护意见,甚至还是一种策略,以真实性的幌子"请检方出具作笔录时同步录音录像"从而揭开非法性的盖头。上述案例辩护律师还提出了"指供"问题,"把笔录事先写好后,直接让夏启安签字"。这里的指供行为,可能会伴生着刑讯逼供等非法情形,但是更主要的是真实性存在疑问,正如龙宗智所言,如果是诱供、引供的间接性指供需要去伪存真,如果是侦查人员按自己的意思写好后让嫌疑人签字则所谓的

---

① 参见李心鉴:《刑事诉讼构造论》,中国政法大学出版社1997年版,第270~273页。

② 参见李心鉴:《刑事诉讼构造论》,中国政法大学出版社1997年版,第275~276页。

③ Herbert L. Packer, *The Limits of Criminal Sanction*, part II, Stanford, Stanford University Press, 1968, p. 189. 转引自[加]肯特·罗奇:《刑事诉讼的四种模式》,郭志媛译,载[美]虞平、郭志媛编译:《争鸣与思辩:刑事诉讼模式经典论文选译》,北京大学出版社2013年版,第222页。

"口供"就根本不存在。①

二、合法性防止证据不可靠的功能

合法性和真实性的问题有时又的确是相互转化的,具体表现为,非法证据排除规则和口供自愿性规则等纯属证据能力问题的规则也具有防止证据不可靠的功能。尽管存在达马斯卡所认为的外部排除规则与内部排除规则的区分,集中于取证方法争议的外部排除规则为两大法系所共有,主要不是体现证据本身揭示真相的价值上,如证人特免权规则、非法获取的证据排除规则;而主要体现在内容争议上的内部排除规则为英美法系所特有,要在一个证据材料揭示真相与制造偏见的成分何者占优上作出取舍;然而,在证据思维上,英美法系内部排除规则着眼于证明价值的多少,而大陆法系则着眼于证明价值的有无;在机制设置上又恰恰相反,英美法系通过排除规则去除证据将其证明力归零,大陆法系则将证明力多少交由事实认定者"自由心证",或者出于政策原因对事实认定进行间接限制。② 可以说,英美法的一个特色是存在许多规范证明力内容的证据规则,但是这种证据规范其实是把证明力的问题转为证据能力规范,其极端类型也就是万毅教授所说的因为无关联性而无证据能力,③然而我国司法解释之中的独断用语"有无关联"秉承了大陆法系的思维风格,其实很多时候会涉及的多是关联程度大小的问题。这与上文非法证据对基本权利的侵犯程度也相互对应。

实践之中可能会存在一种做法,即降低指控或者减轻罪责的方式来解决非法取证的问题。④ 笔者对此非常赞同,这样才可能让被告人真正得到实惠。反观所谓的"当庭排除",可能只是法院的政绩宣传或者空头支票,甚至导致控辩双方剑拔弩张,迫使检察机关在错误指控之上固执己见。那

---

① 参见龙宗智:《我国非法口供排除的"痛苦规则"及相关问题》,载《政法论坛》2013 年第 5 期。

② 参见陆而启:《智识互转:印证规范解析》,载《证据科学》2011 年第 4 期。

③ 参见万毅:《论无证据能力的证据——兼评我国的证据能力规则》,载《现代法学》2014 年第 4 期。

④ 参见李训虎:《证明力规则检讨》,载《法学研究》2010 年第 2 期。

么这样做会不会太不严肃呢？笔者认为不会。正如前文所述，非法证据其实也存在真实性考察，从真实性角度来考虑合法性是非法证据排除的虚伪排除说理论，而在我国更大的问题是非法取证本身造成了证据虚假的真实性问题，单纯的非法取证问题并不是多么重要。因为一旦证据内容查证属实，不管手段合法还是非法，由于证明犯罪的途径多样，被告人必定罪责难逃，也就是说单纯非法取证的证据排除并不会对犯罪事实的实体处理产生多大的影响。反倒是对非法证据的减等适用让被告人在得到实惠的同时而可能刺激侦查机关遵循正当程序。万毅也提及在美国二元司法组织体系下，非法证据可能被排除于陪审团的定罪程序之外，但是还有可能在法官的量刑程序之中作为证据采用。① 这是一种更为典型非法证据减等适用。

非法证据排除作为证据能力问题转化为证明力的问题，其实还有着明确的法律依据，2012 年《刑事诉讼法》第 54 条所规定的，物证、书证的收集不符合法定程序，并不一定要被排除，其中一个非常重要的考量是“可能严重影响司法公正”，《刑诉解释》第 95 条第 2 款规定，认定《刑事诉讼法》第 54 条规定的“可能严重影响司法公正”，应当综合考虑收集物证、书证违反法定程序以及所造成后果的严重程度等情况。这除了程序不公之外，更主要的考量是实体错误等情形。这也就是说，在我国非法实物证据（书证、物证）是否排除要以是否导致不真实为条件。剩下的问题就是如何判断真实性的问题了。

第四节　效果不彰：非法证据排除的心证阻隔

上文述及，非法证据的排除对犯罪事实的实体处理并没有釜底抽薪的作用。具体到前述的案例，也就是这样一个问题：当庭排除对被告人的定罪处刑有意义吗？答案很显然是无意义的。尽管有学者认为，“非法证据一经查证属实，应从程序上予以排除”。然而，笔者认为这具有想当然的意

① 参见万毅：《论无证据能力的证据——兼评我国的证据能力规则》，载《现代法学》2014 年第 4 期。

味。2012 年《刑事诉讼法》第 58 条规定："对于经过法庭审理，确认或者不能排除存在本法第五十四条规定的以非法方法收集证据情形的，对有关证据应当予以排除。"2012 年《刑诉解释》第 102 条规定："经审理，确认或者不能排除存在刑事诉讼法第五十四条规定的以非法方法收集证据情形的，对有关证据应当排除。人民法院对证据收集的合法性进行调查后，应当将调查结论告知公诉人、当事人和辩护人、诉讼代理人。"然而，这里的"应当排除"并没有明确当庭排除。当庭排除无实质意义有三种理论上的解释框架。

一、法庭结构的一元制

由于我国不存在英美法系的二元法庭结构，审理权和裁决权都集中于法官一身。所以，非法证据的排除并不能阻隔非法证据本身对一元的审理主体——法官所造成的心证污染，因此对有陪审团的二元审判法庭心生向往。如果二元法庭是一个理想的话，其实我国台前的一元化法庭并不能否认实质上可能存在真正的幕后决策者，也就是说，存在"审者不判、判者不审"的审判权和裁判权的二元分离的情形。因此，真正的裁决者的心证的确不会受到庭审出示非法证据的污染，但是其裁决信息并不是来源于对抗的控辩双方，而是来自于承办法官的单方面汇报，因此这种方式当然也不受鼓励。也有提出庭前法官处理非法证据排除等程序争议问题而庭审法官处理定罪量刑的实体问题。换一个角度来看，由于非法证据本身可以用来证明非法行为，对此进行排除恰恰是合法隐瞒了对被告有利的证据，造成法官偏听偏信，这种丢三落四、囫囵吞枣的事实查证使得法官难以下判。

二、证据评价的整体模式

既然非法证据已经输入到了程序之中，那么我们所要考虑的是如何评价证明力的问题。因为我国对证据评价更多采取综合认证的整体评价模式，而不同于英美法系在逐个解决证据的可采性基础上再行拼盘出一个案件事实。或者这样说，证据评价的整体模式难以切割出某个具体证据的证明效力，因此不论证据合法还是非法，其效力都混为一谈。因此，"基于原子主义进路，可以要求事实裁判者对特定的信息材料不予考虑，或者，只能赋予其特定的证明力；但是，基于整体主义的观点，这些要求却意味着让事实裁判者做力不能及的事情”。① 当然，一个有意思的现象是，原子主义观点可能是非法证据排除规则设置的理论前提而非实际后果，但是在整体主义观点下，对个别证据的合理怀疑并不能否定法官作出人们所不愿看到的、造作的裁判，“谁也不能无视已经知道的知识”，很少有大陆法系国家采行仅仅因为取得方式不当而排除可靠证据的规则。

那么如何判断证据的真实性呢？2012 年《刑诉解释》第 104 条分 3 款规定：“对证据的真实性，应当综合全案证据进行审查。对证据的证明力，应当根据具体情况，从证据与待证事实的关联程度、证据之间的联系等方面进行审查判断。证据之间具有内在联系，共同指向同一待证事实，不存在无法排除的矛盾和无法解释的疑问的，才能作为定案的根据。”尽管 2012 年《刑诉解释》分别从第 69 条至第 94 条对物证、书证、证人证言、被害人陈述、被告人供述和辩解、鉴定意见、勘验、检查笔录、辨认笔录、侦查实验笔录、视听资料乃至电子邮件、电子数据交换、网上聊天记录、博客、微博客、手机短信、电子签名、域名等电子数据等各种证据的审查和认定作出了指导性的规范。但是，对证明力或者真实性的审查仍然在证据之间的相互综合和联系之间来进行判断，也就是说，这是一种整体主义的事实认知模式。

三、毒树之果与重复取证

由于对犯罪嫌疑人、被告人没有沉默权的规定，对书证、物证还可以补正和合理解释，因此，在我国所有证明案件的信息资源都可以重复或者反复获取。我国刑事诉讼取证活动主要由国家机关垄断，2012 年《刑事诉讼法》第 50 条规定：“审判人员、检察人员、侦查人员必须依照法定程序，收集能够证实犯罪嫌疑人、被告人有罪或者无罪、犯罪情节轻重的各种证据……”因此，各机关重复取证甚至被认为是理所当然的，2012 年《刑诉解释》第 62

---

① ［美］米尔吉安·R. 达马斯卡：《证据评价的原则模式与整体模式：比较法的考察》，载［美］米尔吉安·R. 达马斯卡：《比较法视野中的证据制度》，吴宏耀等译，中国人民公安大学出版社 2006 年版，第 69 页。

条规定:“审判人员应当依照法定程序收集、审查、核实、认定证据。”而辩护人的调查取证权(2012 年《刑事诉讼法》第 41 条)只起到对查明案件事实的补充或者辅助的作用。这也就是说,我国的刑事诉讼活动在判决没有作出之前,证据永远是不固定的,尽管我国《刑事诉讼法》还设立了没有制裁后果的证据开示的制度胚胎,因此,所谓的“非法证据排除”之抗辩是在和一个不定性、看不全面的无形的敌人过招。例如,2012 年《高检规则》第 71 条第 3 款规定:“对于确有以非法方法收集证据情形,尚未构成犯罪的,应当依法向被调查人所在机关提出纠正意见。对于需要补正或者作出合理解释的,应当提出明确要求。”第 72 条规定:“人民检察院认为存在以非法方法收集证据情形的,可以书面要求侦查机关对证据收集的合法性进行说明。说明应当加盖单位公章,并由侦查人员签名。”《高检规则》第 379 条规定:“人民检察院公诉部门在审查中发现侦查人员以非法方法收集犯罪嫌疑人供述、被害人陈述、证人证言等证据材料的,应当依法排除非法证据并提出纠正意见,同时可以要求侦查机关另行指派侦查人员重新调查取证,必要时人民检察院也可以自行调查取证。”可见,所谓将非法证据“从程序上予以排除”只不过是让同类证据脱下了“非法”外套或者换了一个“合法”马甲而已。

或许重复性供述是中国刑事诉讼的一个更为突出的特有问题,因为有被告人沉默权、预审答辩的配套制度,在英美能够由陪审团审理的案件必然带有一个显著的特征就是被告人不认罪,因此获取被告人口供本身就比较困难,更何况获得所谓的重复性供述了。无论是非法取证行为对后续取证的波及效理论还是由中立取证机关经过抗辩对抗形式的口供证据保全,①在我国都很难有效果,我国不存在所谓的排除毒树之果的制度,不过在 2017 年《严格排除非法证据规则》第 5 条设立了排除重复性供述的制度,而这个制度的两个例外规定则可以让所有重复获取的自白起死回生。《刑诉解释》第 106 条所确立的一条经验总结性的规范也蕴含了一定的“毒树之

① 德国法中,在侦查阶段,侦查法官有行使法官保留原则要求的强制处分,保全供述证据,以及作为紧急检察官而替代检察官进行必要的急迫处分三种功能。参见林钰雄:《刑事法理论与实践》,中国人民大学出版社 2008 年版,第 31 ~ 35 页。

果”规范的意味，“根据被告人的供述、指认提取到了隐蔽性很强的物证、书证，且被告人的供述与其他证明犯罪事实发生的证据相互印证，并排除串供、逼供、诱供等可能性的，可以认定被告人有罪。”这个规定设定了不存在毒树的前提。在我国首先要解决的不是“口供—物证、书证”的问题，而是同一取证主体多次获取口供和不同取证主体多次获取口供，这些“并存”的各种口供证据相互之间是否有“口供—口供”的影响和关系问题。那么，到底有何关系呢？基于在“权利—权力”关系的二元对立的背景下，一些名义上保持客观中立的机构本身并不客观中立，因此同一机关（更换侦查人员）或者不同机关（不同诉讼阶段）的多次获取供述只有形式上的差别而无实质上的差别。

此外，2012年《刑事诉讼法》虽然强调在审查逮捕中讯问犯罪嫌疑人、询问证人、听取辩护律师的意见（第86条）、侦查终结前听取辩护律师意见（第159条），以及审查起诉中讯问犯罪嫌疑人、听取辩护人、被害人及其诉讼代理人的意见，从而具有某种听审色彩而可能在此过程之中固定证据，但是，这诸种程序仍然是一种二面构造，从而在程序正当性上还有完善的空间。①

难道“决定”当庭排除非法证据就不值得庆贺吗？这的确体现了一种很好的法治宣传效果，假如这还能对警察违法取证起到一定的震慑作用，在形式上倒是完全契合了非法证据排除的“震慑不法”理论基础，然而或许警察只关注“现管”自己的升迁而不关注将来的被告命运，或者有获取其他线索的“醉翁之意”，因此能否震慑不法还存在诸多争议。当然，能否震慑的司法效果并是应否震慑的立法得以成立的条件。既然有要求立法已经要求排除了，应该考虑的的确是如何排除更有实效。需要注意的是，如果被告人为了获得从宽处理却又“当庭承认犯罪”，这样很显然让所谓的非法证据排除的努力最终前功尽弃，挽救了非法证据的证明力度。

由此可见，“毒树之果”理论至关重要的并不在于树到底有无毒，而在于果子到底有多毒，甚至带毒的果子还可能有一定的疗效。

---

① 参见左卫民：《司法化：中国刑事诉讼修改的当下与未来走向》，载《四川大学学报》（哲学社会科学版）2012年第1期。

第五节　求之可得：非法证据材料的随案移送

至于什么是“排除”，2012 年《刑事诉讼法》第 54 条第 2 款将之明确为“不得作为定案根据”。① 因此，笔者认为，我国“不得作为定案根据”的非法证据排除所追求的效果主要在于结果控制，而不是程序控制。这就要求非法证据材料不是排除于程序之外，而是包含于程序之中。与之相似，在德国，被排除的证据仍然包含在卷宗中（dossier），只是禁止法庭使用该证据作为判决的根据。② 这里也存在一个问题，对非法证据的“确认”和“排除”必然紧密关联，如果当庭确认非法证据，那么就等于是当庭排除了，所以更多的情形是如 2013 年 3 月 26 日兰州中院审理的赵钢受贿上诉案，“非法证据排除程序结束后，法庭宣布庭后合议再作裁决，该案也将定期宣判”。③ 2010 年 7 月 7 日江苏省高级人民法院在无锡市二审公开开庭审理的赵启锋等 6 人贩卖、制造毒品、传授犯罪方法案，“或者合议庭经过短暂合议，主审法官当庭对上诉理由及辩护意见分别作出了庭审小结，并表示：检辩双方意见，法庭已记录在案，并注意到双方争议焦点及各持的证据与理由，对于检察员的出庭意见和赵启锋等上诉人的辩解理由及其辩护人的相关辩护意见是否成立、观点是否采纳，待庭审后经过合议庭全面、慎重评议再作出评判”。④

一、非法取证行为的立此存照

当下，人们往往因为在所谓“真凶出现”和“亡者归来”之外还存在一

① 关于“不得作为定案根据”的其他含义，参见纵博：《“不得作为定案根据”条款的学理解析》，载《法律科学》（西北政法大学学报）2014 年第 4 期；郑旭：《区分证据不得作为定案根据的三种情形》，载《中国社会科学报》2013 年 3 月 6 日，第 B03 版。

② 参见郑旭：《非法证据排除规则》，中国法制出版社 2009 年版，第 11 页。

③ 郭玉红、赵野：《非法证据排除 当庭未作裁决》，载《兰州晨报》2013 年 3 月 27 日，第 A13 版。

④ 丁国锋：《毒贩辩称遭刑讯逼供诱供办案民警出庭接受法庭调查 江苏首例民警当庭作证排除“非法证据”》，载《法制日报》2010 年 7 月 12 日，第 4 版。

种因证据不足的无罪判决,从而成为刑事诉讼法治之中的正能量事件。然而,如果细致分析的话,这个并不是程序正义获了胜,而是事实不清惹的祸。例如,曾经被4次判处死刑,2014年8月21日终审判处无罪释放的福建念某案,尽管有人还在纠结于念某到底是冤案还是错案,但是,这个有差别吗?在缺乏证据,或者所谓的证据根本不可靠的情形下,对一个人"欲加之罪",无论从哪个角度看都是冤案。根据《刑事诉讼法》的举证责任的规定,不能证明有罪就是当然无罪。换句话来说,念某的投毒是需要控诉方证明的,而念某没有投毒是不需要辩护方证明的,甚至也需要控诉方承担证明的责任。这也就是说,一个证据不足的无罪判决从来不是因为非法证据排除而具有一锤定音的效果,更主要的是案件事实从一开始就没有查清。

基于我国三阶段的非法证据排除的规定,前面的阶段如果进行了非法证据排除,总给人一种名正言顺地捂盖子的感觉。侦、控机关各自关起门来排除非法证据,有一种到此为止,不再追究的意思。然而,被告人还要在程序的苦海之中忍受煎熬。如果侦控机关的排除起到了悬崖勒马的效果,这个倒是有利于促进公正执法。但是刑事诉讼程序错案的发生往往都有一种积重难返的意味。如果真的程序违法被逮着了,侦控机关还是会延续自己一贯正确的思路,加紧对犯罪嫌疑人的追诉。这也就是说,非法证据排除或许产生了一种实体代偿性的逆反效果,也就是实践之中有审判人员所暗中掌握的"程序从严,实体从重"的尺度。

因此,笔者认为非法证据并不需要追求什么当庭排除或者即时排除的眼球效应,而是要立此存照,不到作出终结决定,都要随案移送和反复质证。

有时候,我们只看到了"非法证据"的负面效应,将其作为对被告人的不利证据。其实,换一个角度来看,非法证据恰恰是被告人手中的一张王牌。正如万毅所言,其一,非法证据本身就是证明非法取证行为发生和客观存在的证据。例如,刑讯逼供获取的口供,反过来可以证明刑讯逼供确实发生并客观存在。其二,根据联合国《禁止酷刑和其他残忍、不人道或有辱人格的待遇或处罚公约》第15条的规定:"每一缔约国应确保在任何诉讼程序中不得援引任何确属酷刑逼供作出的陈述为证据,但这类陈述可引作对被控施用酷刑逼供者起诉的证据。"据此,非法证据可以用作指控违法收集证据的公、检、法人员的证据。①

笔者在前文对宣读审判前供述的弹劾证据功能的分析之中指出,《高检规则》第 70 条列举了人民检察院对非法取证行为列举的 7 种以及其他作为兜底的调查核实的方式,可以分为两大类,一类是非法证据自身;另一类是与非法证据相关的材料。再从 2018 年《人民检察院公诉人出庭举证质证工作指引》第 18 条规定来看,庭前已经对"收集被告人供述是否合法"进行了一次过滤,庭审再次调查时,公诉人的证明首先以书证材料"讯问笔录、羁押记录、提讯登记、出入看守所的健康检查记录、医院病历、看守管教人员的谈话记录、采取强制措施或者侦查措施的法律文书、侦查机关对讯问过程合法性的证明材料、侦查机关或者检察机关对证据收集合法性调查核实的结论、驻看守所检察人员在侦查终结前对讯问合法性的核查结论等",或者"要求法庭播放讯问同步录音、录像",再以人证方式来证明("必要时可以申请法庭通知侦查人员或者其他人员出庭说明情况")。而对收集证人证言、被害人陈述、收集物证、书证等的合法性以及其他程序事实争议问题的证明也是采用先书证再到人证的类似方式。这里的证明主要是意图通过书证记载资料和参与到程序中的人证来还原真相,很显然把办案人员想象得太理想化了,其实各国可能都存在"非法证据"不能证的难题。②

二、控辩双方皆可利用的公共资源

笔者曾经认为以口供本身来证明口供,这是一种自证其罪。但是,不管是辩护方提出动议、设立疑问还是参与庭前会议或者庭审质证都要有根有据,而不能空口无凭。2012 年《刑事诉讼法》第 56 条第 2 款规定:"当事人及其辩护人、诉讼代理人有权申请人民法院对以非法方法收集的证据依法予以排除。申请排除以非法方法收集的证据的,应当提供相关线索或者材料。"2012 年《刑诉解释》第 96 ~ 100 条对当事人及其辩护人、诉讼代理人申

① 参见万毅:《论无证据能力的证据——兼评我国的证据能力规则》,载《现代法学》2014 年第 4 期。

② 参见陆而启:《无证据概念的个案导入:以聂树斌案为例》,载《证据科学》2017 年第 4 期。

请人民法院排除非法证据的具体程序做了规定。而第101条也对非法证据排除过程之中公诉人的举证责任做了规定,“法庭决定对证据收集的合法性进行调查的,可以由公诉人通过出示、宣读讯问笔录或者其他证据,有针对性地播放讯问过程的录音录像,提请法庭通知有关侦查人员或者其他人员出庭说明情况等方式,证明证据收集的合法性。公诉人提交的取证过程合法的说明材料,应当经有关侦查人员签名,并加盖公章。未经有关侦查人员签名的,不得作为证据使用。上述说明材料不能单独作为证明取证过程合法的根据”。由此可见,所谓的审前讯问笔录往往不是一次成型,并且内涵丰富既有供述又有辩解的材料,审前的“讯问笔录”是一个可以为控辩双方为各自目的而利用的公共武器。

我国刑事诉讼上诉审采用复审模式,根据2010年《排除非法证据规定》第12条的规定,对一审提出系非法取得的意见而没有审查并且以此作为定案根据的被告人审判前供述,由二审法院在全面审查中做批发处理,[①]如上述案例一样,在二审之中还需要进行非法证据排除。当然,无论如何还是要有一些证据材料作为动议的前提。2012年《刑诉解释》第103条规定(该条相关内容为2017年《严格排除非法证据规定》第38~40条进行了整合和吸收):

具有下列情形之一的,第二审人民法院应当对证据收集的合法性进行审查,并根据刑事诉讼法和本解释的有关规定作出处理:

(一)第一审人民法院对当事人及其辩护人、诉讼代理人排除非法证据的申请没有审查,且以该证据作为定案根据的;

(二)人民检察院或者被告人、自诉人及其法定代理人不服第一审人民法院作出的有关证据收集合法性的调查结论,提出抗诉、上诉的;

(三)当事人及其辩护人、诉讼代理人在第一审结束后才发现相关线索或者材料,申请人民法院排除非法证据的。

总体而言,一审程序中“当事人及其辩护人、诉讼代理人排除非法证据的申请”在其中起到重要的推动作用,从《严格排除非法证据规定》可见,二审非法证据排除的审查是包容于上诉和抗诉之中的,并且其处理结果也是

---

① 参见陆而启:《法官事实认定的心理学分析》,法律出版社2014年版,第323页。

包容于二审的裁定或者改判的结果之中。

由此可见,审判前的非法证据即使被排除了也最好还是随案移送。《高检规则》第 71 条第 2 款:"办案人员在审查逮捕、审查起诉中经调查核实依法排除非法证据的,应当在调查报告中予以说明。被排除的非法证据应当随案移送。"《高检规则》第 74 条规定:"对于提起公诉的案件,被告人及其辩护人提出审前供述系非法取得,并提供相关线索或者材料的,人民检察院可以将讯问录音、录像连同案卷材料一并移送人民法院。"第 378 条规定:"人民检察院在审查起诉中,发现可能存在刑事诉讼法第五十四条规定的以非法方法收集证据情形的,可以要求侦查机关对证据收集的合法性作出书面说明或者提供相关证明材料。"其实后两条主要是从控诉方作为举证方的自我责任出发的。但是,换一个角度来看,这同样还应该是辩护证据开示权利所应有的内涵。正如上述案例所提及的,辩护律师要求"检方出具作笔录时同步录音录像"。不过,"可以"一词基本上赋予了控方的裁量权力。2017 年《排除非法证据规程》第 7 条规定中也体现了要求随案移送非法证据排除资料之意:

开庭审理前,承办法官应当阅卷,并对证据收集的合法性进行审查:

(一)被告人在侦查、审查起诉阶段是否提出排除非法证据申请;提出申请的,是否提供相关线索或者材料;

(二)侦查机关、人民检察院是否对证据收集的合法性进行调查核实;调查核实的,是否作出调查结论;

(三)对于重大案件,人民检察院驻看守所检察人员在侦查终结前是否核查讯问的合法性,是否对核查过程同步录音录像;进行核查的,是否作出核查结论;

(四)对于人民检察院在审查逮捕、审查起诉阶段排除的非法证据,是否随案移送并写明为依法排除的非法证据。

人民法院对证据收集的合法性进行审查后,认为需要补充证据材料的,应当通知人民检察院在三日内补送。

有必要明确一下,录音录像的法律地位到底如何?学者万毅指出,在我国,侦查讯问阶段的全程同步录音录像,虽然符合视听资料的特征,但因为其并不直接用于证明案件事实,因而理论上和实务中并不被视为证据,而只是固定证据(犯罪嫌疑人供述)的一种方式,并认为《高检规则》第310条的规定意味着,对于公安机关立案侦查的案件,全程录音录像原则上不随案移送。①

《高检规则》第310条第1款规定,对于公安机关立案侦查的案件,侦查监督部门审查逮捕时发现存在本规则第73条第1款规定情形的,可以调取公安机关讯问犯罪嫌疑人的录音、录像并审查相关的录音、录像,对于重大、疑难、复杂的案件,必要时可以审查全部录音、录像。的确,从"调取"一词可以看出学者万毅的解释有道理。如果说讯问笔录属于犯罪嫌疑人供述和辩解的话,那么,录音录像更应该是。正如公安部于2014年9月5日公布的《公安机关讯问犯罪嫌疑人录音录像工作规定》第2条所规定:"讯问犯罪嫌疑人录音录像,是指公安机关讯问犯罪嫌疑人,在文字记录的同时,利用录音录像设备对讯问过程进行全程音视频同步记录。"在程序合法、手续合规的情形下,录音录像的确比文字记录更为全面、客观。就像现在电子书已经快取代实体书而占领了商品市场一样,在证人不出庭的情况下,录音、录像也应该比笔录更有可能占领法庭的空间。可见,我们还没有适应数位化的时代。

从2017年"三项规程"的相关内容来看,如《庭前会议规程》第14条所规定的"经控辩双方申请,可以有针对性地播放讯问录音录像"和《排除非法证据规程》第13条都是以随案移送录音录像为前提的。《排除非法证据规程》第21条还规定:

被告人及其辩护人可以出示相关线索或者材料,并申请法庭播放特定讯问时段的讯问录音录像。

被告人及其辩护人向人民法院申请调取侦查机关、人民检察院收集但未提交的讯问录音录像、体检记录等证据材料,人民法院经审查认为该证据材料与证据收集的合法性有关的,应当予以调取;认为与证据收集的合法性无关的,应当决定不予调取,并向被告人及其辩护人说明理由。

被告人及其辩护人申请人民法院通知侦查人员或者其他人员出庭说明

① 参见万毅:《论无证据能力的证据——兼评我国的证据能力规则》,载《现代法学》2014年第4期。

情况，人民法院认为确有必要的，可以通知上述人员出庭。

由此可见，正如讯问笔录可以各为控辩双方所用一样，录音录像也不是完全由侦控机关掌握的独门秘器。《排除非法证据规程》第22条要求法庭对证据收集的合法性进行调查的，应当重视对讯问录音录像的审查，并且明确了重点审查讯问录音录像是否依法制作、是否完整、是否同步制作以及讯问录音录像与讯问笔录的内容是否存在差异。并且提到“对与定罪量刑有关的内容，讯问笔录记载的内容与讯问录音录像是否存在实质性差异，存在实质性差异的，以讯问录音录像为准”。如果录音录像资料不随案移送，则这样的规定就是无源之本。

需要警醒的是，我国的犯罪嫌疑人、被告人具有特殊身份从来不被作为证人。然而，在英美法系被告人可以选择作为证人，所谓的庭前“非法自白”当然是一种传闻，首先要通过传闻规则来解决其证据能力，还没有让自白任意性规则发挥作用的更多余地。当然，享有沉默权的被告人常常也可能在审判之前口风不紧说漏了嘴，这个时候在控诉方以其审前供述来质疑他的时候，自白任意性规则就更多地被派上用场了。然而，我国不存在所谓的传闻规则，“庭前供述”一直就是最佳的定案根据，而非法证据排除也只是对庭前供述作出部分排除，最终很大程度上还是靠传闻证据定案，因此，在审判之前，侦控审机关就在反复纠缠证据的真实性问题了。例如，《高检规则》第311条针对审查逮捕阶段规定：“经审查讯问犯罪嫌疑人录音、录像，发现侦查机关讯问不规范，讯问过程存在违法行为，录音、录像内容与讯问笔录不一致等情形的，应当逐一列明并向侦查机关书面提出，要求侦查机关予以纠正、补正或者书面作出合理解释。发现讯问笔录与讯问犯罪嫌疑人录音、录像内容有重大实质性差异的，或者侦查机关不能补正或者作出合理解释的，该讯问笔录不能作为批准逮捕或者决定逮捕的依据。”在庭审之中又牵涉到庭审供述和审前供述的反复查对比较，正如前文《高检规则》第439条所规定的，在庭前供述和庭审供述一致或者不一致的时候，“可以(不)宣读被告人供述笔录”的相关规定。

第六节　结语："非法"与"证据"的分别治理

在取证程序之中，必然牵涉权利和权力的划界和二元角力。因此，所谓非法证据则是一种侵犯权利或者权力不受限制的自然而然的结果。然而这中间还牵涉一个度的问题，因此有观点认为只有侦查机关严重侵犯公民基本权利的违法取证行为，才构成非法证据。然而，在我国非法证据排除有侦控审三阶段，并且证据收集也可能有侦控审三机关，前面环节被排除的非法证据，可能被后续的证据收集活动"依葫芦画瓢"所补全起来。因此，非法证据排除并不具实际效果。

所以笔者认为，各个诉讼环节要做的是，并不是将非法证据排除出程序之外，更不是当庭排除，而是将其留存于卷宗材料之内，以立此存照，以儆效尤。这也就是说，非法证据本身竟然是"双刃剑"，有人说一元化的法庭非法证据已经对法官形成了心证污染，故此，要改造法庭组织结构，然而这不现实。更为现实的做法，就是在各个阶段和法庭之上反复确认已经实施过的"非法取证的情形"，直到在作出最终决定的时候将其排除出定案根据，哪怕这并不能真正将非法证据的不利影响从心证之中清除，但是法官既要"绕弯子"对定罪判决进行说理，又要明确在判决书之中对非法证据进行确认，这就已经对法官的心证施加了影响。这也就是说，我国非法证据排除规则意在进行结果控制，而不是程序控制。因此，在我国，不是将非法证据排除出法庭，而是将之不可采用的特征在判决书之中进行说理。

另外，我们并不能忍受因为警察违法而放纵了犯罪，因此，非法证据排除规则说得好听，用着困难。因此，笔者设想一个兼顾犯罪控制和正当程序价值的两条腿走路的方案：一是让取证者对"非法取证行为"承担其应有的责任。从错案的角度而言，帕克的犯罪控制模式愿意容允错误（包括错误的判决），只要所犯的错误不干扰对惩治犯罪至关重要的效率。与此相反，帕克的正当程序模式却"强调犯错的可能性"并投入很大力量来避免谬误。前者以抱有对"在刑事案件处理的初期阶段，以非正式的行政式调查事实的行为的可靠性的信心"为前提；后者"坚持正式的、有判决权的、对抗式的调查事实过程，这里，指控被告的案件事实由一个公正的刑事法庭来公开审理”。[①] 然而，正如加拿大学者肯特·罗奇对帕克的犯罪控制模式所作的评价一样，“如果认为犯罪控制模式是一种对警察滥权视若无睹的强盗模式进而摒弃它，就大错特错了。警察违法行为在纪律惩戒程序、民事诉讼甚至刑事诉讼中均应被严肃对待”。[②] 这一方面贯彻了让官员守法、把权力关进笼子的法治原则，中共十八届四中全会提出的“实行办案质量终身负责制和错案责任倒查问责制”，本来就说明了要办案人对其违法行为负责。必须注意的是在美国的刑事司法实践之中甚至存在静默的蓝墙之潜规则。[③] 因此，这里的确要借法治中国的东风来强化司法官的责任。《高检规则》第71条第1款规定：“人民检察院调查完毕后，应当制作调查报告，根据查明的情况提出处理意见，报请检察长决定后依法处理。”其中第4款明确规定：“经审查，认为非法取证行为构成犯罪需要追究刑事责任的，应当依法移送立案侦查。”当然，对于较轻的违法行为可以让其承担相应的民事责任。并且对执法者的违法行为的追诉也是通过法庭审判活动等正当程序来进行，而不是警检内部所进行的自我非法证据排除来进行，从而也通过连环诉讼的方式体现了“以审判为中心”的理念。二是证据查证属实可以用来对被告人进行定罪量刑。有人说，非法证据已经没有证据能力而丧失证据的资格，还怎么可能作为证据使用呢？笔者要说的是，这恰恰是出于整体主义的事实认知思维，既然我们无法将非法证据清除出去，我们就要正视其价值，它到底是否真实？更主要的是，对非法手段的考量可以在一定程度上给被告人一些更切实的小利益，而不是一味地激化控辩对立，出力不讨好。归结为一句话，仰望星空的立法要以理想来批判现实，而脚踏实地的司法要以理想迁就现实。

---

① Herbert L. Packer：“刑事惩罚的局限”，（对“刑事司法程序的两种模式”的定义）。第160~161、163~164页（1968）。转引自［美］丹尼尔·富特：《日本刑事司法中的家长模式》，刘丽君译，载［美］虞平、郭志媛编译：《争鸣与思辨：刑事诉讼模式经典论文选译》，北京大学出版社2013年版，第141页。

② ［加］肯特·罗奇：《刑事诉讼的四种模式》，郭志媛译，载［美］虞平、郭志媛编译：《争鸣与思辨：刑事诉讼模式经典论文选译》，北京大学出版社2013年版，第222页。

③ 参见［美］亚伦·德肖维茨：《合理的怀疑：从辛普森案批判美国司法体系》，高忠义、侯荷婷译，法律出版社2010年版，第42页。

反讽的是，笔者这种看似软弱的观点其实竟然是一只披着羊皮的狼——有着更为严格的执法要求，在形式上要求移送卷宗对违法行为进行反复确认，会让违法的公安司法人员的面子上很难看，在实质上给被告人一定的量刑利益的同时，还要追究办案人员的法律责任。

后记　认证与认人

2014年1月11日《楚天都市报》报道了这样一件事,“无臂书法家免费乘地铁遭拒与工作人员拉扯致骨折”。

孝感安陆人杨兴东,1996年因遭受电击失去双臂,但他没有气馁,从2000年开始用脚练书法,其书法作品多次获得大奖。这位时年56岁的无臂书法家杨兴东躺在武汉市第七医院病房里,心绪难平。他说:“虽无法出示残疾证,但我没有双手,这难道还不能证明我是残疾人吗?”他介绍,前日下午4时许,他在洪山广场地铁站乘车,欲到汉口参加一个书画义卖活动。像以前一样,作品、钱包、手机等随身物品由妻子李佳英带着,妻子从正常通道付费进站,自己则通过绿色通道乘车。当时,一名女工作人员让其出示残疾证,杨兴东解释良久,称没有双手,证件等物在妻子身上,妻子在下面等他。随后,又来了一名工作人员,称“看证不看人”,执意不让他入内。后来,双方发生拉扯,杨兴东的左肩处出现骨折,后被医院诊断为左肱骨颈骨骨折。杨兴东说,之前,他时常独自搭乘公汽或地铁,每次只要和司机或工作人员耐心解释,对方都会理解并让他免费乘车。

这里有一个迷思,到底是认证还是认人。如果从一种实质判断而言，地铁站的优惠待遇是对残疾人而不是对残疾证。但是，“残疾人”的事实是需要证明的，这个证明可能通过残疾证也可能通过其他方式来证明，这样看来，眼睛可见的亲身验证甚至比残疾证更为直接。不过，如果地铁站只是规定了凭证上车，而不是凭事实上车，这认证反而是一种严格规范的要求，执行起来省事，也不会有“法外开恩”的指责。仔细思考，这样的执行的确比较僵化教条，能够证明自身的残疾之人常常是有显见的残疾特征，这个不是人人都能冒充和假装的。因此，“认人”的话，并不会带来地铁秩序的严重混乱，相反，持残疾证的人有时反倒可能有冒充的，甚至有持假证的。总体而言，在这一场真相的确认之中，在执行依据上存在实质真实和形式真实的选择，在证明方式上有凭合规范书证或者凭直接呈现的身体证据甚至凭经验法则等不同或者多种途径，这其中可能有证据资格和证明力的双重判断问题。这可能还会上升到地铁规定（假如有）的合法性和合理性审查问题。

在刑事诉讼中要寻求的事实真相必然要通过证据来证明。首先是这种事实发生在过去，事实的裁决者作为局外人并未亲历现场，所以证据裁判主义是刑事证据法中的一个基础性概念，它要求对于诉讼中事实的认定，应依据有关的证据作出；无证据则事实不存在。然而，在刑事司法活动之中，拿出了法定的证据很多时候并不能以证据自身显示出事实存在与否的品质，证据自身的真实与否首先就需要检验和审查判断。类比上述事件，有了残疾证并不一定就能证明残疾人身份，残疾证作为一种身份证件，需要有一定的格式、编号或者发证机关、签名、印章，以及证人合一等方面的形式和内容要求，就像庭审中举证、质证和交叉询问类似，揭示证据的真实性、合法性和关联性等。

那么如果依据证据裁判主义“无证据则事实不存在”的精神，那么，没有残疾证是不是一定不能认定残疾人的身份存在呢？笔者认为，其实存在一种“无需证据的证明”的情况。当然，甚至也可以说，我们把“证据材料”的范围界定得太窄了，而对法定形式之外的材料不被认为是证据，这显然是与现实生活相悖的。这也正如笔者在前一本书中曾界定的“意见裁判主义”概念所蕴含的，“意见”其实也具有作为证据材料的功能。从上述事件来看，这个意见既可能是杨兴东本人根据个人情况所作出的残疾人的身份主张,也可能是对残疾证进行验证后形成的看法。意见既可能从法定证据之外形成对事实的证明,也可能揭示法定证据自身的内涵而形成对事实的证明。事实真相之"神龙见首不见尾",或许因为物证"哑巴"的默不作声,人证的自说自话,因此要求不同主体对不同意见的相互交流。而保障这种交流能够顺利进行的基础是遵循一致的程序规则,以及有着共同的逻辑和经验。

当然,笔者所称的意见裁判主义,并不是捕风捉影、凭空猜测。尽管这里的"意见"弥散、广泛,而可能有推理小说般的逻辑演绎、有水落石出的因果呈现,也有灵机一动的直觉感悟。由此,不同诉讼参与者对证据的不同责任和态度形成了错综复杂的证据制度,并且深刻地体现着不同文化传统的历史积淀和不同诉讼模式的制度动因。

证据制度和证据的运用这个"系统工程",当然需要形成环环相扣的证据链来印证事实,证据制度的原则、规则、方法、措施之间相互关联,甚至互为前提,相互保证,但是这个工程并不是井井有条的。仅举一例,"对质询问"的外来经书为我们提供了不得进行诱导性询问,不得宣读排除程序进行中的或者经排除的证据等许多规则,但是我们却对其内在机理不甚了了,甚至有可能误用别人的规则,却自认为是富有"特色"的创新制度。而这些年不断上马的改革措施令人眼花缭乱,在博得一时欢呼过后,可能会寂寥地重回老路。

在我国,"证人出庭作证难"话题一直笼罩在司法体制改革的前前后后,尤其是推进以审判为中心的刑事诉讼改革更是聚焦于直接言词原则和传闻证据排除规则。因此,学者们提出的"宽严并济""奖惩共施""权利与义务互勘""原则与例外齐下""保障与惩罚通力"等济世良方不断出炉,但是实务操作依旧如故。尽管笔者曾经从制度之外的文化传统、个人心理、整体氛围作出有限的解释,其实,这种解释可能并未得要领。比如,"和为贵"传统成为万金油根据,既是刑事和解的理论基础,也是证人不出庭的历史积弊。证人不出庭找到了"和为贵"的传统,而"证人不出庭"问题本身甚至就不是我国诉讼传统,证人公堂上指证是我国古代诉讼的常事,并且证人甚至成为拷问的对象。如果单就证人出庭而言,古代行政治罪已具有司法的精神,而现代司法制度则徒具诉讼的形式。又如,证人不出庭源于害怕报复的心理,这与我们一贯弘扬与犯罪作斗争的时代精神也大相径庭。专门机关独享了打击犯罪的权力,制度把老百姓参与诉讼活动渠道堵塞,“依靠群众”的法宝往往成了一句空话。作为对反思的反思,或许意味着我并不否认我国的法治建设一直在进步。

收录本书之中的文章虽然大都发表过,其中“叶公好龙”“智识互转”“从纸上谈兵到水滴石穿”等主题的文章主要发表在《证据科学》上,感谢该刊和编辑对我带有个人印记的写作方式的宽容,对我的提携和勉励。有关“宣读审判前供述”的两篇文章,从芝麻绿豆般的小问题出发提出了一些大问题,虽然写作成文当时还有点沾沾自喜,在《楚天法学》和《东北亚法研究》发表;《两个证明模式》发表在《贵州民族大学学报》(哲学社会科学版),“易经透视”和“个案解释”的主题文章也发表在《东北亚法研究》上。在此对期刊和编辑不吝给我一个言说的机会表示感谢。这些文章主要因为本人的功力尚浅,阅读的受众面小,另外,针对法律法规的推陈出新,我也对文章做了不小的改动。之所以再次推出本书,是对自己多年研究思路的整理,也是为国家社会科学项目《意见裁判主义研究》的深入研究做好铺垫。

这里还是要感谢一些人,感谢中国政法大学证据科学研究院的李训虎教授对我所写的相关文章的细致点拨,每每与他的交流都可能激发出我不断学习和前行的动力。

本书中的“叶公好龙”和“两个模式”的主题文章曾经提交参加“中国刑事诉讼法研究会”全国年会进行交流,感谢各次年会的组织者和与会师友的批评指正。

本书的“宣读审判前讯问笔录”“非法证据排除规则的个案解释”等文章也在尚权律师事务所支持的“尚权刑事司法青年论坛”福州会议和成都会议中进行先后交流。感谢北京市尚权律师事务所创始人合伙人张青松、常铮、主任毛立新、合伙人高文龙等律师朋友,以及发起论坛的程雷、董坤、郭烁、兰荣杰、雷小政、林喜芬、刘方权、孙远、吴洪淇、吴宏耀、周洪波、朱桐辉等青年才俊,也感谢参会人员给予的精当评论。

还要感谢在研究过程之中与厦门市翔安区人民检察院苏素专、周灵敏等人的合作,感谢厦门大学法学院各位领导和同事长期以来的关心,尤其诉讼法学教研室诸位老师一直对我的学术探索勉励有加。本人还曾经在一次旅途之中就“意见裁判主义”的主题就教于厦门大学法学院徐崇利教授。

我要感谢攻读硕士研究生阶段领我进入法学之门的导师姚莉教授,那时(1997～2000年)我迷惑于刑事诉讼构造理论中“当事人主义”概念与公检法的威权色彩和惩罚犯罪的强制性质迥然相异,一度想从我国刑事诉讼法之中找到一些当事人主导诉讼程序和处分实体问题的踪迹,并就此请教于老师,自那时对相关理论问题的观点萌芽至今仍在逐渐滋长。感谢攻读博士研究生阶段导师陈卫东教授以及同门师友,无论是在校学习期间还是毕业后的相互交流和切磋,既其乐融融又增广见闻。

日本北海道大学法学研究科郭薇研究员对我的相对拙劣的文字进行认真的研读,并写出一篇有分量的书评《后真相时代的司法》(《证据科学》2017年第3期),这也使我对这一议题保持热情增添了动力。

我要感谢我的家人对待我的不闻不问。这句话里的歧义左右都很合适。或许我自以为是的理论逻辑对生活毫无助益,她们的不闻不问给了我自由探索的空间;我更自责没有脱离从我外婆早就给我下的“穷身子富肚子”的定论,虽然感觉上这比好吃懒做好听得多,也饱含温暖甚至期待,这确实让与我共同生活的妻女分担了更多家庭责任。

感谢同事吴智庆、温美昭等人关心、催促和鞭策我完成书稿,也感谢我的硕士生莫玲玉同学等对书稿进行的仔细校对,感谢评稿人提出的宝贵意见,感谢编辑孙东育、黄琳佳以及本书责任编辑韩满春等老师在该书出版过程之中所作的辛苦付出。

尽管我是教过书和教着书的人,其实我一直是一个不愿标榜和表白之人,或许我一直没有提到的人(包括学生)却一直记在我心里。你看呢?

图书在版编目(CIP)数据

意见裁判主义释法 / 陆而启著. -- 北京 : 法律出版社, 2019
(厦门大学法学学术文库 / 宋方青主编)
ISBN 978-7-5197-3260-8

Ⅰ. ①意… Ⅱ. ①陆… Ⅲ. ①刑事诉讼法-研究 Ⅳ. ①D915.304

中国版本图书馆 CIP 数据核字(2019)第 044111 号

厦门大学
法学学术文库

意见裁判主义释法
YIJIAN CAIPAN ZHUYI SHIFA

陆而启 著

责任编辑 韩满春
装帧设计 马 帅

出版 法律出版社
总发行 中国法律图书有限公司
经销 新华书店
印刷 三河市龙大印装有限公司
责任校对 杨锦华
责任印制 陶 松

编辑统筹 学术·对外出版分社
开本 710 毫米×1000 毫米 1/16
印张 17.5
字数 253 千
版本 2019 年 3 月第 1 版
印次 2019 年 3 月第 1 次印刷

法律出版社/北京市丰台区莲花池西里 7 号(100073)
网址/www.lawpress.com.cn
投稿邮箱/info@lawpress.com.cn
举报维权邮箱/jbwq@lawpress.com.cn
销售热线/010-83938336
咨询电话/010-63939796

中国法律图书有限公司/北京市丰台区莲花池西里 7 号(100073)
全国各地中法图分、子公司销售电话:
统一销售客服/400-660-6393
第一法律书店/010-83938334/8335
西安分公司/029-85330678
重庆分公司/023-67453036
上海分公司/021-62071639/1636
深圳分公司/0755-83072995

书号:ISBN 978-7-5197-3260-8
定价:68.00 元